国家出版基金项目
NATIONAL PUBLICATION FOUNDATION

■ 2015年度国家社会科学基金重大项目——中国西南少数民族传统村落的保护与利用研究

中国西南少数民族
村落的保护与发展
内容总录系列

孙华　王红光　主编

贵州苗族村寨调查简报

1

巴蜀书社

图书在版编目（CIP）数据

贵州苗族村寨调查简报. 1 / 孙华等主编. —成都：巴蜀书社，2016.1

（中国西南少数民族村落的保护与发展丛书）

ISBN 978-7-5531-0628-1

Ⅰ. ①贵… Ⅱ. ①孙… Ⅲ. ①苗族—民族调查—调查报告—贵州省 Ⅳ. ①K281.6

中国版本图书馆CIP数据核字（2015）第258816号

贵州苗族村寨调查简报（一）

孙 华 王红光 主编

出 品 人	林 建
总 编 辑	侯安国
责任编辑	王群栗
封面设计	张 科
出 版	巴蜀书社
	成都市槐树街2号 邮编：610031
	总编室电话：（028）86259397
网 址	www.bsbook.com
发 行	巴蜀书社
	发行科电话：（028）86259422 86259423
经 销	新华书店
印 刷	成都东江印务有限公司
版 次	2016年1月第1版
印 次	2016年1月第1次印刷
成品尺寸	210mm×285mm
印 张	17
字 数	360千
书 号	ISBN 978-7-5531-0628-1
定 价	300.00元

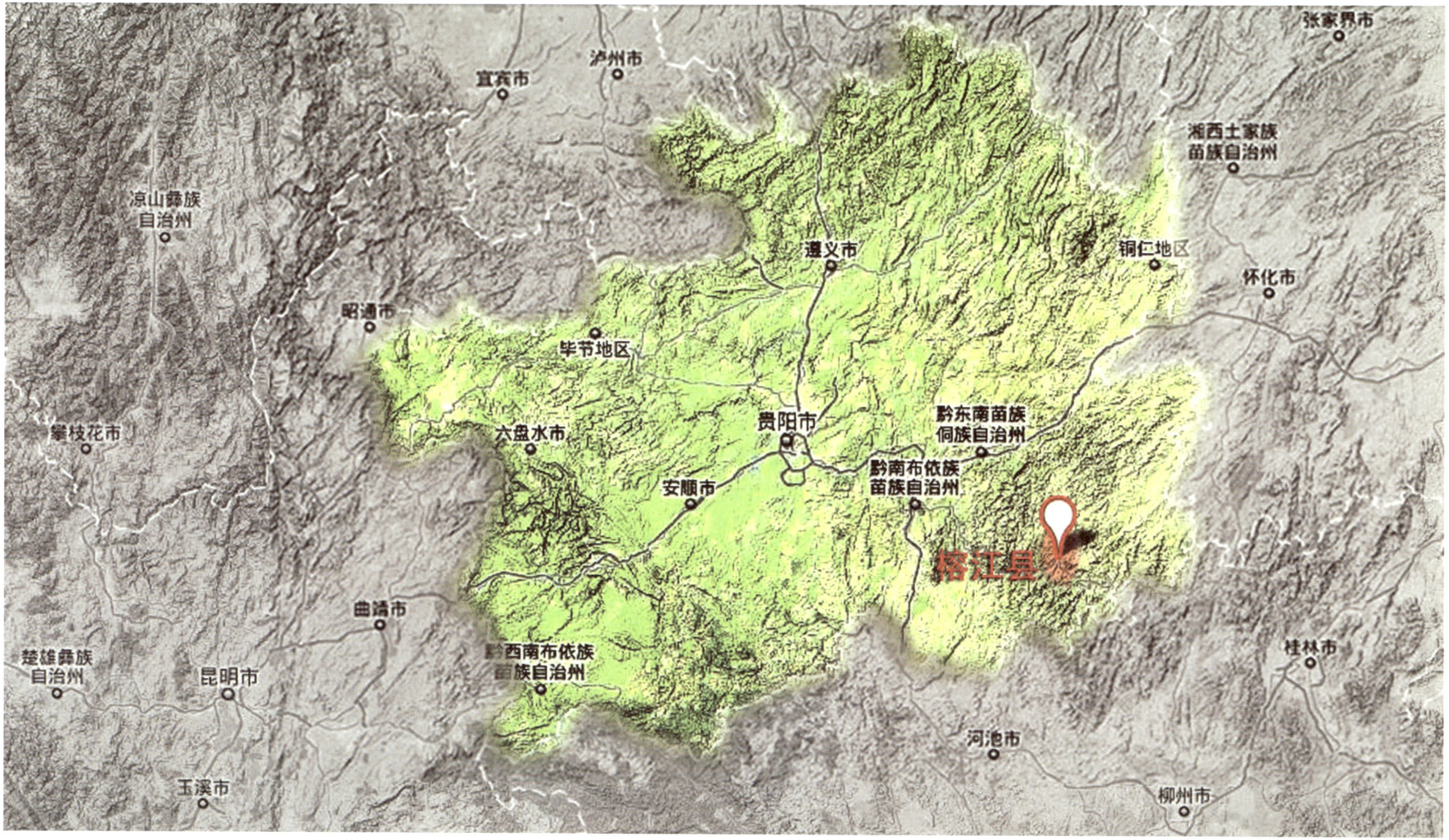
张家界市
泸州市
宜宾市
湘西土家族
苗族自治州
凉山彝族
自治州
遵义市
铜仁地区
怀化市
昭通市
毕节地区
攀枝花市
六盘水市
贵阳市
黔东南苗族
侗族自治州
安顺市
黔南布依族
苗族自治州
榕江县
曲靖市
黔西南布依族
苗族自治州
楚雄彝族
自治州
昆明市
桂林市
河池市
玉溪市
柳州市

图版一　榕江县区位图

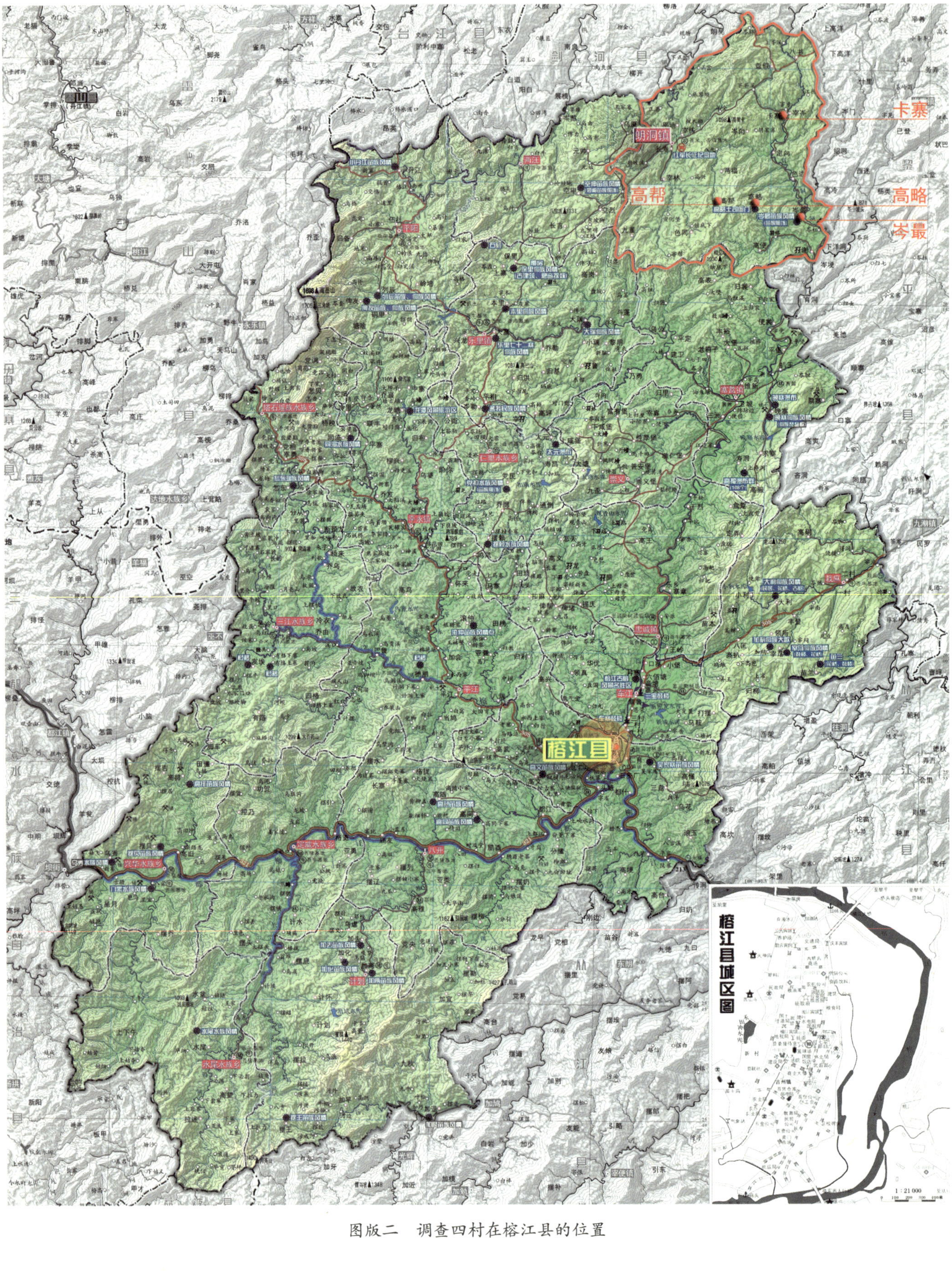

图版二　调查四村在榕江县的位置

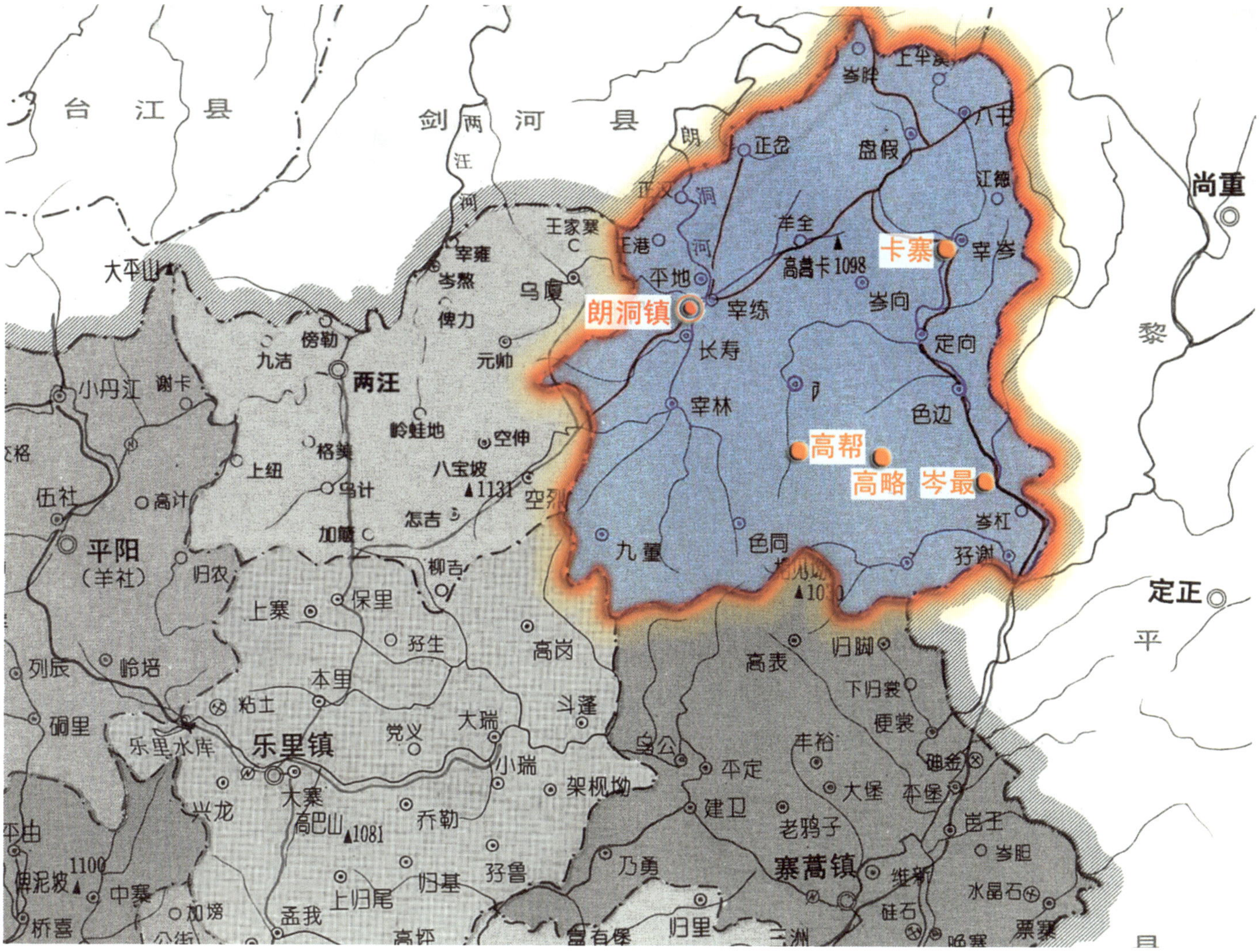

图版三　调查四村在朗洞镇的位置

岑最村图版一　岑最苗寨

岑最村图版二　节庆活动中盛装的岑最侗族村民

岑最村图版三　以往岑最村苗族妇女的流行服饰

岑最村图版四　当前岑最村苗族妇女的流行服饰

卡寨村图版一　卡寨苗寨上寨

卡寨村图版二　卡寨苗寨下寨

卡寨村图版三　卡寨苗寨全景

卡寨村图版四　卡寨上寨总平面图

卡寨村图版五　卡寨下寨总平面图

卡寨村图版六　卡寨苗绣

卡寨村图版七　卡寨苗族女性服饰

卡寨村图版八　卡寨苗族男性上衣

高略村图版一　高略苗寨之一

高略村图版二　高略苗寨之二

高略村图版三　穿苗族服装的少女们

高略村图版四　穿苗族服装的少年

高帮村图版一　高帮局部

高帮村图版二　高帮全景

高帮村图版三　传统服装的肚兜

高帮村图版四　传统服装的肚兜固定环

高帮村图版五　传统服装的外衣背面

高帮村图版六　传统服装的前裙片

高帮村图版七　传统服装的后裙片

高帮村图版八　传统服装的腰带

高帮村图版九　现代礼服的项链

目 录

保护民族村寨，促进社会发展（代前言）

孙 华 王红光

（北京大学文化遗产保护研究中心、贵州省文物局）

中国的西南地区包括了四川盆地、云贵高原和青藏高原三大地理单元。这里是世界的屋脊，是中国长江、黄河和珠江三大河流发源的地方，是贯穿中国的半月形文化传播带经过的地方。西南地区的腹地，也就是青藏高原东麓地区（包括藏东南、川西高原和滇西高原），被称作中国西南山地热点地区。该地区东为海拔很低的四川盆地，西邻高耸的青藏高原，从海拔几百米的河谷到六七千米的山脉交替出现。复杂的地理环境和气候条件造就了这里独特的生物多样性、民族多样性和文化多样性。这里是中国民族最集中的地区，又是中国交通最困难的区域，许多民族还保留着东部发达地区早已经遗失了的行为方式、生活习惯、聚落形态、宗教礼仪和生产工艺，蕴涵着极其丰富的民族文化信息，是进行民族学、人类学和民族考古研究最理想的区域。该地区少数民族聚居的村寨则成为所有这些历史和文化信息集中的一个个资料库，有待于我们去开启和利用。在现代化和城市化飞速发展的中国，许多西南边远地区的闭塞状况已经明显改善，村寨的文化景观也已经发生或正在发生悄然的变化。这些，更需要我们文化遗产保护研究的从业人员去迎接挑战，在当地人们生活水准提高的同时，努力保护好这份宝贵的遗产资源。

西南地区山高林密，交通困难，古代的统一事业相对进行得较为缓慢。直到今天，西南地区还生活着中国族类最多的少数民族，散布着星罗棋布的不同民族的村寨。这些村寨所在地区相对封闭，经济也发展缓慢，文化的演进还基本上沿袭着其千百年来形成的自然节奏，不像中国东部和中部地区那样，乡村文化景观已经发生了很大的变化。由于西南少数民族所在的自然环境差异很大，社会发展水平参差不齐，文化习俗异彩纷呈，其乡村文化景观也有着显著的不同。这种不同，最集中地体现在其民族居住的村寨内。丰富多彩的少数民族村寨蕴涵着居住在其中的人们的大量社会、历史、文化和艺术要素，对我们认识中国多元一体的民族结构，研究这些少数民族的社会历史，丰富和发展人类的文化艺术，促进当地社会的可持续和谐发展，有着重要的价值。这些价值具体体现在以下三个方面。

首先，西南少数民族村寨是中国大多数少数民族丰富多彩的传统文化的集中保存地，是世界多元文化的重要组成部分。西南地区是中国南北向的文化传播带和东西向的文化传播带经过的地方，云南高原地区更是这两条文化传播带交叉的地方。前一条南北向的路线被称为“半月形文化传播带”或“藏羌（彝）走廊”，是中国北方及西北地区的古代族群南下的主要通道。考古学的证据表明，从新石器时代的仰韶文化时期起，北方的居民就沿着这条通道不断南下。后一条东西向的路线，也是古代族群迁徙的重要通道，这些族群沿着从云贵高原发源或流经的多条大河（如长江的支流沅水和乌江，珠江的上游南、北盘江，元江／红河的上游礼社江），或从云贵高原东下至长江中游、珠江口甚至红河下游地区；或从中下游地区逆流而上，进入到贵州高原甚至云南东南部地区。正是这两大文化传播带和族群迁徙通道的存在，造就了西南地区，尤其是云贵高原地区民族和文化的多样性和复杂性。中国现有56个民族，西南地区就集中了汉、壮、回、苗、土家、彝、藏、布依、侗、瑶、白、哈尼、傣、傈僳、仡佬、拉祜、水、佤、纳西、羌、仫佬、景颇、毛南、布朗、阿昌、普米、怒、京、基诺、德昂、门巴、独龙、珞巴等民族，占我国已识别民族总数的三分之二；此外，中国绝大多数未识别民族，也都分布在西南地区。这些民族基本上是以农业为主要经济形态的定居民族，由于各村落的历史形成不同、文化渊源各异，因而形成了种类众多、风格多样、习俗也千差万别的村落乡村文化景观。无论是文化的多样性还是村落形态的多样性，在西南地区都得到最充分最集中的体现。

其次，西南少数民族村寨是人类发展历史的实物证据。严格意义上的历史时期，是指有文字记录的时期，这个时期在中心地区开始于商代晚期的殷墟时期，但西南地区则比较晚，且各区域进入历史时期的年代不尽相同。在云贵高原的古夜郎道沿线，历史时期开始于西汉中期；在西藏地区，历史时期始于吐蕃时代；而在其他地区，有文字记载的历史开始更晚。而这种狭义历史时期的西南地区历史，文献的记载都是西南地区古代族群的人们与中心地区的人们发生了重要接触行为时的记录，如汉武帝通西南夷、蜀汉诸葛亮平南中、唐与吐蕃调整关系、南诏侵益州及交州、忽必烈灭大理、明太祖时的平云贵、明万历时的平播州、清雍正时的改土归流、清乾隆时的大小金川之役，等等。除了这些重大历史事件以外，文献记载中关于西南少数民族地区的记载并不多。我们要认识这个地区的历史，其史料来源除了文献记载外，早期的主要是考古材料，晚期的则主要是蕴涵在村落中的民族志资料。回顾历史可以知道，一个古族自从其共同的生活区域基本稳定以后，如果没有积累的内部冲突或外界干扰，其聚居的村落有的会一直延续下来（当然随着人口的繁衍等原因也不断会有新的村落建立）。云南云龙县白族的诺邓村，由于这里很早就发现有盐卤涌出，白族先民很早就在这里定居，唐代樊绰《云南志》

中就已经有了“诺邓”之名，该村的形成肯定在唐代甚至更早的时代，是一个千年村名不改，聚落不迁的具有深厚文化积淀的传统村落。现代西南每个民族的村落中都蕴涵着丰富的历史信息，通过这些信息，我们可以知道许多考古材料和历史文献所没有的古族历史的细节，从而为研究西南民族史做出贡献。除此以外，西南少数民族村落还能提供中国东部地区发展历史的重要参考材料。由于社会发展的地域性不平衡，我国东部地区许多历史上曾经有过的东西都已经消失了。“礼失而求诸野”，在中国西南民族村落中，就保存了许多中国中心地区曾经有过但现在已经消失的文化现象。研究西南民族村落的现在，很可能有助于了解我们的古代。

其三，西南少数民族村寨是西南地区社会发展的重要资源。西南地区各个不同的地域，是世世代代生息在这些地方人们的心灵家园。这里集中保存着他们祖辈的业绩，有他们世代相承的生存智慧、生活方式和文化传统。由于现代社会发展十分迅猛，特别是在现代化、全球化和城乡一体化的浪潮中，原先生活在相对封闭、节奏缓慢、发展滞后的西南少数民族村寨的人们，在使人眼花缭乱的外来信息的冲击下，自然会产生种种不适应，不仅对外界也对自身产生种种困惑，从而就会希望在自己的家园获得一些慰藉。如果说外来文化的冲击，使得西南少数民族村寨的传统发生某种程度的中断，当地村民持续而稳定的生活变得不那么具有连续性，是催生西南少数民族地区人们乡愁的纵向因素的话，那么，当今西南地区许多少数民族村寨的年轻一代离开世居的村寨到城市务工，置身于一个完全不同于传统乡村的现代城市中，这种空间距离和文化差距就是生成这些外出村民乡愁的横向因素。这样，作为家园的传统村寨就成为包括少数民族在内的现代人们用以寻求自我的心灵平衡、重新找到精神归宿感的自我防御机制的重要“文化空间”。除此以外，中国西南地区山峦起伏，森林广布，自然景观随地区和地形而变化，既有云遮雾罩、山重水复的高原山地，又有天高气爽、环山嵌湖的高原平坝，还有白云蓝天、绿草如茵的高海拔草原，多样的自然环境加上多样的文化传统，造就了丰富多彩的建筑类型和建筑风格，形成了文化景观迥然不同的村落风格。优美的环境，奇特的建筑，再加上位于外地人很少去的偏远地区，西南少数民族村寨受到了国内外公众的普遍喜爱。早在20世纪前半期，俄国人顾彼得（Peter Goullart）就这样深情地写道：“我很早就梦想找到并生活在一个被大山与世隔绝的美丽的地方，也就是若干年后詹姆斯·希尔顿在他的小说《失去的地平线》中描写的‘香格里拉’。小说的主人公意外发现了他的‘香格里拉’。而我在丽江，凭我执着的追求寻觅，找到了我的‘香格里拉’。”前些年，《中国国家地理》曾发起过评选中国最美村落的活动，高居榜首的不是江浙水乡村落，不是皖南徽州村落，而是四川丹巴县甲居嘉绒藏寨，就说明了这个问题。西南少数民族村寨因而也就成了一种重要的旅游资源，成为促进当地经济、文化和社会发展的一个重要因素。

不过，也正是由于现代化、城市化、全球化的冲击，西南少数民族村寨才与中国其他地方的传统村落一样，几乎所有村寨都有了电灯照明、电话通信和电视接收。一条条公路、一根根电线和一道道电波正在将乡村与城镇连接起来，与世界其他地方联系起来，乡村也不可避免地要被全球化的浪潮所卷入。即使在最偏僻的一些村寨，外来的观念、外来的文化和外来的设施都已经进入到这些村民的头脑中、行为中和日常生活中。这种跨越自然区隔的道路建设和信息管道的建立，使得原先相对被“隔离”的乡村变得不那么封闭了，乡村的生态环境发生了变化。这种变化也必然导致乡村的许多方面向城镇靠拢，从而使乡村文化景观发生变异。这种变化的表象之一，就是许多民族村寨的人们受到城市和工厂的吸引，年轻人大多外出务工，村内剩下的大都是老人、孩子或中年以上妇女，失去了最有活力的青年群体，原先兴旺的村寨已经衰落和破败，村落面临着严重的空心化、老龄化、城郊化等问题。并且随着乡村经济走向多元化，西南地区许多村寨的家庭都有了兼业（副业），由于各家兼业种类和规模的不同，各个家庭的收入也有较大的差异，整个乡村社区的结构已趋向复杂。根据文化人类学或考古学的理论，越是复杂的事物，越容易发生变异。西南少数民族村寨的乡村文化景观，加快其原先基本稳定的发展演变节奏，已成为一个不可避免的现象。

在现当代全国统一的土地制度、行政制度和管理模式下，在当下城市化、城乡一体化和现代化的冲击下，西南地区少数民族村寨面临的问题与中国所有传统村落基本相同，主要体现在这样四个方面：一是普遍失去了传统的自下而上的自组织能力，自上而下的全国统一的他组织行为代替了具有个性化的自组织行为，传统文化多样性生成的土壤已经不复存在；二是伴随着现代化和城市化进程的迅速推进，村民大量涌向城镇，原先的基层政权对乡村的管控能力降低，导致村寨内部凝聚力的下降甚至丧失；三是传统乡村与城镇的生产关系发生逆转，新的城乡关系导致多数西南少数民族村寨的日益破败，城乡间的贫富差距进一步增大；四是开始于贵州湄潭县，进而在全国实施的农村土地的“两权分离”和“长久不变”，使得包括西南少数民族村寨在内的土地权属固化，无论是改善村民的居住用房和人居环境，还是试图致力于村寨的规模化产业的发展，都变得非常困难。除了这些问题外，我们在相当长一段时期内，强化了城镇与乡村的差别。农村户口的人们一旦因读书、招工、参军等因素获得了城市户口后，就失去了再回到农村的可能性。他们退休后也不能在故乡买房建房，为乡村建设发挥作用，而是在城市买房安度晚年，将积累的财富和资源留在了城市。这与过去乡绅阶层不少是从城市退休返乡、将在城市赚取的财富和资源带回乡村的情况截然相反。而在不断推进城市化的今天，乡村的人们不再被一亩三分地束缚，他们大量在城市务工，不少人将挣得的工资储存起来在城镇买房，人才资源和资金资源不断从乡村被带到城市，而城市的人才资源和资金资源却很少进入农村。这些因素，导致城市与农村的差距加大，农村不免日益贫困化和边缘化。

中国西南少数民族村寨既然有重要的文化价值和社会价值，现在它们的存在状态和发展趋势又面临着许多问题，这就需要我们尽快选取保护对象，寻找保护对策并采取相应的行动，使这些承载着丰富文化信息的传统村寨能够更长久地保存和延续。

中国西南地区幅员辽阔，基本保持着传统风貌的村寨数量很多，有些位于高山陡坡、交通不便、存在地质灾害、不利于村民生产生活的村寨，当然只能采取拆村搬迁、合村并寨等方式进行处理；那些靠近城镇、已经或即将纳入城镇建设区的村寨，那些位于交通要道沿线、传统风貌正在迅速变异的村寨，已经无法也没有必要再采取保护行动。西南少数民族地区村寨数量众多，许多村寨都具有相近的自然环境和村寨建筑，如何在每个少数民族的众多村寨中选取具有典型性和代表性的村寨，这是保护好西南民族村寨的首要问题。中国是一个文明古国，又是资源相对缺乏的人口大国，遗产保护与民众生计的矛盾比许多国家都尖锐。即使是那些已经成为历史陈迹的古代遗址，保护起来仍然存在着保护性用地与乡村耕地和宅基地之间的矛盾冲突，更何况乡村文化景观这样的动态遗产。因此，在制定西南少数民族村寨的保护规划之前，先要对这些地区的村寨进行全面调查，基本掌握现有村寨的相关信息，才能进行一个民族或一个自然地理单元的各村寨的价值比较，才能从中选择出不同价值层面的村寨，并将其列入不同的保护层级，才能确定保护的范围、资源的取舍和发展的方向。

生活在中国西南山地的各民族，由于其村寨散布在交通不便的山区，被文化遗产学界了解情况的村寨只占其中一部分（这些村寨主要沿公路分布并距离城镇不是很远），还有许多村寨有待于重新调查和认识。到目前为止，我们已有的少数民族调查报告，注重的是人而非物，其公布的信息还不足以使遗产保护和管理者认知其价值。以苗族为例，早在20世纪50年代前，就已经涌现出了被誉为“苗学研究的三座里程碑”的三部苗族调查报告；20世纪50年代后，国家组织社会学家、民族学家和历史学家也开展了大量苗族社会历史调查工作，其调查成果除了“中国少数民族社会历史调查资料丛刊”中的苗族部分外，西南诸省区还分别编写了不少苗族的调查报告，贵州省民族研究所组织编写的“六山六水民族综合调查”就是其中之一。这些原始调查报告当然很珍贵，却存在一些缺憾。缺憾之一就是这些调查要么是区域民族调查，其调查范围主要是以州、县、乡为单位，很少能够具体到自然村寨这样基层的聚落单位；要么是某些专家进行的以某民族某一文化要素为对象的专题调查，缺少一个典型村寨全部结构要素的综合资料。因此，以自然村落为考察单位，首先进行各地区各民族的村寨调查，从中选取典型的村寨编写出版系列的“中国西南少数民族村落内容总录”，是开展该地区传统村落保护的前期工作。在此基础上，就可以通过村寨价值的比较评估，首先筛选出可以推荐列入省市级保护的相关村寨，然后再选出可以推荐列入全国重点文物保护单位和国家级历史文化名村的村寨，最后将价值最高、特征最典型的村寨推荐列入《中国世界文化遗产预备名单》及《世界遗产名录》，从而真正做到分级实施保护。

正是考虑到中国西南地区少数民族村寨的重要价值和面临的问题，北京大学文化遗产保护研究中心和贵州省文物局达成共识：少数民族村寨是中国西南地区文化遗产的最重要的组成部分，这些村寨正面临着迅速改变和消失的威胁，亟须采取有计划的保护行动。由于西南地区自然条件复杂，民族成分多样，聚落形态千差万别，在开始保护行动之前，首先需要对西南地区不同民族、不同区域、不同社群的村寨进行系统的调查，在充分了解这些村寨基本情况和存在问题，以及深入思考这些村寨特点的基础上，通过对比分析这些村寨的文化面貌和价值分级，选取亟须采取保护行动的村寨群落和村寨个体，然后编制与乡村发展相结合的保护规划，采取恰当且适度的保护性干预行动。为此，我们在2007年开始了中国西南地区少数民族村寨调查的号召和动员，并于2008年起首先从贵州黔东南苗族侗族自治州的苗族村寨和侗族村寨开始，展开了少数民族村寨基本情况的调查。

从2008年到2014年，我们调查的范围从贵州黔东南州延伸到了邻近的湖南通道县和绥宁县、广西三江侗族自治县，其间还对云南大理白族州剑川县的白族村落、四川甘孜藏族自治州丹巴县的嘉绒藏族村落进行了调查。参加调查的人员主要是高等院校的师生，其中有以院系、研究所或研究中心名义组织的海峡两岸高校和科研单位人员，包括北京大学、同济大学、中央民族大学、四川大学、广西师范大学、台南艺术大学、贵州省文物保护研究中心、成都市博物院等，还有多所高校的本科生和研究生个人自愿报名参加了调查。这些调查都是利用每年的暑期进行。七年间参加调查的人员数量，即使不计当地文物部门派遣的干部和当地参加调查的大学生，其数量也达到了309人次（其中有的师生多次参加，人员名单附后）。在此行动中，既有白发苍苍的老教师，如台湾清华大学的徐统、台南艺术大学的陈国宁教授，也有刚刚在大学修完“文化遗产概论课”参加实习的大学低年级学生，但主力则是来自历史学、考古学、社会学、民族学、建筑学、城乡规划学、博物馆学的大学毕业生和研究生。这些师生冒着酷暑，在西南偏僻的山村进行田野调查，先后调查了苗族、侗族、藏族、白族的村寨超过五十个，另对与少数民族村寨相关的贵州锦屏县隆里古镇、四川宝兴县曹家村进行了调研，撰写了这些村寨的调查简报。有了对这些村寨地理环境与资源、传说与历史、基本构成单元、内部与外部结构、人群与社会组织、生业与经济结构、生活方式与风俗、宗教信仰与禁忌、相关文化事项和村寨保存状况的基本了解，再着手选择需要列入保护的村寨，并开始对一些村寨开展保护所需的更详细的综合调查和专题调查，在现状勘察报告完备、存在问题厘清的基础上，开始编制保护与发展规划，并开展保护行动。

选取要采取保护行动的保护对象，从岛屿生态地理学的理论来说，从尽可能多地保存我国传统村落的角度来说，都应当尽可能多地对有明显地理边界的成片传统村落和村落群进行整体保护。不过，传统村落不是简单的不可移动文物，我们不应当一味追求列入保护单位的传统村落数量。我们需要关注已被列为国家级或省市自治区级文物保护单位的传统村落的情况。这些村落通常都是以“某某村古建筑”的名义被列入保护单位的，保护的对象是这些村落中年代较早、规模较大的建筑群，不是整个村落，更不包括这些村庄赖以存在的农田、山林和川泽，也不包括这些村寨中的社会组织、生产工艺、民俗节庆、宗教礼仪等非物质文化事项，即其文物保护只是村落中个别物质文化要素的保护。这就容易出现传统村落中的公共建筑和个别民居保护较好、而整个村落及其载体却疏于保护的现象。我们还应当吸取中国历史城市保护的经验教训，这些教训是多方面的，其中的一个教训就是国家级的历史文化名城数量过多，先后公布的三批国家级历史文化名城总数达99座，这些历史文化名城大多基础研究还比较薄弱，针对历史文化城市不同类型所制定的保护策略又有欠缺，保护范围（整体城市文化景观保护、城市轮廓及街区文化景观保护、部分街区文化景观保护、重点城市建筑遗产保护）也不够明确，结果现在的历史文化名城除了被列入世界遗产的城市以外，绝大多数是名存实亡了。西南少数民族村寨规模一般不大，即使在贵州黔东南州有号称“苗都”的最大的西江千户苗寨，居民户数也不过1258户，人口不过5326人，其空间范围的大小和结构的复杂程度都无法与城镇相比，其保护难度比城镇要小些，保护模式应当以整体保护为主。不过，越是强调整体保护，在选取保护单位时就越应当注意代表性，否则有的地方会以为类似的村寨很多，改变几处无关紧要。一旦被列入高等级保护单位的民族村寨被人为破坏，而没有采取问责制追究有关责任人，就会使有关保护的法律规章失去其应有的权威，破坏行为就会蔓延，就如同大多数中国历史文化名城的遭遇一样。

我们早就认识到，一个完整的传统村落不仅是村落的建筑，还应当包括村落赖以存在的田地、水泽和山林，包括活动在这个区域内的人们及其行为传统模式。按照文化遗产的分类体系，传统村落应当归属于文化遗产的特殊类型——文化景观。文化景观是联合国教科文组织倡言的文化遗产的特殊类型，它是一定空间范围内被认为有独特价值并值得有意加以维持以延续其固有价值的、包括人们自身在内的人类行为及其创造物的综合体，其生活方式、产业模式、工艺传统、艺术传统和宗教传统没有中断并继续保持和发展的城镇、乡村、工矿、牧场、寺庙等，都应当属于文化景观的范畴。农业文化景观由于产业模式不同，又有传统村落文化景观和农场文化景观的分别，前者由于地理的区隔、传统的差异，文化面貌也异彩纷呈，是农业文化景观的主体，也是世界多元文化的最重要的构成要素。中国西南的少数民族村寨，其地理环境多样，文化传统各异，许多地处偏僻山区的少数民族村寨迄今仍然保持了自己鲜明的传统和特色，是中国乃至世界的文化景观类型遗产的重要组成部分。不过，“文化遗产”不同于“文物”，前者包括了物质和非物质的遗留，后者则只针对物质的遗存。文物保护专家很容易将诸如少数民族村寨这样的遗产划分为两部分：村寨的聚落、民居和公共建筑被视为不可移动文物；而村寨内人们的日常用具、服装饰件则被归为可移动的民俗文物。至于传统村落赖以存在的田地、山林和丰富多彩的非物质文化事项，却没有被纳入文物保护的范畴。浏览目前已经公布的七批全国重点文物保护单位的名单，不难发现，几乎所有传统村落都是以“某某村古建筑”、“某某民居（某某大院）”等名目出现的，文物保护面对的不是传统村落的整体，而是村落中的部分古建筑或代表性建筑。由于以文物保护单位这样的模式保护传统村落，尽管有国家《文物保护法》的法规作保障，仍然很难做到保护村落的完整性、真实性和延续性；但如果将文物保护单位的范围推广至整个村落，甚至村落外的田地和山林，那么如何制定文物保护和管理的规定，如何处理村民因人口增长而新建的住房，以及如何对待村民改造自己原有住宅以提高自己生活品质，凡此等等，都是目前从事传统村落保护，尤其是西南少数民族村寨保护需要思考的问题。

我们这套“中国西南少数民族村落的保护与发展丛书”，正是上面这些思考和工作的产物。全书由“内容总录”、“勘察报告”、“保护研究”三个系列组成，涵盖了从西南部分少民族村寨基本情况调查、专题研究与综合研究以及保护与发展规划和实施报告三个方面。

“中国西南少数民族村落内容总录”系列，以村寨为基本单位，全面介绍该村寨基本情况。本系列已经编写了12册，分苗族村寨、侗族村寨、藏羌村寨、白族村寨四卷。其中已经调查的重要侗族村寨分布于贵州、湖南、广西三省区，故又细分为《贵州侗族村寨调查简报》、《湖南侗族村寨调查简报》、《广西侗族村寨调查简报》若干分册。每一分册由2—5篇调查简报组成，我们希望关注传统村落保护与发展的学者和机构，能够通过这些调查简报，对这些村寨的历史文化和当下状况有一个最基本的了解。由于我们的田野工作以贵州黔东南州为中心，因而贵州的苗族和侗族村寨调查报告的数量也最多，占了这个系列的半数，这也是苗族和侗族村寨以黔东南地区数量最多、保存最好、文化事项最丰富现状的反映。

“中国西南少数民族村落勘察报告”系列，由多本典型少数民族村寨勘察报告、专项研究著述组成。由于内容相对简单的村寨调查简报，还不能满足从事传统乡村研究、保护和发展的相关机构和个人的需求，需要对选取作为保护与发展对象的村寨做详细的勘察记录，找出该村寨存在的普遍性和特殊性问题，以便采取有针对性的保护与发展措施。计划撰写的勘察与研究报告有《贵州榕江县大利侗寨调研报告》、《贵州榕江县大利侗寨勘测报告》、《贵州锦屏县文斗苗寨调研报告》、《贵州黎平县堂安侗寨整治报告》、《四川丹巴县中路藏寨调研报告》、《云南云龙县诺邓村调研报告》等。除此而外，我们还将在西南少数民族村寨保护与发展的实践中，选取一些典型案例，将其记录汇集成册，以提供其他从事传统村落保护的同志参考和评判。

“中国西南少数民族村落保护研究”系列，是西南少数民族村寨保护的综合研究。它包括了村寨的历史、特点、价值和问题的基础研究，包括了针对中国传统村落、西南民族村寨、某一区域和族群村寨、某个自然村落存在问题及应对措施的研究，还包括了某些正在采取保护行动的传统村落的保护规划、展示规划、发展规划、方案设计等。如《中国传统乡村文化景观研究》、《侗族村寨文化景观研究》、《苗族村寨文化景观研究》、《坪坦河流域侗族村寨保护与发展初论——从生态博物馆的角度》、《川西高原藏羌碉楼研究》、《云南云龙县诺邓村专题研究》、《贵州控拜村苗族银匠村研究》、《贵州榕江县大利侗寨文物保护规划》、《贵州榕江县大利侗寨保护与发展规划》等综合和专题研究专著，以及《西南少数民族村寨研究文集》这样的论文汇集。

最后，我们两位主编要代表我们全体作者，向支持西南少数民族村寨调查、研究和保护工作的单位和个人表示衷心的感谢。首先应当感谢的是联合国教科文组织北京代表处，该处的遗产项目专员杜晓帆博士最早提请我们关注西南地区少数民族村寨的保护与发展，希望中国这样一个大国能够利用自己的优势给东南亚少数民族村寨的保护探索符合亚洲特点的路径，我们正是在晓帆博士的鼓动下分别从不同的领域投入到西南地区少数民族村寨保护之中。其次是海峡对岸世界宗教博物馆的陈国宁馆长，她不顾自己年事已高，在自己原先任教的台南艺术大学的支持下，多年来承担起了组织台湾高校师生到祖国的西南地区参加少数民族村寨调查的重任，除了将她在台湾从事社区博物馆和社区再造的经验带给我们，还增强了海峡两岸师生的交流和了解。其三是要感谢中央民族大学民族及社会学院、同济大学建筑与城市规划学院、四川大学历史文化学院、台南艺术大学文博学院、云林科技大学文化资产维护系等高校相关院系所的负责人，他们协助我们动员学生参与西南地区少数民族村寨调查，是我们调查组人力资源和学术资源的可靠保障。其四要感谢四川、云南、湖南、广西诸省区文物局，他们在经费、人员、后勤保障上给予了我们许多支持和帮助，如果没有他们，我们许多工作没法顺利推进。最后，我们要特别感谢贵州、四川、云南、湖南、广西诸省区我们曾经开展调研工作的县（自治县）文化文物系统的工作人员和乡村的基层干部，他们或者与我们调查组的师生一起进驻村寨，充当我们的进村“向导”并为我们排忧解难，或充当我们在村中的“翻译”，帮我们联系村民，协助我们做社区动员和召开村民大会。正是在以上单位和个人的无私帮助和支持下，我们的村寨调查、村寨规划和村寨保护实践才能够顺利向前推进。

就在“中国西南少数民族村落的保护与发展丛书”首批图书即将出版之际，我们高兴地得知，国家已将“中国西南少数民族传统村落的保护与利用研究”列为国家社科基金重大招标项目，我们北京大学与中山大学分别中标承担起该课题的研究任务。回顾过去，我们西南少数民族村寨保护与发展的项目，最初只是北京大学支持的一个小课题，所获课题经费也只有少量校长基金作为启动资金的五万元。多年的调查工作使我们从各方面筹集资金，非常节约地使用，使得我们历时八年、参加人员达三百余人次的田野工作能够顺利完成。国家出版基金设立后，基金委将“中国西南少数民族村落的保护与发展”作为首批国家图书基金资助项目，使我们这些年积累的调查和研究成果，能够有资金资助顺利出版。

希望本丛书能够给我们认识这些村寨提供基础资料，同时也希望这套简报能给予城市规划、乡村规划和区域规划者一个参考的依据，在城市发展、新农村建设的时候，能重新思考中国文化的核心价值，吸取农村发展的经验，厘清中国不同于其他文明的特色，构拟出一个适合现代国人生活和居住的蓝图。

附：参加西南少数民族村寨田野调查和报告编写人员名单

2008年度（20人）

孙华、张成渝（北京大学考古文博学院教员）。

王书林、吕宁、王敏、王璞、黄莉、马启亮、高玉、黄玉洁、童歆、干小莉、刘杨、石慧（北京大学考古文博学院、城市与环境学院）；刘睿、刘翠虹、刘业沣（中山大学人类学系）；郭琼娥、李蜜、杜辉（厦门大学历史系）。

2009年度（40人）

陈国宁（台南艺术大学文博学院教员）；孙华；李慧（四川大学历史文化学院教员）。

余昕、李伟华、丁虞、韩爽、张娥凛、戴伟、李林东、王哲妍（北京大学社会学系、考古文博学院、元培学院）；杨向飞、龙成鹏、张悦、张志磊、徐菲、王皓、罗洪、赵丹、王妹娜、邱艳、谢莉亚、周海建、杨丽玉、李灵志、黄秋韵、董晓君、宋秋、刘争（四川大学历史文化学院）；沈天羽、王韵嘉、雷继成、高忠玮、黄胜裕、陈韦伶、高玉馨、朱仲苓、张雯茵（台南艺术大学文博学院）；刘亦方（郑州大学历史与考古学院）；黄尚斐（中国传媒大学摄影系）。

2010年度（44人）

陈国宁；孙华、张成渝；江美英（南华大学艺术学院教员）；朱萍、马赛（中央民族大学教员、民族学与社会学学院教员）；白露、李林东（成都博物院文物考古研究所干部）。

王怡萍、范子岚、陈筱、张娥凛、何源远、赵昊、荆藤、邹鹏、余昕、郭明、李颖（北京大学考古文博学院、社会学系）；张林、陶映雯、向阳、贾凯丽、郑宜文、杨力勇、司马玉、张一辉、来源、吴仙仙（中央民族大学民族学与社会学学院）；冯佳福、吴昭洁、张康容、黄雅雯、苏淑雯、王柏伟、王净薇、谢如惠、黄淑萍、谢玉菁、钟子文、邓佳铃（台南艺术大学文博学院）；杨丽玉、张绍兴（四川大学历史文化学院）；韩婧（中山大学社会学与人类学学院）。

2011年度（61人）

徐统（台湾清华大学材料科学工程系退休教员）；陈国宁；孙华；王莞玲（兰阳技术学院建筑系教员）；江美英；朱萍；李智胜、郭秉红（贵州省文物局抽调专业干部）。

陈筱、陈元棪、梁敏枝、黄莉、焦姣、韩爽、杨玲、庄惠芷、张林、邓振华、何月馨、孙雪静、李梦静、周仪、丁雨、张瑞、柳闻雨、张琳、刘精卫、李皓月、王晴锋（北京大学考古文博学院、社会学系）；贾凯丽、郭领、刘学旋、郎朗天、雷磊、于梦思、王东、王博、王金、董韦（中央民族大学民族学与社会学学院）；袁琦（北京理工大学工业设计系）；闫金强（天津大学建筑学院）；杨丽玉（四川大学）；熊芝莲（云南师范大学日语系）；沈天羽、蔡译莹、赵庭婉、陈昱安、许又心、萧淑如，张康容（台南艺术大学文博学院、视觉艺术学院、艺术史学系）；段品琦、叶怡麟、郭维智、龚琳雅（云林科技大学文化资产维护系）；唐君娴（台北艺术大学建筑与古迹保存研究所）；谢以萱（台湾大学人类学系）；许明霖（台湾“中央”大学艺术学研究所）；林孟荪、陈仲甫（兰阳技术学院建筑系）；黄雅雯（高雄市立历史博物馆）；林义焜（台湾清华大学）。

2012年度（51人）

陈国宁；孙华；周俭（同济大学建筑与城市规划学院教员）；江美英；赵春晓（兰州建筑科技大学教员）；寇怀云（同济大学城市规划研究院职员）；赵瞳（清华大学建筑设计研究院职员）。

陈筱、陈元棪、王晴峰、张林、袁怡雅、刘昇宇、韩博雅、王小溪、朱伟、孙雪静、张锐、娃斯玛、刘婷、李楠、李可言、王斯宇、杨凡、刘天歌、尚劲宇、张予南、李寻球、张林（北京大学考古文博学院、社会学系）；曾真、董真、庞慧冉、刘小漫、卞畠喆、白雪莹、单瑞琪、张琳、俞文彬（同济大学建筑与城市规划学院）；石泽明、陈海波（中央民族大学民族学与社会学学院）；刘若阳（北京中医药大学毕业生）；陈沛妤、蔡泽莹、曾正宏、张康容（台南艺术大学）；段品淇、叶怡麟、龚琳雅（云林科技大学文化资产维护系）；杨贵雯（台湾）；林欣鸿（台湾清华大学）；林孟荪（台湾高雄大学）。

2013年度（42人）

孙华；朱萍；王红军、杨峰杨（同济大学建筑与城市规划学院教员）；赵春晓（兰州理工大学建筑学系教员）。

陈筱、李光涵、尚劲宇、王一臻、尚劲宇、吴煜楠、王宇、冯玥、王云飞、陈时羽、张夏、张高扬、张林、王思怡、温筑婷、张锐、刘畅、李唯、张予南、徐团辉（北京大学考古文博学院）；巨凯夫、门畅、尹彦、魏天意、娄天、陶思远、王正丰、陈艺丹、朱佳莉、罗蓝辉、陆盈丹、李缘圆、韩瑞、郑晓义、冯艳玲（同济大学建筑与城市规划学院）；曹玉钧（北京林业大学园林学院毕业生）；于炳清（南京解放军理工大学）

2014年度（39人）

杨树喆、海力波、冯智明（广西师范大学文学院教员）；赵晓梅（北京建筑大学建筑学院教员）；孙华；郭炳红（贵州安顺市文物局退休干部）。

陈容娟、李哲、党延伟、谢雪琴、蔡检林、徐田宝、梁膑、彭翀、杨斯康、谢耀龙、李婉婉、周洁、辛海蛟、甘金凤、赵家丽（广西师范大学文学院）；李光涵、张巳丁、冯妍、尚劲宇、孙静、加娜古丽（北京大学考古文博学院、社会学系）；解博知、张逸芳、吕妍（北京建筑大学建筑学院）；于炳清、陈罗齐（南京解放军理工大学）；张力、杨中运、郑耀华（兰州理工大学建筑学系）；黄雨博（四川大学历史文化学院考古系）；Suvi Ratio（苏葳，芬兰赫尔辛基大学人类学系）；陈会、陈燕（贵州省文物保护研究中心）。

2015年度（12人）

石鼎（复旦大学文物与博物馆学系教员）。

李光涵（北京大学考古文博学院）；孙静（北京大学社会学系）；王霁霄（清华大学规划学院）；殷婷云（清华大学建筑学院）；石本钰、冉坚强、张芬（贵州民族大学民族学系）；刘威（山西大学考古学系）；杜菲（京都大学景观学系）；Joel Wing-lun（黄智雄，哈佛大学历史系）；张力（志愿者）。

——以上共计309人，没有注明教员身份的均为研究生和本科生。其中博士生陈筱、李光涵曾两次以辅导员身份带队，特此说明。

第一篇
贵州榕江县岑最村调查简报

一、概 述

岑最村是贵州省黔东南苗族侗族自治州榕江县朗洞镇内的一个苗族村寨。岑最村位于朗洞镇东南部，距朗洞镇政府所在地35千米，处于岑最河的河边山谷地带。全村辖“老寨”、“新寨”两个自然寨（图一—1）。老寨共143户，613人。据2008年村委会统计：第一组户数为40

图一—1 岑最全景

户，人口174人；第二组户数为38户，人口161人；第三组户数为35户，人口150人；第四组户数为30户，人口128人。新寨位于老寨东侧，1992年从榕江县城到朗洞镇的公路修通后，由于交通的便利，往来的人员车辆增多，逐渐沿公路发展至现在的新寨街上。从村落景观来看，可以说公路的修通直接导致了一个新的村落区出现在原有的老寨之外，使得原来的村落景观发生了翻天覆地的变化。这一变化不仅意味着村寨规模的扩大，也意味着一种新的内容被填充到原有的村寨文化中，以侗族为主的外来移民随着新街建设迁入，商业店铺随着沿街建筑的落成而开张。古老的苗族村寨，无论从人口、人员组成上，还是日常生活、生业经济上看，都慢慢发生了改变。这一改变让作为调查者的我们，在注意到老寨内的传统建筑、传统习俗时，也不得不正视不过一街之隔的新寨街上时时洋溢的新气息、所代表的新变化。

老寨与新寨街上，不论是人员组成——老寨主要是苗族，而新寨街上则主要是侗族和其他民族，还是生业方式——老寨居民主要依靠农业为生，而新寨街上的居民则主要是依赖商业，或者是建筑特色——老寨内全都是传统的木结构吊脚楼，新寨街上已经出现数栋钢筋混凝土的“小洋楼”，都是大不相同的。即便如此不同，我们又不得不正视，这两者已经相安无事地结合在一起了，形成了一个整体。老寨与新寨街上，对调查者既是一种景观上的冲击，更重要的是提示调查者，在调查苗族特色文化、特色建筑时，如何调和传统与现代、发展与保护，如何在既推动当地经济发展、提高当地人生活水平的同时，又为那些珍贵的物质文化与非物质文化遗产，建筑、器皿，或者地方风俗，提供切实的保护，使之不致灰飞烟灭于我们这个以发展为口号而高歌猛进的时代里。

调查组于2011年7月26日在贵阳集结，7月29日正式进村，调查从进村即日展开，至2011年8月9日结束，共历时十二天。调查组成员共五人，北京大学社会学系人类学专业硕士研究生张瑞担任组长，组员包括北京大学考古文博学院博士研究生陈元棪，北京理工大学本科生袁琦，台湾南华大学江美英老师，台湾云林科技大学硕士研究生段品琪。此外，调查组的生活起居一直由榕江县文化局的年轻干事吴亦豪照顾，特此感谢。调查结束后，调查组于2011年8月11日至14日，以调查的第一手资料为主，结合《榕江县志》等史志文献，合力撰写了这份报告。

二、地理环境和资源

岑最村位于贵州黔东南雷公山区群山环抱的河边谷地，海拔460米。村子三面环山，岑最河（也称色边河、寨蒿河，本报告采用该村村民对河流的称谓）自北向南从村东流过。岑最河进入岑最村范围的西岸有一个矮坡，居民称之为党敌坡，其以西的山坡则称之为党照坡，两坡之间形成了一段东西窄、南北宽的平缓地带，最早的岑最居民建寨于此片平地之上，形成一个相对封闭的村寨。岑最村居民数代在此休养生息，直至沿河岸的公路开通，才改变了生活方式。村落周边坡度和缓，气候温和，属亚热带湿润季风性气候区。

三、传说和村寨历史

（一）口头传说

1. 创始传说

关于岑最建村的说法有两种。

一种说法是，起初村民的聚居地并非在岑最，而是在现在寨子下游1.5千米远的地方。某一天，姜家的祖先在山里打野猪，猎狗紧追着野猪来到一口水井旁，沾到了井水。苗民发现追野猪回来的狗身上沾了水，就跟随着猎狗发现了水井，从而岑最的苗族先辈才搬迁到现在老寨所处的地点。

另一种说法是，以前老寨的居民分住在山的两侧，西北坡上是姜家，东南坡上是杨家，另有田、吴两家。1925年为躲避土匪张百川，于是聚居到大寨，因为大寨的前后左右都是山，比较隐蔽而安全，不易被土匪发现，而且土匪攻打过来之时，也可以立刻逃到后山，不会被抓住。

2. 族源传说

据村民介绍，岑最村最早的苗民是从江西、福建两地迁徙而来的，时代可上溯到唐朝。当时此地是一整片的山林，没有人愿意前往，但是官府将苗民用绳子捆绑起来，还用夹子夹住女性的耳垂，强迫他们迁徙，最终才来到黔东南。传唱的苗歌中记录了迁徙的过程。可知的是，当时村寨的祖先有两位，后世在埋葬他们的地方修建了如今的两处土地祠，这两位祖先后来都成为了村寨的守护神，成为村民口中的菩萨，受到村民的祭拜。

3. 英雄传说

相传，在清朝的时候，雷山地区出过两位苗王，一位叫作王咩，另一位叫作张向米。当时赋税太重，加之天灾，人民苦不堪言，于是两位苗王率领苗民起义，反抗清朝官府。但是岑最村的苗民似乎没有响应苗王的起义。关于这个故事也有苗歌的记载。另据鬼师杨胜清介绍，四代前有个姓宋的人，力大无穷，是保护牛场的人，能单枪匹马将正在打架的斗牛分开。关于其如何成为村子的英雄，有一个故事流传下来：一次放牛时，宋姓村民与高便村的村民因牛场起冲突，仅凭宋氏一人就打败了高便村的所有村民。

（二）碑刻

1. 契约碑

岑最村大寨后侧立有一契约碑，立于清光绪年间，北距色边2.5千米，南距县城69千米。今保存完好（图三—1）。

图三—1 契约碑

该契约碑由两块长方形石板组成，两块石板并立于同一青石底座上。左侧石板高95厘米，宽35厘米，厚7厘米。右侧石板高95厘米，宽38厘米，厚9厘米，碑座长140厘米，厚15厘米。

碑文均为竖向正楷阴刻。左侧碑文内容为："八柳寨杨琼枝兄弟三人具状告张老领盗砍杨家山林，霸占林地，黎平府断明地界，地与林永属杨氏祖业。并据该寨乡团高飞熊等公同保结，前来合行，给照营业。"落款为"光绪十六年五月十四日"。背面碑文为寨民买卖杉山契约，落款为"光绪二十六年九月初四"。

右侧碑文内容为："字人刘益昌为因急需，应用无出，自愿将到先年得买八柳寨杨琼枝兄弟等卖与陈吉胜之山林木植一所，地名领果……卖与岑最寨众"，"保长黄老沅、田文彬等承买，凭中杨胜魁等六人"，"空口无凭，立此断字一纸，存照为据"。落款为"光绪三十四年八月十九日刘益昌亲笔立断"。左下角空白处，于民国四年（1915）添加了新的内容："贵州财政厅未给予税验买契，榕江县知事兼税验契所长吴宗周印字第县税号验。"落款为"字税契尾中华民国四年三月卅一日"。

2. 永垂后世功德碑

永垂后世功德碑（图三—2）立于村内小学校舍的东侧，2004年为表彰捐款建新校舍的捐款人而立。

分为左右两碑，并列在一水泥座上。两碑应由同一块石板对切而成，皆长103厘米，宽66厘米，厚9厘米，底座长166厘米，宽81.5厘米，高2厘米，上铺两排瓷砖，瓷砖长16厘米，宽10厘米，共15片。

右碑榜题为"永垂后世"，碑文内容写明立碑原因为纪念新校舍落成，并感谢各方人士捐

图三—2　永垂后世功德碑

款，下列捐资人员名单，包含捐款人姓名与捐款金额，落款为“2004年8月5日竣立”。左碑榜题为“功德碑”，碑文记录了捐资人的姓名。

四、村寨的外部空间

（一）耕地、林地空间分布

岑最村的田地，老寨附近有一部分，位于老寨所处的平地上，其余大部分田地都位于村寨的东北面，岑最河两岸，以及岑最河的东面河谷内。岑最村共有耕地335.8亩，分四个生产小组耕种（图四—1、图版一）。

山坡上的田地为梯田，以水稻种植为主。除了种植水稻，每家每户也会在一些零散田地上种植其他作物，如白菜、土豆、红薯、辣椒等，但都不成规模。

除了田地，岑最村也和附近村寨一样，拥有大量林地。以岑最村为中心，周边数里方圆内的山林都属于岑最。山林多为经济林，种植杉木、松木等经济林木，多用于建材。野生的山林基本已经消失。山林分承包林和公共林地两种，前者将山林承包给村民种植，经济效益归承包村民所有；后者又有两种，分为村小组所有和全体村民所有，原则上由小组成员或全体村民管理并享有收益。

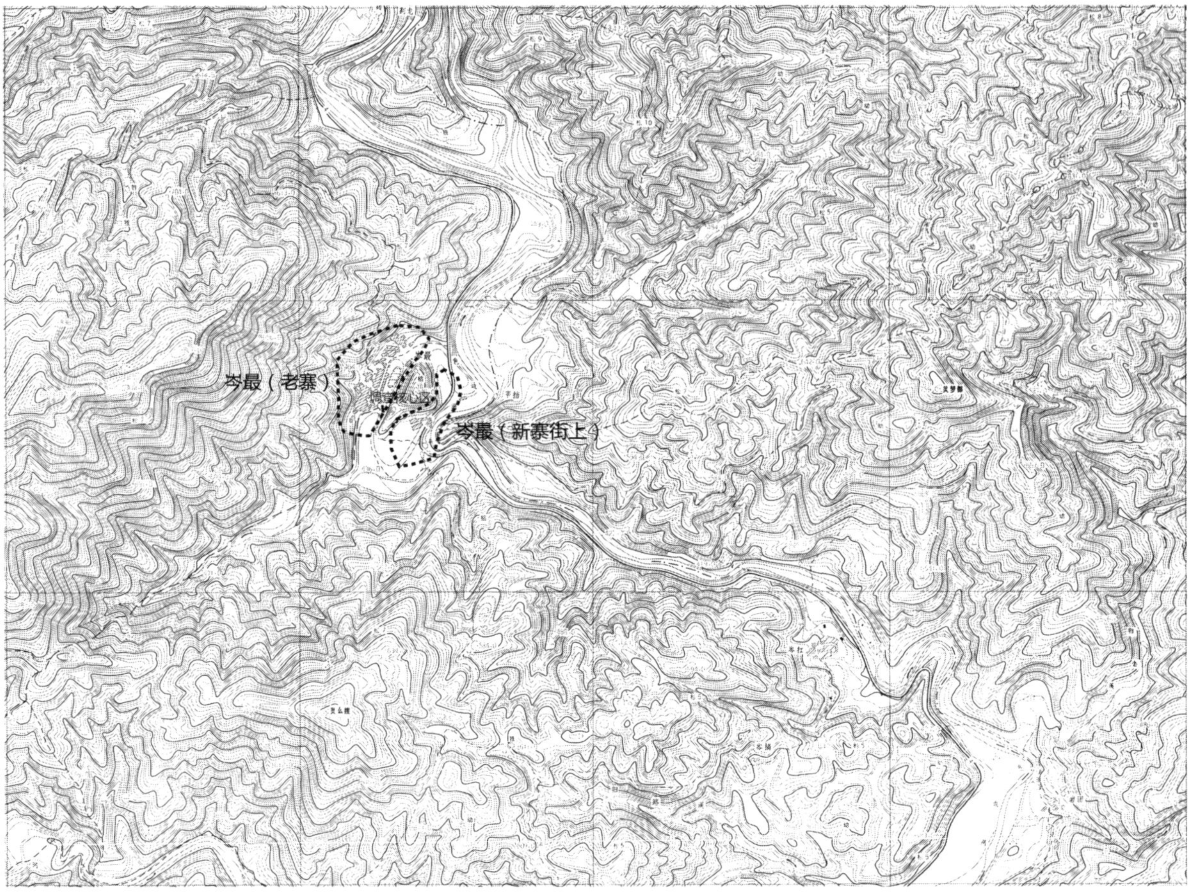

图四—1 岑最村地形图

粗略来看，岑最村的土地利用，中心圈是居住区，第二外围是田地，最外圈是山林。当然，现实分布比这更为复杂，并不一定完全遵循上述的土地利用关系，比如老寨背靠的党照坡上就有山林，而且是属于公共林地（图四—2）。

（二）道路交通

岑最村通往外村的道路有水泥公路、田野小路（土路）两种。其中前者自南而北穿新寨而过，南连榕江县城，北通黎平县城，沿路由南向北，路过高便、岑最、色边、定向、卡寨等村及朗洞镇，再由公路转入小路通往位于山上的高略、高帮、两福等地。该公路1992年建成，为双车道，是在原有的通乡土路基础上扩建、整修而成。

除此之外，还有原来通往村外的田野小路同样在继续使用中，且使用频率不低。小路在调查中发现三条，一条通往高便，一条通往高略，一条通往高冷（原有的通往色边等地的土路被直接改为前述公路）。这种小路只能供行人步行，常需翻山越岭，但往往比走公路距离短。例如小组成员曾经走小路从岑最去过高冷村，仅需从岑最向东北翻过一个山坡，大概七里路，但

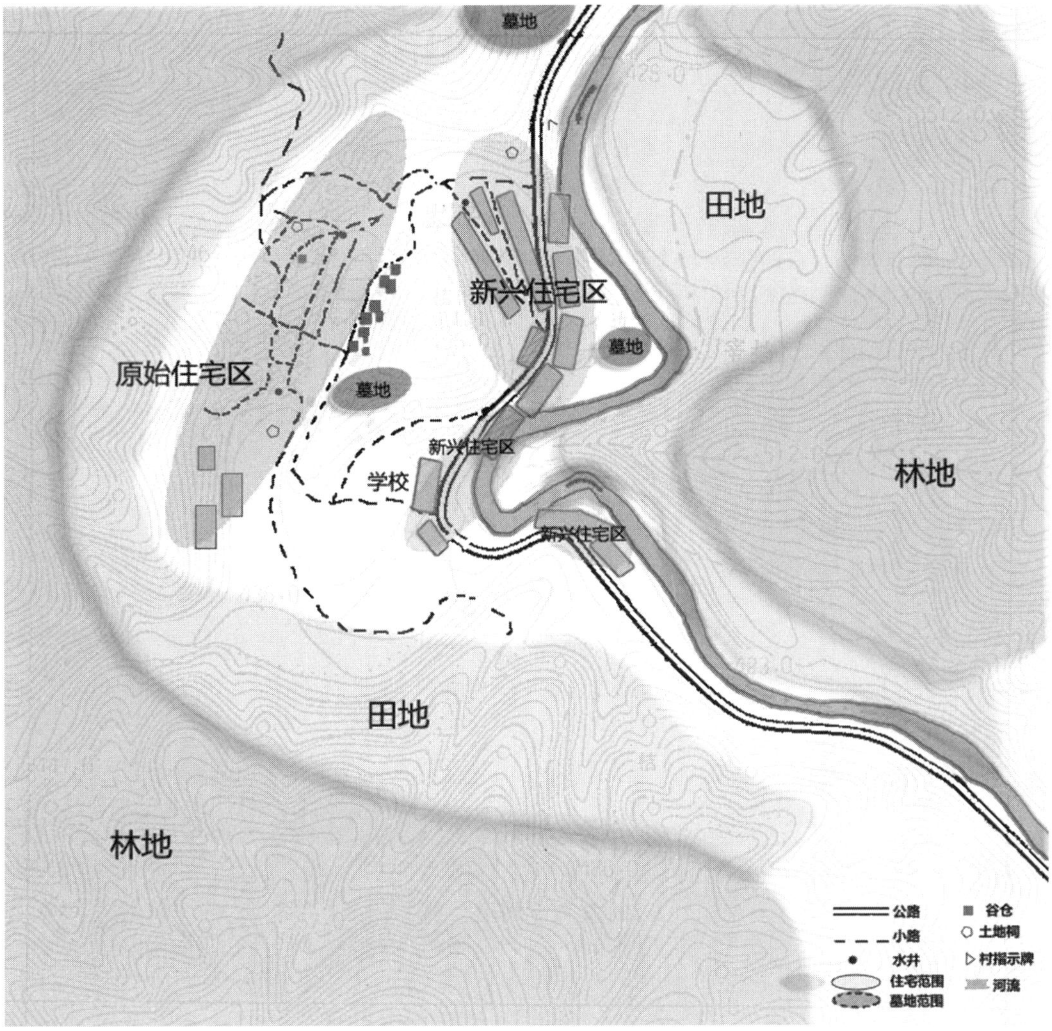

图四—2　岑最村外部空间分布图

若是从公路前往，则有六十余里。

村外的岑最河自北向南流淌，公路和河流大致平行。河流现今没有用于通航。据杨再军支书介绍，以前当河流水量较大时，曾经用于运输木材，木材沿河下流，可以直接运往广西。

（三）与周边村寨的关系及交流

该地区村寨与村寨间由于相距并不遥远，交通也较为便利，往来关系相对密切。主要包括经济往来、日常交往、节日往来、恋爱通婚等几种形式。

1. 经济往来

由于岑最新寨沿公路发展出商业街，街两边有数十家商铺，因而岑最的物资在远近应该说是相对丰富的，每周六周边的村寨，包括高便、色边、定向以及山坡上的高略、高帮、两福的村民都会来岑最赶集，购买生活必需品以及其他物资，或者带着自己的商货来参与商业买卖。

岑最还有一个电费缴纳点、一家农村信用社的办公点，都是每周六赶集的时候才办公，为周边各村村民服务。

2. 日常交往

岑最与周边村寨之间存在密切的日常交往。村与村之间的土路，都是各村居民共同使用。岑最沿公路上去不远就是其他村子，村与村之间的农田、山林都相互邻近，村民们之间也经常在劳作或者砍伐林木时相互遇到，互相都不陌生。在农忙时节，特别是收稻谷的时候，岑最的村民还会应邀去附近的寨子帮助收割。需要提到的是，由于与岑最相邻的孖谢村没有小学，孖谢的小孩都到岑最小学读书，每天早到晚回，这自然使两村之间的关系较之他村更为密切。

3. 节日往来

每逢节日，村寨间也会有往来。特别是春节和鼓藏节，都会邀请其他村的村民参加，包括他村的村领导，也包括亲朋好友。据姜发城村长介绍，春节时的芦笙节曾经邀请过高帮派出芦笙队，与本村的芦笙队进行比赛。除了芦笙比赛，也举行篮球比赛，同样是邀请他村派出篮球队，进行村际的篮球比赛。

4. 恋爱通婚

附近几个村寨，传统上都属于岑最村的通婚范围，包括定向、色边、宰牙等。虽然同属于苗寨，但位于山坡上的高略、高帮、两福等地，岑最当地人则不那么愿意与其通婚，村里的女性不愿意嫁去这几个村子，男性也不愿意从这几个村子娶媳妇。原因除了山上条件没有山下便利，居住没有山下舒适外，据支书介绍，也有村里传统观念的原因，山上的几个村子，特别是高略，在岑最人看来，都属于不太好的地方，风水不好，因而不愿意嫁娶那几个地方的村民。

除了苗寨，岑最村民现今通婚的村寨还包括高便、孖谢等几个侗寨。原本，岑最等黔东南的苗族是不愿意和族外人通婚的，不仅不和汉族，也不和侗族通婚，现在则都发生了变化。

5. 村际冲突

村寨间不光有着和谐的互补关系，也可能产生冲突。高冷和岑最间由于修路而产生过矛盾。高冷计划修建一条从高冷到岑最的通车路，需占用岑最的一些山林和田地，岑最村民认为高冷必须赔偿这些损失，但高冷村民认为这条路修好后是大家使用，而且修路的钱都是高冷出，岑最既然不出钱出力，那么被占了一点地也不应该要求赔偿。由于两村对此始终没有达成一致，因而这条原计划修到岑最的路，只修完了位于高冷的路段即被终止。高冷为侗族村寨，当被问及这件事时，接受访谈的村民无奈地说：“这些苗子蛮得很。”

（四）中心与边缘

以岑最新街为中心，逐渐形成了辐射周边数个村寨的商业圈和公共服务圈。自从1992年公路修通之后，经过十来年的发展，岑最新街已经成为了周边地区一个最为重要的商业集散地。商品（日用百货、电器、摩托车、服饰、家具等）储存于新街的商铺中，在每周六集市时达到物资供应的顶点，这吸引了大量周边村寨的村民，不论是商人抑或消费者，都在当天向作为中心的岑最进发。除了作为商业中心，岑最还是周边地区的公共服务中心。新街上的信用合作社、电费缴纳点、话费充值点，都是面向附近数个村寨服务的。商业和公共服务这两个辐射圈，基本上以岑最为中心重合。

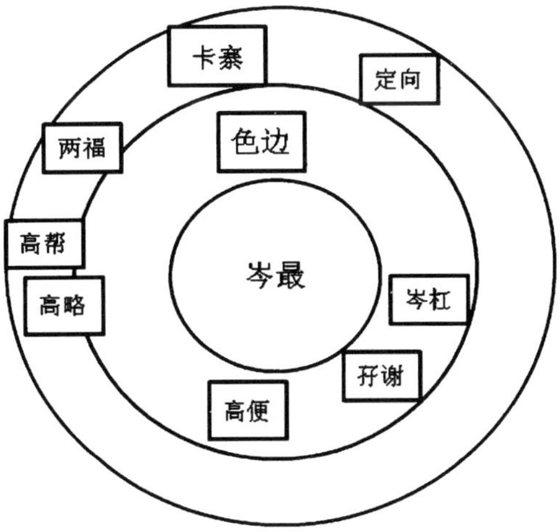

图四—3　岑最村与周边村寨的“差序格局”

由中心向边缘，中心的影响随着距离的扩大而缩小，从而形成了以岑最为中心的“差序格局”。这一“差序格局”的特殊之处在于，中心与边缘的关系不是消极的渐次减弱，而是以商业扩张和服务延伸为内容，积极地向外施加影响（图四—3）。

五、村寨的内部结构

（一）村寨布局及功能分区

1. 居住区

岑最村在一个行政村下分为两个自然村，当地人将村寨内部的传统村寨称为“老寨”，而1992年公路开通后陆续出现的聚落称为“新街”，两寨相距不到百米，有三条道路可通，两条村内水泥路，一条田间小路（图五—1）。

岑最村的居住区相对集中。老寨位于新寨西面的山间平地，背靠党照坡，前依党敌坡，大致分布在山间平地及党照坡的东面山坡上，三面环山。居住区东西窄，南北宽，大致呈片状分布。房屋倚靠村中的三口井陆续建成，坐西坡面东坡。为了防范火灾，村中的粮仓于20世纪80年代开始集中建造，大多数粮仓都集中在党敌坡上，坐东面西。

老寨西南方的下寨发展早于西北方的上寨，下寨主要的居民为一、二组的组员，上寨则

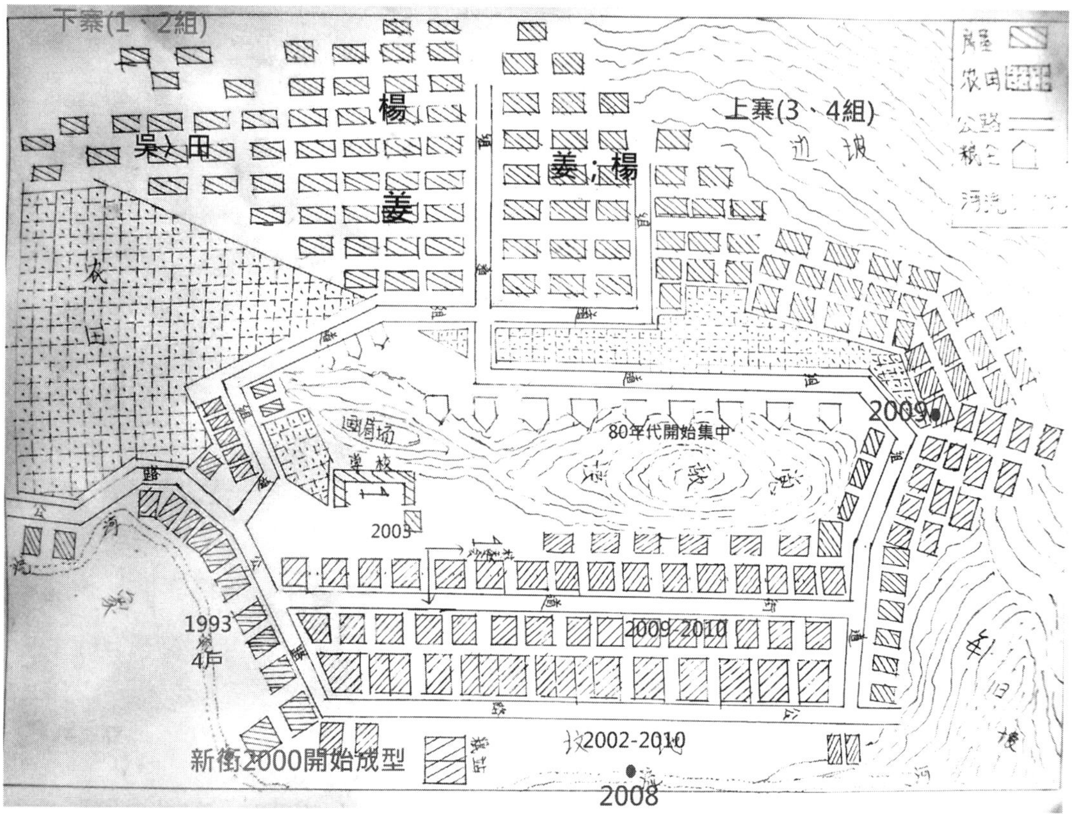

图五—1　岑最村居住区房屋分布示意图

以三、四组的组员居多。下寨南边主要为吴姓房族，其次为田姓房族；下寨北边主要为杨姓房族、其次为姜姓房族。上寨南边居住两大房族分别为姜姓与杨姓，北边则以宋姓房族较多，李姓、王姓房族仅有一两户。

1992年公路开通后，岑最村开始出现向外扩张的现象，1993年公路南边开始出现新房，从开始时的四户，一直到现在的十几户，即为新寨。2002年开始新寨向公路北边发展，新寨与老寨由党敌坡相隔，公路沿南北穿过新寨，新寨沿公路呈带状分布，南北长五百余米。与村外岑最河自北向南流淌不同，新寨的发展是逆流而上，沿公路而上房屋愈多，商铺愈密。

目前老寨的绝大多数居民都是世代居住于此的当地人，而1992年公路开通之后新街聚落陆续形成，也逐渐有附近村子的人开始移入新街居住，也有部分老寨人分家后在新寨成家。即老寨内是单纯的苗族住宅区，新寨上的住户几乎都兼备商业功能。农村信用社、电费缴纳处、村卫生所，都在新寨上。族群上则是苗、侗、汉族混居。新寨的出现除了使老寨的人口外移外，也让原本单纯的苗族村寨开始与不同族群混居。新寨上的民生功能也满足了附近村寨居民的需求，因此每到周六赶集的时候，岑最村的新寨上总会涌入大量的村民来补充生活必需品。

2. 仓储区

由于岑最村新街上居民多为新移民，他们没有岑最村的田地，也甚少从事农业生产活动，因此岑最村的粮仓都集中在老寨，多分布在老寨东侧、党敌坡的西侧，依山坡而建。20世纪80年代开始，基于防火的考虑，粮仓与民居各自建在独立的山头上。

3. 公共区

岑最村的公共场所并不多，使用率最高的是位于新街公路上的市集。市集每周一次，固定于每周六举行，在公路开通前已经在岑最村举行多年。大约从1986年开始，岑最村小学旁的广场是岑最市集最早的聚集地，直到1992年公路开通后，市集的场地才转移到公路旁的新街一带。岑最村在地理环境与条件上的优势，使得附近村寨的人都会到岑最村赶集。由于岑最村附近有侗寨，加之岑最新街上有许多侗族移民，因此每周六赶集的时候，街上总会涌现大量的侗族人。人们身着侗族、苗族的传统服饰，为岑最这个苗寨增添了许多异族风情。

2003年由香港吴目耕堂基金会筹措二十万元，朗洞镇负担一万元，岑最村筹措数千元，共同设立了岑最小学。小学位于老寨的东南方，学校的广场、篮球场成为村中小孩最佳的玩乐场所。

岑最小学的西面有一座小山丘，是岑最村的画眉场，是专门用于斗话眉鸟的场所。这项娱乐已经维持了数十年，一般是随赶集的时间举行，但并不一定每周六赶集时都会有斗画眉的活动。

岑最村的芦笙场并非特地修建，而是利用了冬季老寨内休耕的田地，每年过节的时候，岑最村会邀请其他村子的村民到此比赛吹芦笙；或者是将老寨内的人依房族分组进行比赛。

（二）道路体系

岑最村老寨主要的通道顺南北向，北面为主要的出入口，南面的出口则是岑最村的主要田地之一。老寨于1992年开通公路后，陆续在村中的土路上铺筑水泥，目前村中主要的通路都已铺筑水泥。村中的小朋友也将水泥路面作为自己的画布，捡一些小石头在未干的水泥铺面上进行创作，有简单的涂鸦（图五—2），有提醒村民的简单话语，如“平安”（图五—3），有花鸟虫鱼创作（图五—4），有筑路日期（图五—5）等等，以纪念这条道路的产生。

图五—2 路面装饰之一

图五—3　路面装饰之二

图五—4　路面装饰之三

图五—5　路面装饰之四

（三）给水排水

岑最村的日常用水来自村中的三口井水以及附近的岑最河。日常生活的饮用水主要取自村中的三口井水，老寨里不时都能看见妇女、小孩在井边挑水、洗菜，由于井水的温度偏低，具有降温、保鲜的功能，因此妇女们多会将食材存放在竹篓内，然后将竹篓置于井水之中以保存食物的鲜度（图五—6）。岑最河是村中非饮用水的主要来源，洗衣、洗车、洗牛，都会在岑最

图五—6　在水井中保鲜的食物

河里进行，傍晚时分岑最河里总会有村中的小孩戏水、洗澡，妇女也常在此洗衣。

2002年，岑最村第四组组长姜道银带领第四组组员约一百五十人修建全村自来水水道，经费来自县里，岑最村则提供人力，工程内容是挑沙、埋胶管等，工期约半年。

老寨村民因为与水井距离较近，因此自来水在老寨中使用的频率与新街相比相对较低，而新街因为离水井较远，因此生活上的用水较依赖自来水。

（四）公共设施

岑最村于2010年12月7日召开村委会议，探讨2011年岑最村一事一议项目，检视村内预计兴建的公共设施。根据会议记录，村里当时有七座公厕；两条沟渠，分别为平田榜约1500米、便龙约2500米，两沟渠总长约4000米，施工规格为长4000米、宽0.2米、高0.2米、厚0.2米；小路长1000米，施工规格为长1000米、宽4米；排污水道长2000米，施工规格为长2000米，宽、高、厚皆为1米；三个填埋池；消防水池有两种规格，其中一种消防水池有六口，长、宽、高均为4米，另一种规格的有5口，规格为18立方米（3米×3米×2米）。此外，岑最村于2003年在村中拉设了消防栓管线，但因村中工程建设不断，村内许多消防管线都已被破坏、截断。

六、村寨的构成单元

（一）家庭住房布局

该村的家庭住房主要由卧室、厕所、厨房、院落等不同的功能单元组合而成。在岑最村，家庭住宅的布局模式主要有两种，即传统型和现代型。老寨的房屋多为传统型布局模式，而新街均为现代型布局模式。随着时代的发展、村民需求的转变，家庭住宅布局模式逐渐由传统型转变为现代型。以下分别介绍两种布局模式的基本特点：

1. 传统型布局模式

传统布局模式的家庭住房在纵向上一般可分为首层、二层两部分。

首层一般先用木柱、木枋构架起整体空间，再在其内部用木板、木条简单分隔为牲畜圈养、草料储藏、柴火贮存、杂物摆放的小单元。由于房屋首层较为潮湿，并不适于人长期停留起居，多数仅作为生产辅助之用。二层主要安排主卧、客房、储藏、厨房四种功能单元。一般来说，长辈的卧房较靠近楼梯或厨房，晚辈的卧室和储藏间一般紧邻长辈的卧房，而客房则安排在最外侧，远离长辈卧房。

连接首层与二层的木楼梯多布置在房屋内部的一角，也有一些在房屋外侧增建一间，单独架设楼梯。与周边苗寨相似，居民住房内部一般不设卫生间，而是几户共同修建“公共厕所”，将这些简陋的木结构旱厕三三两两地集中安置在村落公共空间的隐蔽角落里，卫生条件不佳。当地的传统民居一般不在房前屋后圈围院落，只是从房屋的主体屋身向外搭建附属建筑，以圈栏储物、饲养牲畜，或是在屋后辟一小块区域种菜，从而限定这一户的家宅外部空间。

随着时代的变化以及外来文化（主要是汉族文化）的影响，传统型房屋的内部布局出现了一些变化。最明显的，就是部分家庭将厨房从二层移到首层，从而减少了油烟对于卧室的不良影响，也便于取用燃料。

2. 现代型布局模式

现代型家庭住房纵向一般也有首层、二层，少数还建有三层。首层一般安排厨房、堂屋、储物间、冬季取暖所用的火塘间。堂屋位于房屋中部，厨房在堂屋一侧，储物间和火塘间则在另一侧。二层主要有卧室、客房、储物间，主卧在靠近楼梯一侧，客房与储物间相邻，位于另一侧。楼梯多安排在室内，不再置于室外。卫生间仍单独布置，但距住房较近，一般在屋后修建。这类房屋仍没有院落，其外部空间同样是由饲养牲畜的圈栏或是厨房的扩展部分来限定。

（二）建筑材料及做法

1. 房屋类型

随着时代的发展，岑最村房屋的建筑材料发生了一些改变。根据建房材料的不同，大致可将房屋分为三种类型：第一种是传统的全木结构吊脚楼，一层的用途主要有两类，第一类为豢养家禽家畜，第二类为居家储存。第二种是砖木结构的新式住宅，主体屋架仍采用木材，但一层的围护结构由木板搭建改为红砖砌筑。第三种全部由红砖砌筑。

目前，岑最村老寨内的居民住房以第一种第二类居多，第一种第一类、第二种数量较少；新寨的居民住房则以第一种第二类、第二种为主，还有少量第三种房屋。值得注意的是，第三种形式的住房全村仅有七栋，皆位于新寨。

由于老寨建成较早，房屋形式的转变也较为复杂，有几户人家的新屋紧挨老房子而建，因此会出现同一栋房子内两种建筑形式共存的状况，除了能凸显出建造方法和思想的变化外，也能看出此户人家的家庭发展。

2. 传统吊脚楼

苗族的传统民居为吊脚楼，这种房屋依山而建，其屋半边着地，半边吊脚。岑最村的吊脚楼也是如此。本村房屋的屋顶则多为两面坡，四面坡较少。

据村民介绍，“鲁班师傅”是建房时的总指挥。岑最村中并没有“鲁班师傅”，临近的定向村中才有。但村中的老工匠相当于“鲁班师傅”，是建房时的总指挥人。我们访问了村中的老工匠姜写弄，老人家现已78岁，26岁开始学做木工。据他介绍，修建吊脚楼时通常分为两个阶段，首先是搭梁架，然后是室内铺地板，上隔板以及其他装饰。木匠的工作主要是搭梁架，后一阶段的工作由另一批人完成。除非是自己家族的房子，否则搭好架子后，木匠的工作就算完成了。搭梁架一般需要七个人，一个大师傅负责房屋的整体构架，六个小师傅主要负责具体的施工。搭梁架没有图纸，全凭木匠师傅的经验。搭好一栋房屋梁架需要约十五天的时间。梁架搭好后过两三天即可开始室内铺装。吊脚楼的木架大约要用数十根不同高度的木材。以姜写弄家的房子为例，其中最高的主梁高约6米，主梁两侧放房梁高约4.3米。一栋房子一般是5根大梁为一排，共三排15根大木，每排梁间距约为3米。大房一般有四排梁，20根大木，排间距与普通房相同。用作梁的木材周围应在0.8米以上。木梁搭建的时候有讲究，必须按照树木生长的方向分出顶部和根部，顶部朝上，根部向下，不能倒过来。吊脚楼在铺装的过程中一般用优质的木板作二层屋的围墙，而用稍差的木板围护一层。

建筑材料主要取自杉树、松树。其中，由于杉树材质坚韧，可以防潮，是建材的首选。村中的山林多为杉树林，因而建房可就地取材。屋顶一般铺瓦，若条件不够则铺杉树皮。

（三）房屋装修

房屋内部装修主要体现在门上，苗家的吊脚楼门簪多做成菱形，且在菱形门簪上雕刻花纹。房屋内部的门楣上往往会贴上纸钱以预示家中财富满门。

房屋的外部装修主要体现在屋顶、靠背栏杆以及垂花上。

村内屋顶多用瓦铺装，一般盖瓦的屋顶，其屋檐造型讲究。瓦片多搭成翘角的飞檐，中间则用瓦搭成各式图案。屋檐的底瓦和托板一般涂上白灰使得屋檐轮廓分明。

吊脚楼的二层一般会安装靠背栏杆，讲究的人家会在靠背栏杆上进行一系列的装饰。最简单的装饰是将靠背设计成合背的形状，同时在栏杆中安装木板以供人乘凉靠坐。复杂的装饰会在栏杆中间安装镂空的木板。镂空处多为精美的装饰图案，有花纹、几何图案等。这些花纹多为苗族的刺绣图案，民族风格鲜明。在镂空装饰的木板上还会涂颜色，其色彩多为蓝色、橘色，与苗族的传统服装及其装饰色彩相近。

吊脚楼的垂花多在房屋横纵面的交接处，垂花多设计成灯笼形，暗喻热闹、喜庆。灯笼的上部会有木雕的花纹，形似流苏；下部会伸出一部分成细长的木块，形似吊坠。灯笼形垂花几乎家家都有，只是灯笼撑圆的程度不同。

（四）粮仓形态和特点

岑最村内每家都会有一间粮仓。粮仓建筑样式多为单体建筑，只有少数几栋是双并或三并的结构。

粮仓可分为两种类型，第一种粮仓其下部只有柱子支撑，可放置一些杂物。支撑柱子的高度在1.5—2米之间。这类粮仓有一开间的也有多开间的。多开间粮仓一般是多家人使用同一套梁架体系，通过中间梁柱以及木板来分割。第二种粮仓为上、下两层式，其下部也有柱子支撑但柱子的支撑高度一般较低，只有0.3—0.5米左右。这种粮仓一般较第一种高，是将第一种的下部支撑柱围上木板并加高粮仓的整体高度形成的。这类粮仓只有上、下两间，一般不会有多间连在一起的现象。

粮仓在结构上主要有两个特点。首先，粮仓的屋顶为两层，第一层即最外层为梁架结构所形成的屋顶，这层屋顶多铺瓦以防雨。内部还有一层用木板铺的屋顶，从而增强了粮仓的防潮能力。其次，粮仓的房门用木栓作锁。将木栓往门孔内插紧就将门锁住，开门时则使用木槌将其敲开。由于打开粮仓门时会发出木槌敲击木栓的声音，因而这种木栓具有一定的防盗功能。

（五）典型建筑

1. 姜相银宅

据户主介绍，姜相银老人家的房子已有近一百四十年的历史。这栋房子是一座家族房，由姜家先祖的三兄弟修建而成，是一座典型的传统型苗寨吊脚楼。姜相银老人是岑最村的一位寨老，对寨子的历史以及这间老房很熟悉。姜家老房最初修建时只是供三位兄弟及各自家人居住，后来随着人口的增加，出现了拥挤的现象，人口最多时还会有人睡在走廊处。现在这座老房已经有些衰落了，只有姜相银老人一家还住在这里。

房子的内部布局体现了传统苗寨吊脚楼住宅的特色。首层（图六—1）主要布置有牲畜饲养空间（包括猪、牛、鸡）、草料储存空间、储物间以及楼梯。

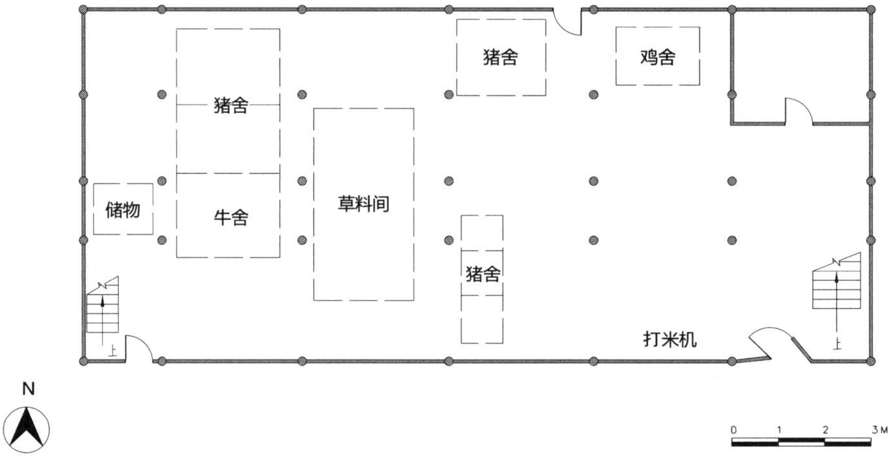

图六—1 姜相银宅首层平面示意图

二层（图六—2）为卧室及厨房，其中厨房主要布置在走廊靠近卧室的地方，另外在老人的卧室内还有供冬季取暖用的火盆。在老人卧室的旁边是客房。

房屋采用传统的木架结构（图六—3），在屋顶最高檩的右侧多出一条檩，这样的结构使得房屋在结构上更加坚实。

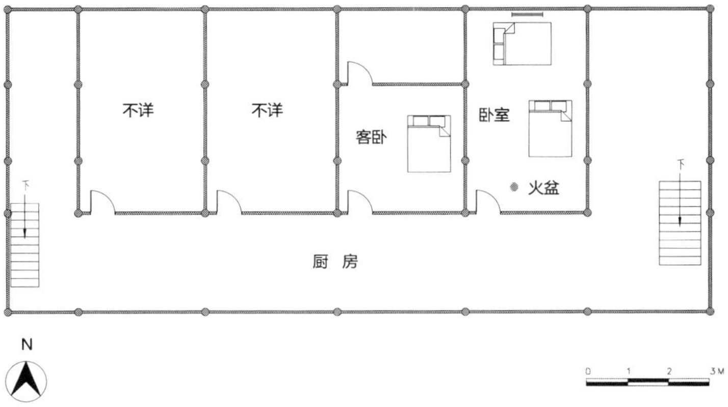

图六—2　姜相银宅二层平面示意图

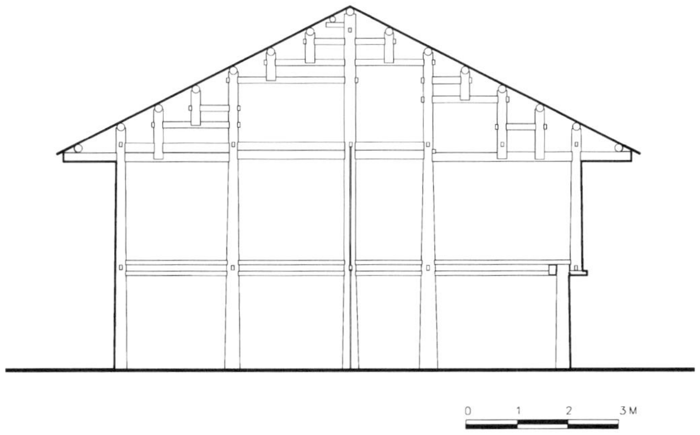

图六—3　姜相银宅剖面示意图

2. 杨明、杨坤兄弟宅

杨明、杨坤兄弟是现任村党支部书记杨再军的四弟、五弟。这栋房子有70年的历史，是杨家老人留给两兄弟的。房子曾经做过部分翻修，从而使得这套住宅既保留有传统住宅的一般特点，又增加了一些新式住宅的元素。

房屋的首层（图六—4）曾经过扩建，主要布置有两兄弟的厨房、储物空间以及楼梯。两兄弟在分家前曾经共享一间厨房，分家后厨房也分开了。其中扩建部分是哥哥杨明家的厨房。可以看到这栋房子已经将厨房布置在一层。另外房屋一层只在楼梯下设置了一间小型的鸭窝，而其余的牲畜则在房后的圈栏内饲养。圈栏是房屋的附属空间，也是新增部分。

房屋的二层（图六—5）布置有两兄弟的卧室、储物室以及客房。其中兄长的卧室靠近楼梯，客房单独布置在一面。储物室则布置在弟弟家卧室的一侧。

房屋的梁架结构（图六—6）已与姜相银宅有所不同，在屋顶最高檩的右侧不再多出另外一条檩支撑最高处的檩条，这样的结构在新修的住宅中较为普遍。

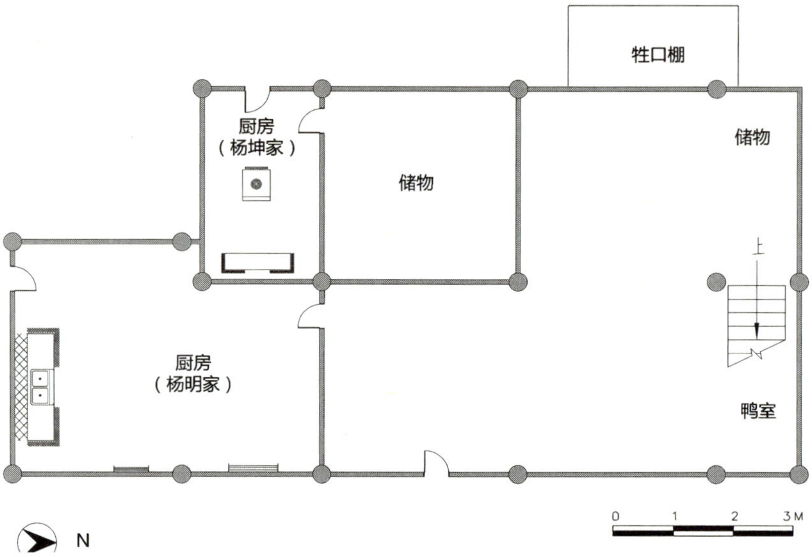

图六—4 杨明、杨坤兄弟宅首层平面示意图

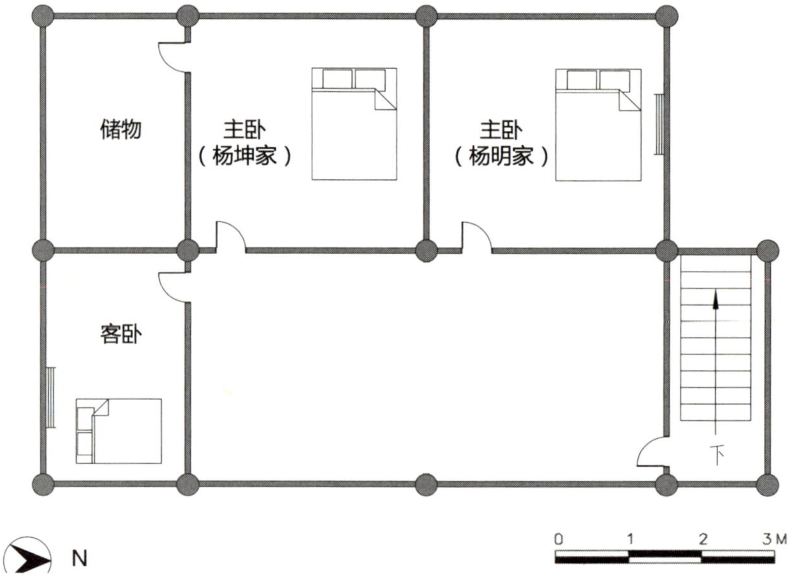

图六—5 杨明、杨坤兄弟宅二层平面示意图

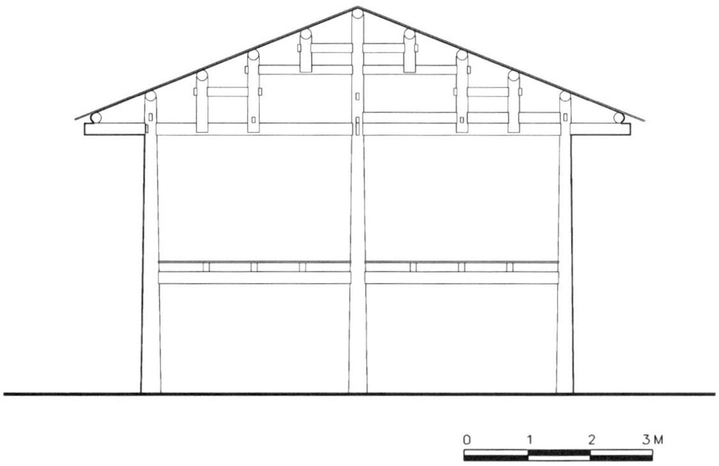

图六—6　杨明、杨坤兄弟宅剖面示意图

3. 杨再军家族粮仓

杨再军是现任村党支部书记，其家族的粮仓已有百年的历史，是一间传统的粮仓，属于第一种类型，粮仓下部有高柱支撑，上部为粮仓，两间并联（图六—7）。楼梯位于粮仓的一侧，为活动楼梯，即可以自由移动、装卸。

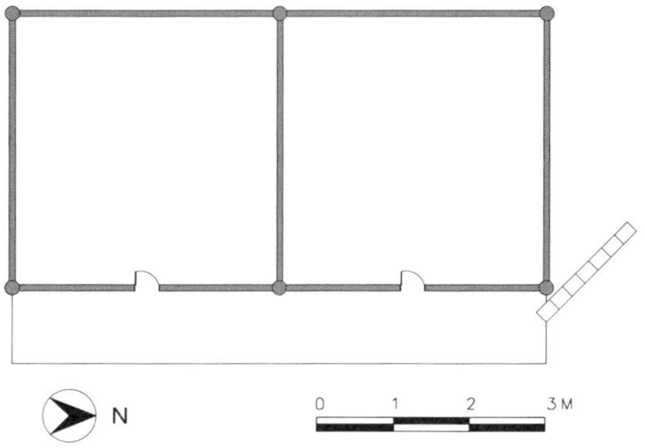

图六—7　杨再军家粮仓平面图

粮仓的屋顶有两层，一层为砖瓦顶，一层为木板顶，木板顶在砖瓦顶覆盖空间的内部，中间有一根木檩支撑。粮仓的门锁采用传统的木栓。调查时，粮仓内仅摆放着一些杂物。（图六—8、9）

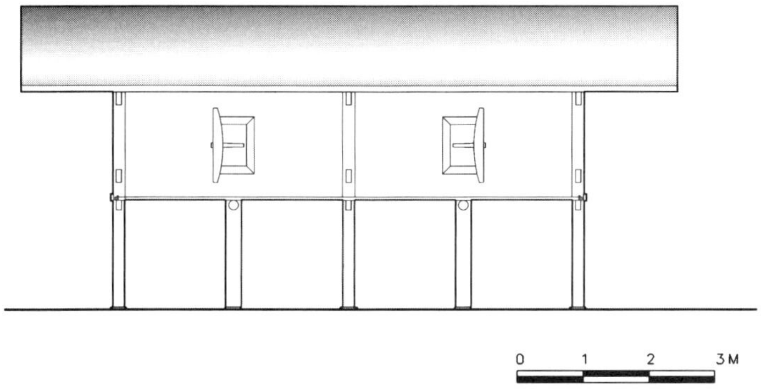

图六—8　杨再军家粮仓正立面图

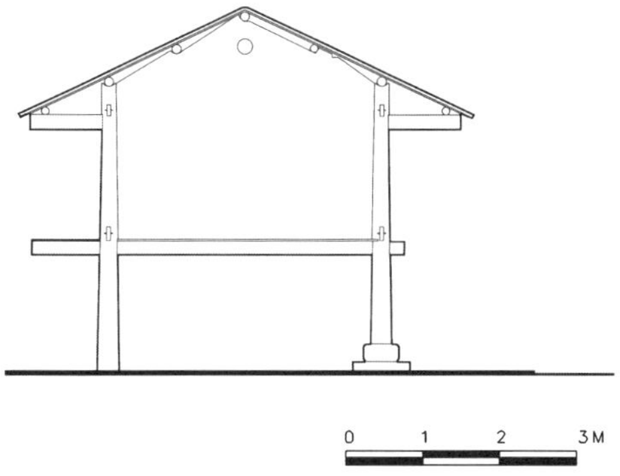

图六—9　杨再军家粮仓侧立面图

七、人群与社会结构

（一）家族姓氏

岑最村最早有四大姓氏，分别是姜姓、杨姓的两支以及吴姓。村里的土地祠里祭拜的菩萨原来是姜姓家族的祖先，后来四家都去那里参与祭拜。

现在，岑最村中以姜、杨、田、宋、吴姓居多，另有两家姓李，一家姓王。

目前可确定的是，姜姓家族是从锦屏迁移过来的。姜姓一族有自己的族谱，现在还保存在老寨里，由寨老姜相银负责保管。据村民介绍，原来还曾有其他姓氏的族谱保存着，但后来都遗失了。据悉，田姓原为侗族，搬迁到岑最之后与苗族混合，才改为苗族。吴家本姓黄，因人丁不兴盛而改姓吴，改姓后才开始壮大。宋姓家族一说来自河南，另一说来自江西，迁徙至岑最与高便两村，原为汉族，来到岑最的后来改为苗族，到高便的则改为侗族。

各家族间并没有特别分开居住，只是吴姓相对集中居住在下寨的南半部，田家也有少数落户其间，下寨北半部的东侧主要居住姜姓村民，西侧则以杨姓居多。上寨居住更为混杂，上寨南半部主要也是以杨姓、姜姓为主，宋姓主要居住在上寨北半部。

每逢春节，各家族的男性会组成芦笙队进行比赛，一队通常要20—30人，所以大部分男性都会参加，比赛胜负由吹奏的响度决定，吹得越响的名次越高。

平时若有婚丧喜庆，各家族间也都会互相帮助。

（二）家庭单元

岑最村的家庭单元以两代同堂为主，一个家庭通常由父母与孩子组成，一同生活在同一房屋内。儿子长大成亲后，起初先与父母同住，待生子后才搬出独立居住。本家则由最小的儿子继承。但搬出去的儿子一般也住在本家附近，彼此可以互相照应。

由于现在外出务工的年轻人较多，也有小孩与祖父母同住的情况。以田锦学家为例，田锦学两兄弟，父母皆外出务工，过春节时才回家。田锦学兄弟平日住校，放寒暑假时返家，吃饭时到大伯家用餐。而田锦学的侄子（大伯的孙子）则与大伯同住。田锦学的二伯也住在附近，彼此之间常来往。

（三）婚姻生育

苗族传统上即是一夫一妻制，这一点一直没有变化，历史上没有受到汉族一夫多妻制的影响。以前，苗族的婚姻大事都由父母包办，后来才逐渐转为自由恋爱。

岑最村在几十代前，规定只能跟很远的地方结亲，但后来由于社会动乱，远行不便，才改为跟附近苗寨的村民结亲。

岑最的通婚圈基本还是在苗寨之间，通婚可在村内几大姓氏（姜、杨、宋等）之间进行，也可与附近其他苗族村寨的村民通婚。但村里的青年男女都不大愿意与山上的村寨结亲，特别是高略。岑最村主要还是与定向、色边、宰牙等村寨的苗民结亲。苗汉通婚或与侗族等其他少数民族间的通婚都只占很小的比例，甚至在十多年前，这种异族通婚是绝对不会被允许的。杨再军支书曾向我们透露，他年轻的时候曾到榕江打工，也认识了一些姑娘，但由于村中不允许与外族通婚而不敢将女朋友带回家，最后杨支书回到岑最娶了当地的姑娘。1992年公路修通后，村中外出务工的人增多，到外地读书的孩子也多了，在外地生活或者与外人接触的比例增加，思想上渐渐受到现代思潮的影响，年轻人的观念发生转变，原来的传统无法再约束他们，才开始有人嫁娶外地人，民族间的通婚也是这几年才开始有的，但仍然相当少。关于原来为何禁止异族通婚，寨老田应祥说出了传统上村里老年人的看法：正所谓“鸡就是鸡，鸭就是鸭”。

女性一般十七八岁、男性二十多岁结婚。在岑最，早婚现象和周边许多村寨一样，并不少见，许多青年男女没有达到法定结婚年龄便结为夫妻。可能一结完婚便双双外出务工，在农村，办过婚礼便已经被公认是夫妻，正式的结婚证可能要等到婚礼之后数年才会去领取。

受到生育政策的限制，三十多岁以上的村民一般有三个兄弟姊妹，二十多岁以下的一般有只有两个兄弟姊妹。村民重男轻女观念较严重，如果第一、二胎都生女儿，即使会被罚款也要生第三胎，希望能有一个儿子，若第三胎还是女儿，可能不会留下。生小孩请满月酒，先在男方请，过几天再带回娘家。

（四）教育卫生

1. 文化教育

早期男性一般都可上到小学，女性不一定；男性一般懂汉语，年长女性则只有少数听得懂。年轻一代则几乎都可以听懂汉语。

目前岑最村平均受教育年限为8.6年，学龄人口101人，其中女性有44人。目前，村民中在校人数100人，其中中学生43人，含女中学生20人，小学生57人，含女小学生23人，1女童辍学。村内现有两位大学生，2011年又有4人考上大学。

岑最小学共140名学生，一个年级平均20多人，其中最多的四年级班有学生28人，最少的一年级班有学生19人。学生来源除岑最当地人之外，尚包括在岑最生活的外地人的子女，以及距离岑最不远的孖谢村的学童。由于岑最是苗族村寨，孖谢为侗寨，故学生中侗族和苗族的学生大致各占一半，各为70名左右。

按照每23名学生配1位老师的规定，岑最小学的老师（加上校长）共有7位，其中4位为侗族，3位为苗族；6位（包括校长）为外地人，岑最本地的老师只有1位；具有大专学历的4位，1位有中师学历，1位有高中学历，1位为初中学历。

学校现在不再收学费、书本费，但收取一定的作业本费，其中一、二年级是每人8元，三到六年级是每人10元。

在一年级的新生中，能够听懂汉语的只占20%，课间对话和日常交流都使用苗语或者侗语，一年级下学期时才大致都能够听懂汉语。在教学中，为了适应这一情况，老师一般采用双语教学，不光用汉语，也会用苗语或侗语讲解内容，加深学生的理解。但二年级以上，以汉语教学为主。

学生毕业后大部分还是会继续读初中，只有一两个学生小学毕业后不再升学。初中到朗洞镇就读。但初中毕业后继续读高中的不多，一年只有15个左右，而能够读完高中的又可能只有一半，其余的在高三时辍学，或者是成绩跟不上，或者是家庭经济困难。不继续读书的孩子一般会去东南沿海打工。而继续读大学的则只有个位数。

2. 医疗卫生

20世纪80年代，岑最村一度流行疟疾，因为没有药，所以死了很多人。

现在村内有一间卫生所。村医师姜勇现年27岁，2007年毕业于贵州医学院，岑最本地人。姜医师11岁时，母亲得急性肠胃炎脱水而死，他感慨原本可治疗的疾病却因医疗水平落后而成不治之症，因而立志学医。起初父亲担心他无法顺利完成学业，反对他学医，但姜医师仍坚持并顺利完成了学业。毕业后他先在药厂工作。同年，岑最水灾，导致电路不通，姜医师回村内探视，前支书与前村长邀请他留下，加上父亲也希望他留在村内服务，于是决定留在岑最行医。

此前本村已有卫生所，曾有两位医生，老医生名姜发，其父也是医生，就是他开办了这个卫生所。卫生所虽然名义上挂靠在乡镇卫生系统下，但与政府并没有行政管辖关系，都是自负盈亏。由于此前的两位医生都是自学之后再接受政府组织的较正式培训，因此能治疗的疾病十分有限，也不会输液打针。姜勇医师决定回来工作后，接手了卫生所，投资八千元，起初在新街自家开业，后房子拆掉，改至街对面租房子，继续营业。

原则上，卫生所的看诊时间是早八点至晚十一点，但也会因病人情况调整时间；来看病的除了本村村民外，也有来自色边、孖谢和高便的村民。即使其他村子里也有村医生，但姜勇医师仍受邻近村民的信赖，尤其是每周六赶集的时候，来岑最村找姜勇医生看诊、买药的人特别多。一天平均看七八个病人。多数因感冒、肠胃炎等常见病就医，夏天时小孩感冒、发烧、肠胃病较多。村中若有人外伤、创伤也会到卫生所找他治疗，若生命体征无碍会进行缝合、治疗；若生命体征薄弱会尽快送到镇医院治疗；一般疾病若治疗2—3天仍无法痊愈，会建议病患到镇上的镇医院检查、治疗；无法治疗的疾病先送到镇医院，镇医院也无法治疗则送到县医院。孕妇都到镇医院产检，因为生产都必须在医院进行。

常卖出的药品也是感冒、肠胃药，缺药时再补货。诊所有两张病床，不可住院。视病人情况，必要时会出诊。岑最村的村民少有疑难病，但姜勇医生仍储备了许多医疗用品，以备不时之需。卫生所内的医疗废弃物，理应集中处理掩埋，但村中并没有特别集中收集，姜勇医师为了防止村民误触，都在公路旁无人的空地上集中烧毁。

没有卫生所以前都由鬼师看病，现在村民生病基本上先找西医，西医看不好再找鬼师，也有病患在看西医的同时，找鬼师一同治疗。姜勇医师自己并不相信鬼师，他认为同时找鬼师和看西医，对自己很不公平，因为病患好了，无法断定是西医还是鬼师的作用，对于改变村民对西医的看法也没有帮助。实际上，鬼师生病也会到卫生所看病。

2000年开始，卫生所受到卫生局管理，实际上为独立营业，盈亏自负，卫生局曾说每月补助两百元，但未兑现，所幸每月都有盈余。

2007年村民开始加入医保，有医保后看病可报销60%。以感冒输液为例，原需要30元，医保负担约60%，病患只需自费12元。至于药品能否报销则与县政有关。

现在村内只有一个医生，去年姜勇曾请同学来帮忙，但九个月后即离开。虽然想再找人来卫生所帮忙，但很少有人愿意到偏远的山区服务。姜勇医师希望能在三十五岁之前离开岑最村，考取事业单位，或再进修，但目前岑最村的状况让他放不下心，村民则希望姜医师能再多坚持几年，为家乡服务。

（五）村寨组织与管理

岑最村由榕江县岑最村民委员会管理。现任党支部书记为杨再军，村长为姜华成。

岑最村“村民村规”于2006年为加强“两个”文明建设，促进自然村的社会风气根本好转，达到公正、公开、奖励分明的制度，经村委会讨论而制定。共分五章，内容包含农民义务与职责，河道、土地管理，林权管理，损害侵权的罚则与提高素质五方面。

为加强对平安创建工作的领导，完善平安创建组织机构与领导责任，落实各项管理制度，村委会下成立了“岑最村平安建设领导小组”，组长由支书杨再军担任，治保委由村长姜华成领衔，调解委由宋宏昌领衔，各有两个组员。工作主要是宣传、教育群众增强法制观念和安全防范意识，对违法犯罪者进行帮助、教育、监督和管理，及时疏导和调解矛盾纠纷等，同时也负起义务消防的职责。

村内另有妇女干部，四个生产小组也都有妇女小组长，工作主要是向村委会反映组员的需求，并请求村委会调解。

岑最村目前仍保有鸣锣喊寨的习惯，在村委会的办公室中张贴了一张“鸣锣喊寨人员工作制度”，朗洞镇安全生产领导小组更明文规定：“喊寨人员必须保证一星期鸣锣六至七次以上；喊寨人员必须走遍全村各自然寨、小组、独居户所在地；喊寨人员在鸣锣喊寨过程中，要注意及时发现潜在的火灾隐患并加以指出和制止，同时上报村民委员会或镇政府；喊寨人员在鸣锣喊寨时，必须到特殊关键场所巡走一遍，如：四种特殊人员的家中、学校等；春节、清明节及冬春易发火灾季节，鸣锣喊寨人员要增加巡逻喊寨次数一至二次。”调查期间也曾听闻喊寨人员在村中鸣锣喊寨，内容是提醒村民，天气干燥要小心烛火，保证安全等。

（六）阶级情况及贫富差异

早期岑最村苗族分上、下两等人，两等人在居住上并未分开，而是在寨中杂居。上等人会污蔑下等人，说下等人都吃猫吃的食物。上等人为本姓，依据血缘关系传承。上、下等人虽然混杂居住，但彼此之间绝对不通婚，村子里若有上等人家的姑娘嫁到外村的下等人家，便会遭到歧视，而且从此之后，结亲的两家人彼此都不会往来。这种上、下两等人的区分，直到20世纪70年代都还存在。

如今这种上、下等人的划分已经基本消失了。村里的贫富差异，老寨内并不明显，而老寨居民和新寨街上的移民间则差别较大，原因在于前者还有许多仅仅依赖农业生产维生，而后者则多经营店铺商贸。但总体来讲，岑最还是属于较贫困落后的地区，贫富差距并不明显。非常贫穷的多属于家里只有老弱病人，没有壮劳力，无法赚钱改善生活。

八、生业与经济结构

（一）农业

岑最村的农业以水稻种植为主，全村有耕地面积335.8亩，其中已耕183.4亩，未耕152.4亩，人均占有耕地面积0.56亩。共分为四个生产小组进行农业生产。

在岑最，水田一部分分布在山间平地，但更多的是分布在山坡上，坡上的田地为梯田。对于水稻种植来说，充足的灌溉水源是保证产量的最重要因素，岑最虽然靠近岑最河，但农田的灌溉水却不是从河中取水，而是依赖山泉和雨水。其中位于平地，离山较远的田，可以说完全是靠天吃水，而在山谷山坡上的，一部分还可以仰赖山间流出的山泉。2011年7月，黔东南旱情严重，连续一个多月没有降水，岑最平地的稻田基本都已干涸，土层开裂，只有山谷间的稻田中还有水。对此，村民完全没有办法，只能被动地等待下雨，而这一年的产量下降已经成为必然。

由此也可看出，当地的农业种植还处于较落后的阶段，水利灌溉设施落后，同时农田种植多仰赖人力畜力，几乎不存在机械化。这也导致了耕作效率不高，农田产量一般。据了解，在岑最，收获的稻谷只够自家食用，基本没有进入商业流通。例如，岑最村村民姜道银家中现在的田地，一年产粮八百斤，不够一家人食用，还得去外地买粮。

靠种地赚不了钱，这是岑最村民常提的一句话。水稻种植本是苗民的传统生业手段，但如今却已经提不起人们的积极性，这从耕地使用情况中，已耕和未耕的耕地面积接近相当也可看出来。

除了种植水稻外，在一些边角空地上，岑最村民也种植其他作物，诸如白菜、青菜、土豆、西红柿、辣椒等，但都不成规模，多是用于自家食用，富余的才拿到新街去卖，换点生活费。在调查中，没有发现有大规模田菜种植的情况。

（二）林业

岑最全村有林地7501亩，人均占有林地11.38亩，森林覆盖率达96%以上。种植树木多为松木和杉木，20—30年可成材，采伐的林木除用于当地建房外，也运往榕江县，再运往外地。

林地也分到四个生产小组，分为村民承包和公共林地，公共林地又分为小组公共林地和全村公共林地（图八—1）。

附件5

林地使用权现状统计表

填表单位：岑最村委　　　　填表日期：二00九年二月廿日

序号	乡(镇)场	村(工区)数 计	村(工区)数 其中有集体管理山林的村数	村小组数 计	村小组数 其中有集体林管理山林的小组数	户数	人口数	宗地数(宗) 合计	宗地数(宗) 国有	宗地数(宗) 集体山林 计	宗地数(宗) 集体山林 自留山	宗地数(宗) 集体山林 责任山	宗地数(宗) 集体山林 集体管理 计	宗地数(宗) 集体山林 集体管理 组	宗地数(宗) 集体山林 集体管理 村	宗地数(宗) 集体山林 集体管理 乡	宗地数(宗) 集体山林 国乡联营	宗地数(宗) 集体山林 其它	已有林权证面积 合计	已有林权证面积 国有	已有林权证面积 集体山林 计	已有林权证面积 集体山林 自留山	已有林权证面积 集体山林 责任山	已有林权证面积 集体山林 集体管理 计	已有林权证面积 集体山林 集体管理 组	已有林权证面积 集体山林 集体管理 村	已有林权证面积 集体山林 集体管理 乡	已有林权证面积 集体山林 国乡联营	已有林权证面积 集体山林 其它
				四	四	164	641	425		7535	4745	1920	870	230	640				4100		4400	3700		870	230	640			
合计																													

注：1、国乡联营指国有林场与村组集体联营；

2、自留山、责任山已流转的或联营的仍统计在自留山、责任山栏内。

图八—1　岑最村林地分配现状

种植经济林木是岑最传统经济的一部分，在从清代流传下来的林地契约中就有关于林地产权争端和盗砍林木的记载。

如今，除了村民承包林地外，外地企业也会来村中承包大片山林。在调查中，调查组还发现了一起卖地的争端。据现任支书介绍，前任支书将一处价值三十多万元的公共林地承包给外地企业，只租了十多万元，在村里引起了很大争议。

除了用作建材外，岑最的林木，特别是松木，还有着割松油的生业方式。一棵松木可以割松油8—10年，来收松油的多为外地商人。据来收松油的陈经理介绍，他每隔二十天来岑最村收购松油，这时有松油的村民将自家收集到的松油装袋运送到老寨南面的岔路口来交易。村里的松油（晶体）集中到交易地点后，村民需要往松油袋中倒水以保持湿度而使之不致在阳光下挥发，倒水后还需要用木棒将块状的晶体捶碎。最后重新装袋后将水过滤掉（松油不溶于水）进行称重。松油论斤计算价格，价格则根据市场行情计算，一般收购价格在5—8元之间。陈经理每次来岑最收购松油大致可收到一吨。据陈经理介绍，这些松油都是原材料，还需要进一步加工。需要这种原材料的企业主要是造纸行业、化工行业、军工行业等；主要供应国内市场，还有一些供出口，出口国家主要是美国、加拿大。

松油采集是村民的一项经济来源，据陈经理介绍，如果干得好一户村民可收入三千到五千元（每年）。本地松需生长二十年后（土质较好地区）方可采集松油，若是美国松则生长十年后即可采集。松油采集若合理，即割树皮时至少留下三分之一的区域给松树吸收营养，那么采集松油对松树的影响会降低。

村里并非所有承包山林的村民都采集松油出售，因为建材林木和采集松油之间存在矛盾。用于建材的林木除了木材的长度外，还对木材的粗细有要求，但采集松油需要在树身上切割，而每次割都会在松树上留下树疤，长期割松树会限制松树长粗。一般采过松油的松树只会长高而不会长粗。

（三）养殖业

苗族自古就有饲养牲畜的传统。传统的吊脚楼，二层住人，一层则是猪圈、牛棚和养鸡养鸭的地方。现今，岑最几乎家家都养猪，主要是节庆时杀了食用；每家也养四五只到十来只不等的鸡、鸭，这也主要是用来招待客人。鸡、鸭和猪，如果是自家喂养的，多不进入商品流通。每周六的集市，新寨街上的屠户则会杀猪卖肉，村里居民这时多会去买现成的猪肉。

当地的鸡、鸭都是放养，每天一大早放在外面，任其在屋前屋后觅食。对这些鸡、鸭，村民们是感到骄傲的，觉得相较于那些圈养的鸡、鸭，肉味更好，更有营养，招待客人也更有面子。稻田中也养鱼。除此之外，村里还养牛，由于牛是农田耕作的主劳力，老寨里每户基本都养牛。每天，村民将自家的牛赶往山上的自家牛棚，为其割草喂食。放牧都属于个人行为，牛棚也都属于个人所有，没有集体放养和集体牛棚的传统。每家养牛多为一头，多的有两到三头，因而牛棚的规模也不大，多是单间，至多有两到三个隔间。据村支书介绍，当地养的牛都是黄牛，已经多年没有养过水牛了。原因之一是水牛更贵，同时吃得多，为其割牛草工作量太大，村民于是用黄牛代替原先的水牛。除了用于耕作，养的牛也会杀了食用。

村内只有一户养羊，数目也只有十来只，养羊需要大面积的荒山放牧，而岑最的山林依前述多为经济林地，这在无形中也限制了大规模养羊业的发展。另有一户养马。

（四）商业

岑最的商业全部集中在新寨街上。自1992年公路修通之后，经过十来年的发展，沿着公路自南而北，在公路两边修建了大量新的房屋，这些房屋一楼几乎都是商铺。岑最新寨街上已经形成一个涵盖新老寨、辐射周边村寨的商业街。新寨街上有杂货铺四家，主要贩卖日用品，特别是食品和酒水，有两家摩托车修理行，一家服装店，一家家具店，两家缝纫店，三家早餐馆，两家农药饲料销售点，一家旅馆，一家家电经营店，一家移动一家联通的网点，还同时经营销售手机的业务。无论是否集市，每天一大早新寨街上的店铺便早早开门营业，从早上八点多钟一直营业到晚上八点，部分杂货铺直到十点来钟还在营业。

在新寨街上的外地住户基本都是纯粹的商人，他们在新寨街上买地盖房，一层商用，二层以上自住。商铺的收入几乎是他们全部的收入来源。

每周六，在岑最新寨街上有例行的集市。集市时的岑最村，热闹程度甚至可以超过朗洞镇。除了原有的店铺开张外，沿街都会搭上许多临时的摊位，大约早上八点之后摊贩开始沿着公路摆摊，新街上的商家也会陆续开门营业。从外地赶来的商人带着自己的商品在一个个摊位下叫卖，有用于娱乐的光盘，有用于捕鱼的鱼枪、渔网，有编织的条篓，也有玩具、书本以及肉、干粮食品、蔬果、牲畜等，还有传统服饰如黑色百褶裙、织带、彩珠、亮片、头饰、首饰以及鞋等，另有两三家小吃摊在路边摆好炉子，放好桌椅卖汤圆。大概十点过后附近的村民陆续抵达岑最村，采购生活用品、购买牲畜等。据当地小旅馆的老板娘吴红艳介绍，岑最村平时不太会有外地人来住宿，但每周五会有一些要来赶集的摊商在她的旅馆住宿，以便赶上明天的市集。

集市时，在村外岑最河边还会自发聚集形成牛市，买卖黄牛。牛市位于河边的河滩地带，牛贩带来黄牛，供买牛村民挑选。村中若有人想贩卖自己的牛，也可以趁牛商来的时候把牛带到岑最河边兜售。每周参与牛市买卖的黄牛规模在数十头左右。调查小组在2011年8月6号观察到的数目为19头（图八—2），皆为小牛犊。据了解，一头小的黄牛可以卖到一两千元。

图八—2　岑最市集牛犊买卖

每逢集市，岑最的商业买卖便进入一个高点。以岑最唯一一家家具店的经营情况为例，据店主吴永胜介绍，平时家具店一天的销售额可能才一千来元，但集市的时候，则可能达到一万以上。

岑最商业的繁荣，不仅仅只属于岑最，而是岑最与周边村寨互动的结果。首先，来岑最新寨街上居住经营商铺的大半都是外地人，即周边村寨的侗族、苗族、汉族，而每周来赶集的，更多的也是其他村寨的村民。得益于岑最新街沿公路发展，交通便利，其他交通不便的村子，都会来岑最赶集。集市除了是购买物品的地方，也是村寨间交流的场所，通过集市在短短的半天内与自己的亲朋好友相聚。

由此，我们也可以初步看到岑最村经济结构的分裂之处。在原有的传统农业、林业、养殖业之外，新生了具有蓬勃生命力的商业。但岑最的独特之处在于，老寨保留了前者，而新寨街上则几乎只有后者。同时，这还有另一层意义，因为这二者的分离不仅仅是地域的差异、功能的区分，还是村民间的区别。如前所述，原来村子的居民多居住在老寨，新寨街上的商铺多为外地人经营，本地人只有两三家搬来了新街。这使得老寨的居民与新寨的居民在生业方式上具有了很大的不同，这一不同会进一步造成这两大群体在思想、观念、生活方式等方面的差异。

调查小组在调查期间巧遇猪商，贩卖小猪的猪商驾驶一辆特制的货车，车厢是经过规划后的格子间，一个格子可以安置两只小猪，车上有12个格子，最多可运载24头小猪（图八—3）。

图八—3 岑最村装运猪仔的竹笼

在8月7日，猪商带了六七只小猪到岑最村出售，猪商将车停妥后便在村内呼喊“卖猪仔”，公告村内的村民，今天有人来卖猪仔了。过了一会安静的街上开始出现人潮，也有人开始和猪商议价。小猪以斤论价，每斤在15—17元之间，当天第一头小猪以每斤15元卖出，重50斤，售价750元。猪商会携带一种特制的竹篓，形状为椭圆形，大小与小猪仔相近，成交后的猪仔被装进竹篓中，只要从中穿过一根木棍村民即能很便利地将小猪搬运回家。

（五）其他

除了农业种植和养殖业外，村民也会上山采一些野菜，多用于食用。也会采一些野生植物用药，在对鬼师的访谈中，我们了解到鬼师会上山采草药用于治病，甚至有指导采集的药书。

虽然岑最周边的野生山林不多，但村民依然有上山打猎的传统，为此甚至不惜跑到村外相对偏僻的野林子里，这些打猎的山林并不属于岑最，但并不妨碍村民三五成群，甚至十多人一组前往打猎。去的山位于村子的东北和东南两个方向，其中位于东北方向的山叫做“八万山”，意为八万个山坡，位于东南方向的山坡处于黎平县内，离村子都不远。打的猎物有野猪、野羊、野鸡、野兔、野猫等。打猎的季节一年四季都有，但冬天比较多，因为冬天山上太冷，动物都下山活动。另外一个上山打猎的日子是农历八月中旬，稻谷熟的时候，这时动物会下来吃稻谷，因而要去打猎。

在调查期间，曾在村中遇到过几位编竹篓的老人，经询问岑最村中会编竹篓又编得好的老人家只剩下三四位了。老人家说一个中型竹篓（约20厘米×25厘米×15厘米）取竹、剖竹、编竹大约需要二到三个工作日，而这样一个竹篓在市集上可以卖20—30元不等的价格。

村中目前有两间木工厂，公路旁的木工厂于2008年开始运作，老寨入口处的木工厂则于2009年开始运作。

对于村里的年轻人和许多中年人来说，外出务工常常是他们必然经历的人生经验，也是他们能想到的赚钱的最优途径。出外闯荡，常常挂在村民的嘴边。从理论上来看，导致一个理性人离开家乡、远赴他地的力量可分为推力和拉力两种。

对于岑最村民来说，外出务工的推力有三点。首先，如前所述，耕地赚不到钱，而在一个经济社会里，即使是如岑最这样一个山村，村民也有着赚钱的热切欲望。其二，耕地十分辛苦，村里的许多年轻人从小没有种过地，也不愿去种地受累，因而，一旦书读不下去了，他们立刻踏上外出务工的路途。其三，沉重的负担使得他们不得不外出找钱，例如村里大学生田锦学家，由于要负担田锦学的学费，他的父母双亲常年在外地务工以保证他们的儿子能接受良好的教育。

而外出务工的拉力也有两点。首先，外面的赚钱机会更多，不论是珠三角还是东南沿海，即使是在榕江县城，工作的机会都较多，工资收入也比单纯待在村子里种田高许多，即使是作为一村之长的杨再军支书，在访谈中也流露出希望能在明后年不当村支书后，继续外出务工赚钱的愿望。当被问及想去什么地方时，支书表示：“可能先去榕江县城，然后可能的话想去广东。”其次，城市中多姿多彩的生活方式，使得他们不愿再待在村子里，不论出去能不能赚到钱，都要出去看一看、闯一闯。经过这许多年的变化，岑最再也不是原来那个对外面的世界存有戒心，只愿守在自己村子里的苗寨了，现在村里的年轻人，对于苗族的记忆依然感到骄傲，但已不认为自己与中国其他地方的年轻人有什么不同。据岑最四组组长姜道银介绍，四组一共一百三十余人，其中一半以上现在都在外面务工，这还不算那些已经务工回来的和即将外出务工的人，后者正包括组长自己。

九、生活方式和风俗

（一）发式服饰

岑最村虽然属于苗族村寨，但在1992年公路开通后，原本封闭的村子开始有其他族群迁居至此，老寨内的村民以苗族为主，新街上的居民多为外地迁移至此的汉族或侗族，也有少数老寨搬出来的苗族。因此在岑最村可以看见苗、侗两族的特色。苗、侗两族可从各自的民族服饰、发饰、首饰来进行分辨（图版二）。

1. 发式

在调查的过程中，如何辨别苗、侗族妇女，一直是我们努力想厘清的。在参与市集时，我们发现赶集的妇女除了会穿着传统服饰，也会盘起各式各样的发型，因此趁市集人潮众多时，拍摄数十位妇女们的穿着进行分辨。在市集上我们认识了一位贩卖服装饰品的侗族妇女石片香并对其进行采访。在访谈的过程中石片香根据小组所拍摄的照片，以妇女们的盘发一一指认出侗族与苗族之别，通过照片与石女士的说明可知，侗、苗族妇女都习惯盘发，但侗、苗之间的盘发方式差异甚多，一看就可辨认。苗族妇女盘发习惯较花俏，发型也较复杂，普遍来说发型较立体，梳子常装饰在脑后；侗族妇女则较朴质，梳子是用头发藏在头顶上。小女孩必须年满12岁才能开始盘发。后来我们也向岑最村的村长姜发成询问侗族与苗族妇女在发型、服装间的差异，姜村长为我们说明，苗族妇女的发型多半会扭个结，因此发型会较立体花俏，而梳子则是作为装饰插在后脑的位置（图九—1）；而侗族妇女的发型则是单纯将头发盘在头顶上，梳子则被固定在头发之中（图九—2）。

图九—1　苗族妇女的典型发型、发饰

图九—2　侗族妇女的典型发型、发饰

2. 侗族女装

侗族姑娘吴芳梅是从高冷村侗寨迁居至岑最村的，她的传统服饰是由妈妈亲手缝制的，芳梅自己也参与了部分缝制工作。整件服装的色系为暗冷色系，布料以黑色、深紫色、蓝色为主，花边装饰则以绿色为基调，缝上白色、黄色绣线以及各色彩珠作为装饰。整套服装包含数件衣服、绑腿、头饰及数件首饰，必须按照一定的顺序才能够顺利着装，需花费10—15分钟。穿衣的顺序是先穿绑腿，然后绑上装饰的蓝色布条，再穿上黑色百褶裙、肚兜、一件长袖上衣、一件短袖上衣，围上围裙，接着绑上一条黑底白纹的织带，然后再绑上一片绣满纹饰的华丽流苏腰带，再绑上围腰，最后佩戴项链、手镯以及头饰。值得一提的是芳梅的黑色百褶裙是采用传统工法制作而成的，是硬挺的布料，制作过程复杂，织好的布匹必须经过不断的浸染、捶打，才能染成黑亮的裙子。衣服上所缝制的纹饰以云纹、线条为主，将各种颜色的棉线以拼接的方式缝制在衣服上。

3. 苗族女装

苗族姑娘田锦花的传统服饰也是由母亲缝制而成的，整件服装以亮色系的橘黄色为主，虽然底布是黑色，但整套衣服只有上衣的胸前两侧以及上背部留有较大片的黑色布料，其他部位都缝满亮色系花边，或是以橘色、白色为主色调的绣花，纹饰以几何形作多种排列变化。苗族传统服饰的穿衣程序没有侗族传统服饰复杂，下半身同样先穿绑腿，接着穿黑色百褶裙、绑上围裙、绚烂的腰带，然后绑上围腰，上半身则是直接穿上一件相当华丽的上衣、戴上头饰。田锦花的传统服饰是去年结婚前缝制的，虽然底布是由母亲亲手用织机织的，大部分花边、织带也都是自己编织，但在衣服上仍明显可以看到许多现代的彩珠、亮片的使用。虽然现代性的材料能为服装增添风采，却也让传统风格开始出现转变。

4. 服饰变迁

岑最村现在的苗族服饰已经出现了很大的变化，以市集上看到的苗族妇女的裙子来看，现在岑最村的妇女喜欢亮色系的颜色与花纹，几乎整件裙子都缝满亮橘色的织带。但根据姜发成村长的介绍，岑最属于黑苗，从前的服装几乎都是以黑色为主，亮橘色织带为辅，仅作为滚边装饰之用（图版三），但现在的妇女已不再遵循早期的做法，而是将亮丽的织带缝满整套服装（图版四）。大概十年前有城里的人来岑最收购村中妇女的服饰，不论服饰新旧、状况好坏，一律都收购，因此村中几乎已没有早期较传统的黑苗服饰。而传统的黑苗服饰并不单纯只是块黑布，妇女们在织布时会将菱形纹织进黑布里，因此早期的苗服虽然没有华丽的色彩，但也不失优雅。

图九—3 苗民手工绣制的织带花边

五六年前，岑最村中不时能听到妇女们织布时织机所发出的织布声，但据姜发成介绍，岑最村这一两年已经没有妇女织布了，因为以前所有织布的材料都要自己处理，从种植棉、麻，到纺纱、纺线，最后上织机织成布匹的过程相当耗时耗力，因此近年来妇女们已不再织布，多半都是到集市采买布料回来绣花。原来还会织一些织带（图九—3）作为花边装饰，但这几年大家也不再自己做织带了，因为集市上可

图九—4　市集售卖的机制织带花边

买到工厂大量制作的织带，颜色多样，甚至连图案都是以传统花边织带为底稿，工厂依样打版制作的（图九—4），妇女们只要购买织带回去缝制在底布上即可。因此这一两年来岑最村的妇女连织带都不自己织了，仅剩绣花还维持着，而传统的织布机则被遗弃在房子的角落、村中的大树下，有的则成为废材作为燃料使用。过去，妇女们彼此之间交流、切磋，总能织出美丽又不失传统的纹饰，织布、织带的技艺自然流传，但现在由于村寨的发展、经济的改善使得制作传统服装不再像以往那般辛苦，却也在无形之中让妇女们的手艺渐渐地消失了，工厂制作的织带虽然在颜色与纹饰上都近乎传统，但机器制品仍与手工织品有着明显的差距，与手工织品相比黯然失色。

岑最村中没有银匠，因此妇女们需要的银饰必须到集市采购，或是到朗洞镇购买。但当地摊贩表示，他们都是到凯里去批货。

（二）饮食习惯

岑最村早期主食以糯米为主，近年来则以稻米为主，过年、过节或是有亲友来访才会煮糯米。肉类则是自己养殖的猪、鸡、鸭、鱼等，偶尔会上山打猎。蔬菜类以田边的野菜为主，有些人家会在后院或是田边的空地种植一些青菜、白菜。

“一口锅”是岑最村最主要的饮食方式，即将蔬菜、肉类放进同一口锅中烹煮。村民喜好食辣，若锅中的食物不够辣也会另备一盘以干辣椒、盐、味精配制的佐料调味，干辣椒在食用前必须用火烘烤过，以增添辣椒的香气。

（三）婚姻

岑最村迎娶新娘的方式有两种。一种是晚上偷亲，第二天男方再到女方家提亲，第三天女方到男方家拜访，观察男方家是否合意，如满意即商量婚事。这种偷亲，通俗地讲可以视为一见钟情后的私奔，传统上是男方去女方家做客，可能和对方只见了一面，但两人却决定结为夫妻一起出走去男方家。第二天，男方的亲戚再去女方家提亲，这时是否会与女方家长发生冲突，则看男方家派去提亲的人是否能说会道，在村子里是否有威望，能让人信服。另一种是正式提亲，白天迎娶。迎亲日，男方家会沿路放糯米、鸡、鸭请村民享用，因为男方要准备比较多的食物，所以花费较大。一般只有家境较好的才会选择第二种结亲的方式，家境不好的村民现在仍以偷亲为主，但实际上这种偷亲已经和传统上的意涵不同。所谓偷，已经不是不和女方家长商量直接把女方家的女儿带走，而是当天晚上男方去女方家带走新娘，之前已经由男女双方家长事先说好。

婚礼当天，新郎要备猪、牛请新娘家吃饭，一般情况下，新娘舅舅的儿子会设拦路酒，用牛角杯装酒拦路，新郎要给红包、喝拦路酒，还要与新娘家对唱苗歌。婚后第三天，新娘带着新郎回娘家，新郎要准备猪腿，新娘家则准备一桶酒，酒里撒许多钱（硬币），新人要喝完酒才能拿到钱。

原来婚礼的日子要请寨老看日子，但如今多在春节期间结婚，因为那时外出务工的人才能都回来。春节期间一天可能有好几场婚礼。

筹办婚礼要花上万元，主要是准备吃的东西，有钱的会杀牛，一般杀猪、鸡、鸭。也会收礼金，花销和礼金一般可以持平。

（四）丧葬

关于丧葬礼仪，我们访问了2010年年底家中刚办过丧事的田锦学（其祖父过世不久）。

据田锦学介绍，家中有人过世时，需先对空鸣枪三声。接着请逝者的女儿或鬼师（村内、村外皆可）为逝者洗脸、擦拭身体。同时，房族的人到河中抓三只“piáo”鱼给逝者的亲人吃。一般是在亲人过世后，请专门的风水先生为逝者挑选墓穴位置，但现在也有人提前找好墓地。出殡时，沿着特定的路线走到墓地，此路线必须是大路，房族中选三人边走边祭拜，并由鬼师唱特定的苗歌引导亡魂。下葬时，鬼师会先施法，称之为“fú lóng”，接着杀鸡，将鸡血洒在墓的周围，并唱苗歌，最后将逝者下葬。

从死亡到下葬的时间没有定数，而是挑选适宜的日子。逝者过世的那天，房族的人不可洗澡，到逝者下葬时，其亲人，至少是儿子，必须吃素；此期间内，村中的人不可以织布、缝衣。逝者家属会在墙上贴公告，公告内容是为请人来帮忙时分配准备工作。出嫁的女儿要抬猪回来。最后丧家要杀一两头牛请所有亲戚及来帮忙的人吃，因为通常全村的人都会来帮忙，所以等于是请全村的人吃。牛角、牛齿骨要挂在墙上，通常是悬挂在大儿子家的墙柱上（图九—5）。事后也会将接收的礼物公布让村民知晓（图九—6）。

下葬后十三天内都要拿饭去祭拜，第7或第13天会有一次较大的祭拜，当晚9点请鬼师到家中，由鬼师作为逝者的媒介，将逝者对亲人的思念用歌曲唱出，通常哀戚得令在场亲人闻之落泪。仪式持续到第二天上午5、6点结束。

之后只有每年清明节会到墓前祭拜，逢年过节只要在家中祭拜即可。

举办葬礼的花费大概要几万元，但也会有人送奠仪，基本能够持平。

图九—5 逝者长子门柱上悬挂的牛角与下齿骨

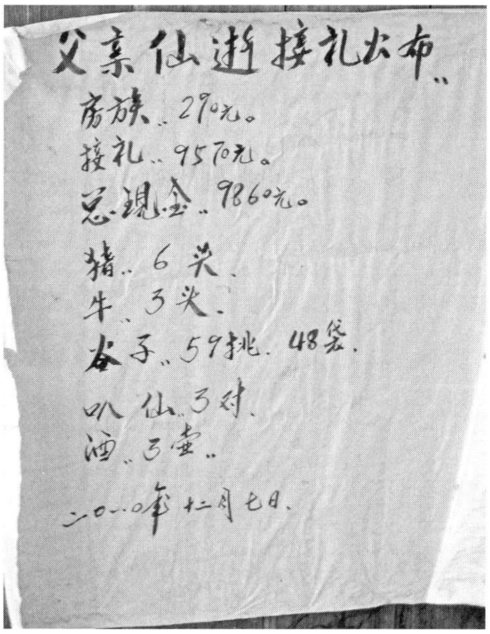

图九—6 丧葬接礼布告

又据村长姜华成介绍，埋葬的方式是顺着山坡走势挖竖穴，埋葬时，逝者头朝山顶。逝者身穿最正式的传统服饰，以前富裕人家会让逝者身穿全套银饰下葬，现在都不配银饰。姜村长并不确定是否随葬其他物品，但指出含铜的器物不可以随葬。

正常死亡皆土葬，但意外死亡者入殓后，必须先行火葬，捡骨后放入较小的棺中，再进行土葬。

（五）建房习俗

房屋开始动工之前，屋主人会找鬼师来作法事，鬼师会要求杀一只羊、三条鱼，并要求屋主备好米饭，作法时还需再找来田里的三把禾苗。鬼师作完法事房屋才能开始动工建设。房屋梁架搭好后，大师傅会爬到屋顶，用一碗米、三炷香以及纸钱来祭拜上几代木匠师傅，然后祝福新房安全、屋主人生活美满。

（六）节日

1. 春节

村里每年春节都有吹芦笙的活动，村子里大约30岁以上的人都略懂芦笙，40岁以上的男性基本上都会吹芦笙。一套芦笙一共有30来把不同的芦笙，构成一支芦笙队。岑最村没有特别的芦笙场，而是选中老寨里一大块田地作为芦笙场，也是村民们练习芦笙的场地。岑最的稻作只种一期，所以冬天过节的时候稻田成了空地。为了过好春节，村里会进行芦笙比赛，全村每个大姓会出一个芦笙队。由于岑最没有制作芦笙的艺人，因此村中的芦笙都是由丛江请来的师傅制作，师傅会用岑最本地自备的竹子为演奏者量身定做一把芦笙。原则上岑最村里能组织四个芦笙队。去年的芦笙比赛，岑最村还邀请高帮村共同参加，高帮也组织了四个队，这样芦笙比赛变成了村际间的比赛。现在村中懂芦笙的年轻人越来越少，虽然每年过年的时候都会组成芦笙队进行比赛，但吹芦笙这项艺术的传承开始出现断层。

2. 鼓藏节

鼓藏节七年一次，过一天节。依传统，在鼓藏节前一天要举行斗牛，一、二组，三、四组各准备一头水牛。无论胜负，两头牛在鼓藏节当天都会被杀。杀牛时，将两头牛绑在“神树”上，由村里没有后代的村民持刀杀牛，一般村民不愿意杀牛，认为杀牛不好，会殃及后代。牛肉会分给村民，没有哪一个部分最好的说法。岑最村已经十三年没有举行斗牛了。但鼓藏节期间依然要杀牛，杀的牛也必须是水牛，牛肉分给村民。以前村里自己养水牛，但如今村内已经很多年没有养过，若举办节日便只能购买。村民对牛肉非常重视，哪一家如果办事不杀牛，会被认为没本事。据支书介绍，斗牛一直没再举办一是因为花销太大，原来一头水牛只要几千元，现在几万元都买不到；二是村里的年轻人觉得养斗牛太麻烦，买了斗牛后，为了让其有好的状态，需要去山上割最好的草。黎平县有斗牛大赛，第一名有几万元的奖金，但村里的牛从来没去斗过。虽然村里的老年人还是希望能把鼓藏节，包括“斗牛”办起来，但年轻人不大愿意。

（七）生活变化

四五年前，岑最村村民都还穿着轻便的传统服饰。但在1992年公路开通后，岑最村开始出现转变，从单纯的苗寨转变为苗、侗混居的村寨。虽然以老寨、新寨作为区分，但岑最苗族与侗族、汉族之间的交流机会大大增加了，不仅是族群间交流的机会增加，商业行为的频繁也影响到岑最村民的生活习惯，岑最人开始接受现代的服饰与生活模式，甚至连文化传承上也开始出现危机，村民不再织布，到外地念书的孩子不想回家乡。

（八）文化娱乐活动

1. 绣花

妇女们惯用白色、橘红色系的绣线在黑色底布上绣制。岑最村的妇女虽然已经几乎不织布了，但每日下午仍可在村中看见妇女们三三两两地聚在一起聊天、绣花。多数妇女们并没有先打底稿的习惯，喜欢什么图样就绣什么图样，因此每户人家绣出来的花样都有自己的特色。

2. 斗鸟

岑最村村民有斗鸟的传统，许多村民家都养画眉作为斗鸟，画眉都是村民自己上山去捉的幼鸟养大的。调查组在村内调查时，发现几乎每家每户屋前都悬挂着鸟笼。在党敌坡上有斗鸟场，市集的时候若是有斗鸟的活动，村民便带着自家的鸟去斗鸟场。斗鸟两两相斗，一般不会出现斗死的情况。赢的人并没有金钱奖励，但赢的次数越多，鸟的名气越大，再卖的话可以卖出高价。斗鸟时，有时会有许多外地购鸟人前来观看，名气大的鸟可能会当场被买走，一只好的斗鸟可以卖到三四千元。

3. 赌博

调查组在村内调查期间，发现村民间流行各种赌博游戏，常见的有麻将、纸牌、赌色子以及赌六合彩。其中，前两者有时还可以说是为了娱乐，打发空闲时间，但后两者则纯粹是为了赌博赚钱。其中，赌色子是2000年前后出现在岑最村的，赌六合彩则是2007年左右开始流行的。

每周六的集市时，在新寨街上都会开赌场赌色子。一般开两桌，一桌一个房间。到岑最赶集的男男女女便会挤满这两个房间，争相下注。一局从摇色子、下注到揭盅，不过一分钟，笔者见过最小的赌注为五元，最大的则一次数百元。岑最的赌局已经扬名在外，不仅岑最和附近村子的村民爱来，甚至远至朗徊镇的居民也会前来。

赌六合彩据了解是参加香港的赌马，但是由榕江地方上的人开暗桩，每周都会有赌局幕后老板的联络人到村里来收集赌注。

在岑最，由于赌博而倾家荡产的情况不多但也有过，据传曾有人因为赌六合彩一下子输了上百万家财。

十、宗教信仰和禁忌

（一）信仰崇拜

1. 祖先崇拜

岑最村民对祖先崇拜信仰还是重视的。比如在家中贴纸钱，是表示财富，希望祖先回来看到时能感到安心。逢年过节时也会在家中杀鸡、杀鸭祭拜祖先。清明节也会到祖先的墓上扫墓。家中有不好的状况时，也会认为是祖先不满所致，会请鬼师来看，若鬼师表示是祖先作祟，便会根据鬼师的指示，带猪头到祖先的墓前祭拜以消灾祈福。

实际上土地公与土地祠的信仰，也是祖先崇拜的一环。当地村民认为，此地的土地公是祖先幻化而来的，能为村民消除灾难、带来福祉。

2. 自然崇拜

（1）土地公和土地祠

岑最村最主要的祭祀场所即土地祠。村中有三个土地祠，一在老寨后山的党照坡上，另两处分别在老寨的南、北寨口。

在村民眼中，老寨后山的土地祠法力最大。该土地祠位于村寨中央道路的底端，祠后为村中的神树。据杨再军支书介绍，据传该土地祠的神祇是村中的巫婆，死后演化为土地公，成为村民口中的菩萨。村民声称本村不信道教，只信佛教。另据村里鬼师杨胜清介绍，这座土地祠前原有一具木偶，木偶放在锅里，上盖另一个锅，两个锅合好后放在地上，周围用土围住。木偶用上下两口锅盖住喻示着上天下地。大跃进时代，木偶被政府没收。据传木偶是一位侗族女性祖先，名为“sa ba sa buei”，是一位女巫，最初祭拜她的原因是为了保护牛、羊，祈求牛、羊不会丢失，同时也能保平安。该处土地祠是村民为纪念鼓藏节设立的，因此过鼓藏节时，村民会牵牛绕土地祠三圈，以保佑全村平安。

另两座土地祠则是由祖先的坟地变化而来，与后山土地祠的区别在于，后山的土地祠是保佑全村的，这两座则是保佑个人的。其中靠近南边村口的一处土地祠原来是一座大祠，起码有两百年的历史，是砖建然后刷上石灰的一座白祠，1992年修公路时被拆毁。村民有事去求这两座土地祠，若是灵验后每个月的初一、十五都会去祭拜，希望其继续显灵。

农历八月二日是全村的祭拜日，这一天三处土地祠前都会杀鸡、烧香，村里的老人都会去祠前拜祭。关于为何选择这一天的原因已经失传，只知道这是自古相传的好日子。

（2）神树

老寨后山上，土地祠后的上方有一株神树，是现在岑最村范围内最大最高的一棵树，树干笔直，枝繁叶茂。询问支书和鬼师，他们也说不清这棵树到底是什么树，苗语里发音为“duo nei”，是保平安的意思。每年农历八月二日祭拜日的时候，这棵树和树下的土地祠共享村民的祭拜。原先还过鼓藏节的时候，待宰的水牛就是被拴在这棵树上等待宰杀。

据杨支书介绍，原来在老寨前的党敌坡上还有一棵更加神圣的古树，但可惜后来被雷劈倒了。

（3）神石

村外岑最河东侧河边有一块白色巨石，大半裸露在外，小部分没于水中，这块石头在当地也享受祭拜，农历八月二日村民们也会来到河边，从河的另一侧遥拜河对面的石头。据当地村民介绍，这种石头崇拜也是为了保平安顺利，已经在岑最流传了很久，起源于何时则已经无从考证。

（二）鬼师

关于鬼师的由来有一个传说：相传以前有个帝王，为了恐吓群众，于是命令人在国内打地洞，并叫12个人带着芦笙、锣、鼓每天晚上下到地洞里奏乐，惊吓地上的居民。居民惶惶不安又不知道是怎么回事，于是请李军师、张军师来帮助他们。两位军师知道是人为搞怪，于是第一次先用法术将12个人冻住。但解冻后，12个人继续闹事，两位军师再次被请来处理。他们发现了地道的通风孔，把孔堵住，里面的人全部闷死了，这个问题才最终得到解决。出于对李军师、张军师的感谢和崇拜，苗族先民便开始祭拜这两位军师，他们便是后世鬼师的祖先和法力的由来。

另有一种说法是，以前人死后是装入坛子里埋葬的，养鸡、养鸭多了以后，鸡、鸭啄地，不慎把坛子里的鬼放了出来，放出来的鬼到处作乱，于是人们杀鸡、杀鸭吓鬼，把鬼赶回坛内，后来这逐渐发展为鬼师驱鬼。

岑最村中尚有几位鬼师，我们访问了其中一位，即杨胜清老人。老人现年80岁，40岁时为了替家里驱邪避鬼向师父学习。当时，他的师父也是40岁左右。据杨胜清介绍，鬼师的工作包括看风水、驱邪、求平安、治病、送葬。看风水时会带罗盘；治病时会找药草，先看病人的病况再去找药草；求平安时，会杀鸡、杀鸭放在房中地上，请神来吃，以保平安。鬼师不能随便帮人求平安，一定要杀鸡、杀鸭才行。被请去看病时，会先看病患是否是因为鬼的关系生病，看的方式是用钵盛米，将其中一粒米染黑，摇晃钵，根据黑米的走向和变动情况推测。若是因为鬼的原因，会打手势、念咒语请鬼离开。有重要情况，如看风水与帮人下葬时，鬼师会穿名为“八角衣”的法衣，平时则无需穿着特别的服装。新房落成时，也会请鬼师来作法，一般需要杀一只鸡。鬼师作法是因为修房子破了土，破坏了地下的龙脉，需要鬼师去接龙脉。接完龙脉后，鬼师会将自己剪的符纸贴在新房内房门的门框上，保佑屋里的人平安，无灾无难。杨胜清说，有人需要他时，他便去作法，也算是给人帮忙，节庆时没人请他则休息。对方若有意回礼便收下。

鬼师都会剪纸，剪纸代表不同的意义，以杨胜清家的剪纸为例：堂屋左侧墙上贴了骑马人及一垂挂式剪纸，目的是保佑家里平安；门缘贴纸钱表示财富；冬天取暖的房间内侧墙上贴长方五角形人形剪纸，是为了保福（图十一1）。

鬼师的传承是不传本族、本房的人，只传给非本房的人，也可传给村外的人。一般来讲，鬼师只带一个徒弟。鬼师对于寻找传人十分小心，若是徒弟选错了，也会危害到自己，类似于徒弟的法术可能反噬到师傅身上。想成为鬼师的人必须通过考验，可靠、记忆力好的人才能获得传承。若鬼师找不到合适的人选，则其技术将失传。解放后，鬼师基本都隐藏身份，也不会施法，改革开放后才又继续从事鬼师的工作。现在已很少有人愿意学习当鬼师，所以目前杨胜清还没有徒弟。

杨胜清还指出，当鬼师禁止吃狗、老腌菜、泥鳅和鲶鱼，吃了法力会失灵。

岑最村没有风水先生，鬼师也会看风水，挑墓穴时则从外地请风水先生来协助挑选。

（三）宗教的影响与传播

岑最村的村民们认为自己信仰的是佛教，佐证之一是村民将村内三处神祠里的神都称作菩萨，部分村民家中也放有观世音菩萨的肖像。当问及他们是否信仰道教时，从鬼师到寨老都一口否认。但奇特的是，村中三座神祠里的神，其实祭拜的都是土地公，在鬼师作法时，也会念诸如急急如律令一类的道教用语，祭祀时会带纸钱，同时焚香祭拜。据此可推测村民受到道教的影响不浅。

（四）民间信仰及其变化

民间信仰主要还是土地公崇拜与鬼师作法。老一辈人仍都相信鬼师作法有效，所以会请鬼师看病或看风水等，去土地公庙祈求或祭拜的也多数为年长者。随着现代教育的普及，西医的传入、用药的方便，加上年轻人多外出务工赚钱，习惯了城市的世俗生活和现代文化，年轻一辈基本上都不怎么相信鬼师了。

（五）禁忌

虽然岑最村民都强调生活随性，并无禁忌，但访问期间，我们仍得知岑最村中有几项禁忌：

图十一1　鬼师家中剪纸

进堂屋时尚可戴帽子，但进其他房间不可戴帽子。

雨伞不可以背在身上，要拿在手上。

外村来的小孩不可以过本村人搭的桥。

乌鸦是不吉利的动物。

十一、调查者后记

（一）老寨与新街——分裂与融合的统一体

老寨与新寨街上的区别，不仅是景观的差异、地域的区分，也是功能的区隔，二者的区别更喻示着一种历史的变迁。

老寨位于山谷，前有党敌坡后有党照坡，房屋从党照坡山脚依山势向山上延伸。山间平地一部分则被开垦为农田。从前述的村落历史中可以知道，老寨的选址很大一个原因是出于防卫的需要和安全的考虑。从老寨的选址和景观特点，我们可以探查岑最先民的观念世界。这一观念世界具有两个特点，一为保守性，二为内向性，这反映在村落景观上，则是老寨具有防卫性和自给自足性。村寨选址在山谷之中，既不易于被敌人发现，又易守难攻。据了解，原先老寨还有寨门，其余部位都用寨墙围了起来。若是敌人来袭，还可以逃亡到后山躲避。村前开垦农田，屋前屋后也见缝插针地种植其他作物，体现的也是传统小农不愿假手他人，一切都只求自力更生的思想。

但新寨却与之大不相同。新寨街上沿公路由南而北发展成一条商贸街，沿街店铺林立，辐射范围不仅包括岑最，还远达周边村寨。新寨街上，作为一个外来人口的居住区和商业区，其景观特色便如那些每日都会开张的店铺般，是开放的，也是外向的。商业讲求扩张性，讲究与顾客打交道，这使得新寨街上村民的观念世界势必不同于老寨之内的传统观念。

但新寨街上与老寨的巨大差异，并未妨碍新老寨紧密地融合在一起。老寨的村民会去新街采购，也会在集市时去新街贩卖自己的货物。老寨与新寨的居民日日见面，也相互交流，并非互不往来，而是各取所需。这使得双方都在对方的生活中扮演着不可或缺的角色。其实，这一融合也是不奇怪的，因为新老寨的景观差异和文化区隔所反映出的正是传统与现代、保守与发展、地方性与全球性间的相互作用和互补互融。这一历史的变迁趋势，通过岑最新老街的变化清晰地显露出来，对于我们保护少数民族独特的物质与非物质文化，理解少数民族地区人们的想法和需求，都大有帮助。

（二）集体记忆的流失与传承

苗族传说、苗语、苗歌、苗族服饰，苗族巫术和药术，乃至苗族建筑，其实营造和维持的都是属于整个苗寨、整个苗族的集体记忆。这种记忆是历史、文化的产物，是必然和偶然的结合，可以说是只能传承而无法复制的，一旦失去，便可能再也难以重现。在调查中，我们清晰地体会到岑最这种集体记忆的弱化趋势，甚至最终消失的命运也似乎已经并不遥远。

在调查中，我们发现村民间还是通用苗语，但年轻人对苗语的掌握水平已明显弱于他们的父辈。长期置身汉语教学的环境，或者外出务工多年，使得他们的苗语水平仅仅停留在日常对话上，若是老一辈使用古苗语，则年轻人很少有能听懂的。不光苗语，对苗歌、吹芦笙的掌握，同样是年轻人远不如中年人，而中年人又不如老年人；甚至是每一个苗族村民都有的民族服饰，按理所有人都不应陌生，但事实是，离开了父母长辈的帮助，许多年轻人甚至都不知道怎样正确地将那些服饰穿戴起来。

不仅如此，传统的建筑也面临被改造、被取代的命运。新式的吊脚楼取代老式的，砖房又取代吊脚楼，这一趋势在岑最新老寨都有出现。长此以往，能展示传统原貌的建筑势必越来越少。

如何应对这种集体记忆的流失？如何保护所谓的传统？这应该引起所有关心苗族村寨文化的人的重视。

（三）保护与发展

发掘和保护苗族传统的特色文化，特别是传统建筑，是这次调查的主要方向和主要议题。但如何兼顾保护传统和发展，是一个同样值得关注的问题，对这一问题的思考甚至直接影响到保护工作能否真正实现。个体具有发展的权利，岑最村作为黔东南一个经济落后地区，村民有强烈的发展愿望和提高生活水平、甚至改变生活方式的意愿，这与保护当地的古建筑、保护传统特色，有着同样的正当性。从岑最的调查来看，现代生活方式的影响已经深入苗族村寨，这一点已经是既成事实，当前工作的重点是使这外来文化（现代文化）的入侵，不造成那么大的破坏，使传统的延续成为可能，而不是直接成为现代性的对立面。

附录：主要访问对象

1. 杨再军，34岁，男，岑最村村支书

2. 姜发成，36岁，男，岑最村村长

3. 田应祥，81岁，男，岑最村寨老，1973—1989年任村支书

4. 姜相银，79岁，男，岑最村寨老，曾担任过四十年村长

5. 杨胜清，80岁，男，岑最村鬼师

6. 姜道银，41岁，男，岑最四组组长

7. 林　杰，41岁，男，岑最小学校长

8. 田锦学，19岁，男，岑最村大学生，贵州师范大学，大一

9. 姜　勇，27岁，男，岑最卫生所医生

10. 吴芳梅，20岁，女，岑最高中毕业生

调查组成员：张　瑞（组长）、陈元棪、袁　琦、江美英、段品琪

测绘制图：袁　琦

调查报告初稿执笔：张　瑞（第一、二、四、八、十一节），陈元棪（第三、七、十节），段品琪（第五、九节），袁　琦（第四、六节）

第一次统稿：朱　萍、陈　筱

第二次统稿：陈　筱、韩　爽

第三次统稿：陈元棪、温筑婷

第四次统稿：冯　妍、陈　筱

第二篇
贵州榕江县卡寨村调查简报

一、概　述

卡寨是贵州省黔东南苗族侗族自治州榕江县朗洞镇的一个行政村。卡寨村地处榕江县北部，朗洞镇东偏南方，距朗洞镇政府所在地约15千米，距榕江县城97千米，现村委会的地理坐标为北纬26° 22′ 51.7″，东经108° 38′ 21.8″，平均海拔620米。村寨范围东抵宰岑，南邻定向，西邻岑向、羊全，北到八书、盘假（图版一、二、三）。

卡寨村辖上寨、下寨、新寨、赧望、下半溪5个自然寨，村民委员会驻下寨（图一—1）。目前全村有11个村民小组，共406户，2046人。其中，上寨、赧望绝大多数村民为苗族，其余各寨为苗族、汉族、侗族混合居住，汉族稍多，侗族只有极少数。上、下寨为卡寨的中心村寨，人数最多。宰岑、高滚、侗寨与上、下寨隔河相望，这三个村子的村民主要为侗族，其生活方式、民族传统风格与苗寨迥异但又与苗寨相互交融，形成不同民族和睦共存、互相影响的独特景观，是民族村落研究的重要材料（图一—2、3、4）。

村内不同民族的居住习惯大致相同，均修建传统木结构房屋为居所，房顶覆杉树皮或砖瓦，近年来砖瓦房顶比例增大但木结构仍然保留不变，成为沿袭至今的古老传统。值得注意的是，卡寨村苗民所着传统服饰上的方块对角花纹，其形态古朴而典雅，目前仅存于以卡寨为中心的苗族聚居区，可谓别具一格，亦十分珍贵。村民认为，这种纹饰可上溯至其先辈在战国时期所穿之铠甲，因而当地人又自称为“铠甲苗”。此外，当地较好地保留了的苗族传统节日的习俗，如吃新节、天年节、稻草节、苗年等，节日期间，大家身着民族服饰，吹奏芦笙，载歌载舞。2008年，卡寨因其独特的民族服饰和民间歌舞，再加上深厚的民族文化底蕴，被文化部授予“卡寨苗族服饰歌舞文化艺术之乡”。

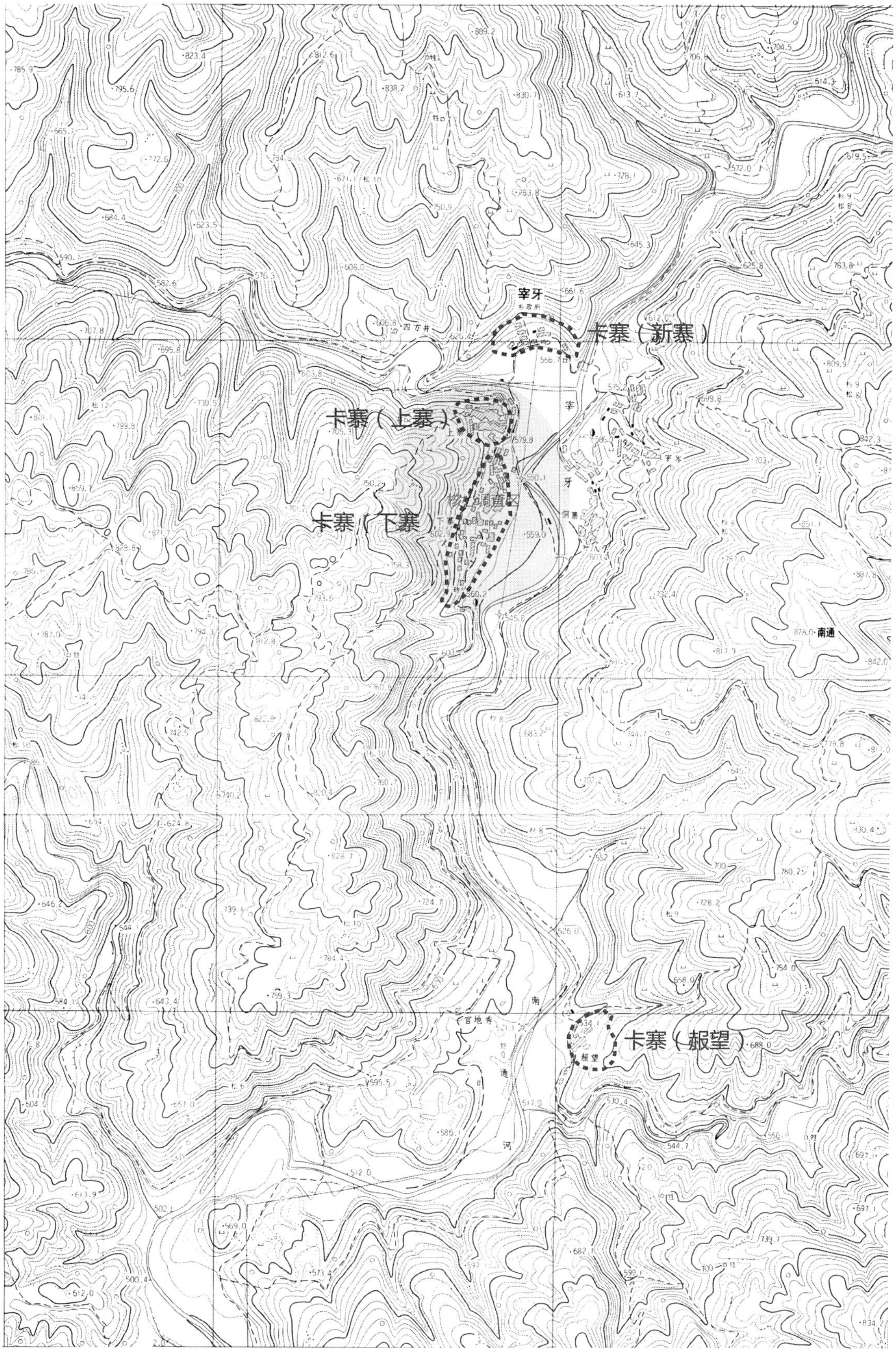

图一—1 卡寨村地形图

图一—2　上下寨全景

图一—3　从侗寨看卡寨

图一—4 侗寨

古时，村寨依山而建，往来交通多依靠盘山路。由于卡寨村紧邻道路，近年铺设的水泥硬化公路将卡寨的各个自然村，以及卡寨与其他村寨之间联系起来，这不仅使得村庄之间的互动交流更为频繁，也为卡寨村民外出务工提供了便利，在一定程度上还为外来人群走进传统村寨参观游览打开了一扇窗口。在外部世界对村寨的影响日益加大的背景下，如何在发展经济的同时又发展民族文化、保护自然与人文生态环境成为重要课题，实地了解、客观记录村寨的自然地理与历史文化的现状与变迁，对于村落景观的发展与保护具有重要意义。

从20世纪末开始，村内相继进行了五改工程等基础设施建设，包括电改（20世纪80年代已经通电，1999年完成电改）、路改（2008年完成）、水改（2009年完成）、灶改和厕改（部分完成），危房改造工程预计2015年完成。在改善村容、村貌的同时，也为苗寨传统保持与现代化发展平衡寻求着新的道路。

本次调查从2011年7月29日开始至8月9日结束，调查组成员共五人，组长由北京大学社会学专业博士研究生王晴锋担任，组员还有北京大学考古文博学院博士研究生陈筱，台湾云林科技大学研究生叶怡麟，以及来自北京大学考古文博学院的两位本科生孙雪静与何月馨，专业背景包括社会学、文化资产维护、建筑设计、考古学，等等。调查组以卡寨的核心自然村上寨、下寨为重点，兼顾新寨、赧望、下半溪三村，采用实地观察、交流访谈、测绘记录相结合的方法，同时参考、整合县志等文献资料，其目的在于对该村落文化景观的时间期段、空间层次、文化结构等诸多方面进行调查记录，为接下来村寨的文化保护、价值展示与长远发展提供有益材料。在实地调查的十余天里，调查组一直借住在卡寨村现任村长王庆华家中，并得到了榕江县文物管理所干部唐一哲的全程陪同照顾，他们对本次调查的帮助甚多，在此深表感激。

二、地理环境和资源

卡寨所在地属榕江县三大地质构造中的西北部雷公山台凸构造，主要土壤为硅铝质黄壤、黄红壤、水稻土等。卡寨村属中亚热带湿润季风性气候区，四季分明、气候温和、雨量充沛、植被繁茂，多年平均气温16.5℃，最高气温37.5℃，最低气温-7.5℃，全年无霜期平均为282天，年平均风速1.2m/s，风向NE，年平均相对湿度83%，多年平均降雨量为1300mm，雨季4—10月，降雨量900mm，占年降雨量的77%，11—3月降雨量270mm，占年降雨量23%。区内无冰冻线①。

卡寨居民依山坡聚集而居。上、下寨南面约两百米处有一条小溪，流向寨蒿等地，属珠江水系。八书溪与下半溪在双溪口相汇为广河，依次流经上寨、下寨，通过这条水路，卡寨与周围村寨如宰岑、高滚、侗寨的联系进一步加强，但由于广河水太浅，并不能作为交通水道，四周村民主要将其用于灌溉、洗淘等。

全村有耕地982.1亩，其中田930.1亩，土52亩，人均占有耕地0.52亩。主产水稻。全村有林地19902亩，人均占有林地10.52亩。卡寨村周边林地茂密，森林覆盖率97%以上。林业主要以松、杉为主，兼有竹林。

各村寨的基本情况如下：

上寨：苗寨，山腰建村，坐西向东，木屋（杉木皮顶或瓦顶）吊脚楼，块状聚落。耕地401亩，主产水稻。林地以杉木、松木等为主。解放前设第一保，解放后置村；1958年属宰牙二分社。

下寨：村民委员会驻地，海拔565米，山脚建村，坐西向东，木屋（瓦顶和杉木皮顶）吊脚楼房，块状聚落。居民主要为汉族，杂居少数苗族。耕地341亩，主产水稻（图二—1）。

新寨：坡脚建村，木屋木皮顶，坐北向南，块状聚落。居民以汉族为主，其中有三户为苗族。主产水稻（图二—2）。

赧望：居民基本全属苗族，坡脚建村，坐东向西，木屋木皮顶，吊脚楼房，块状聚落。以产水稻为主（图二—3）。

下半溪：溪边建村，坐东向西，木屋木皮顶，点状聚落。周围林木参天，小溪穿村流过。汉族，主产水稻。林地产香菇、木耳、杉、松等②（图二—4）。

---

① 黔东南州城镇规划设计室：《黔东南州榕江县卡寨村消防建设规划》，2008年，第1页。

② 榕江县人民政府编：《贵州省榕江县地名志》，1987年，第97页。

图二—1 下寨入口

图二—2 新寨

图二—3 赧望

图二—4　上半溪

三、传说和村寨历史

（一）传说

1. 创始传说

卡寨村并没有清晰的关于村寨创始的传说。当地人是不同年代从不同地方迁徙过来的，主要来自湖南、江西、广西等地。根据访谈资料来看，村内的大姓基本上都在此生活了两三百年左右，应始自清初。另据下寨杨氏族谱所记，杨氏迁来卡寨迄今已有三百多年。

据下寨71岁的龙安东老人介绍，当地苗族是从江西迁过来的。祖先们首先到了锦屏县的晾寨，住了若干代传到一个叫麻公的人，麻公的儿子逃荒到此，居住在岑最的上古一条溪。他家很富有，拥有溪前的大半田地，大概有四五顷，当时是清朝初年。后来麻公被人害了，他的五个儿子分别迁到了不同的地方：大儿子迁到色边，二儿子迁到宰牙（参见第三章第二节，卡寨的上、下寨曾长时间隶属宰牙乡），三儿子迁到朗洞九董，四儿子迁到两汪乡，五儿子迁到榕江八开（现不知道位于何处）。

我们在调查中发现，卡寨及附近村寨的总鼓藏头在高滚，其余各自然寨都有小的鼓藏头。由此可见高滚的侗族最先在此定居，但并不知其确切的年代。

2. 族源传说

卡寨村的村民以苗族为主，为黑苗。关于黑苗的族源，村内并没有相关传说。只是相传战国时这支苗族战败，退回到深山中，后来辗转来到卡寨。卡寨的这支黑苗又自我认同为“铠甲苗”，以其服饰酷似战袍、铠甲而得名，可能有受战争影响的遗风。

该村还有部分汉族，主要分布在下寨和新寨，均是从外地迁来，且多是新中国成立前迁来的。据新寨银成兵老人介绍，新寨的汉族主要来自湖南、江西等地。

3. 英雄传说

（1）岩王

相传在苗族人刚刚搬到卡寨的时候，这里并不太平，有很多强盗出没。有一次，一大队强盗进攻村寨，岩王化成人形，身穿战袍，拿着旗子，率领一批石头变成的士兵赶走了强盗，从此再无强盗入侵。传说岩王的战袍即为战国时的铠甲。岩王现在坐落于下半溪的一座桥旁，每个节庆日所有的苗族人都会到岩王那里去祭拜。

（2）龙包叶

相传清朝时，政府收粮征税，层层盘剥，百姓苦不堪言。龙包叶号召村民抗粮拒税，因被人告发而被关押在县城，后在村民的要求下被释放。

（3）龙开胜

民国二三十年间，上寨的龙开胜，人称“龙包队长”，为反偷盗、正民风，组成民兵自卫队，严惩村内各类偷盗行为。小偷一旦被抓住，即被押往河边杀死。据传有一次村寨被一伙强盗侵占，龙开胜在漆黑的深夜带领弟兄不穿衣服进入村寨，在黑暗中凡摸到穿着衣服的格杀勿论，这样又从强盗手里夺回了村寨。

（二）建制沿革

卡寨村没有自己单独的地方志，榕江县的《古州厅志》、《榕江县志》中有部分关于朗洞镇和卡寨村历史沿革的相关记载。

在历史上，榕江称为“古州”。据史料记载：唐贞观三年（629）置应江；十二年为古州乐兴郡，属岭南道。宋真宗咸平二年（999）为羁縻古州；徽宗崇宁四年（1105）改平州。元世祖至元二十年（1283）设八万军民总管府。至治二年（1322）废，改置中古州。明永乐元年（1403）属贵州卫。清雍正七年（1729）张广泗擢升贵州巡抚，即开边平苗辟古州；八年置古州同知隶黎平府。卡寨片区开辟于清乾隆二年（1737），隶属于黎平府开泰县朗洞分县丞。宣统元年（1909），朗洞县丞拨归古州厅，朗洞城内外并治。民国三年（1914），废古州厅，置榕江县，为镇远道辖，废朗洞县丞，改朗洞营为一等分县，属榕江县辖。民国六年，镇远道废，县直隶于省，以方位制下设六个区，卡寨隶属北一区。民国十二年，卡寨隶属宰牙乡。民国二十年，改方位制区名，朗洞、宰牙等乡镇属于五区。民国二十五年撤销朗洞分县，所属乡镇隶属于榕江县。民国三十二年，改设朗洞区署，推行乡镇保甲制，共置15乡、2镇[①]。

历史上并没有“卡寨”这一名称，而是称为“上寨”与“下寨”，原属于宰牙乡。卡寨村在解放前设保。解放后至1954年置行政村；人民公社前称“上下寨”。1958年成立朗洞“红旗公社”，原宰牙片区各村并入，置宰牙公社一分社。1959年原公社建置废除，宰牙改设管理区，为以区为核算单位的寨蒿公社辖区。1960年改置生产大队，至1981年前称为“上下寨大队”。1961年原公社、管理区废，并入色边公社。1963年由色边公社析出，置宰牙公社管理委员会，下设上下寨、宰岑、定向等生产大队。1981年，即在“撤乡建镇”时期，韩正祥书记提出将“上寨”与“下寨”中的“上、下”两字合并为“卡”，遂有“卡寨”的称呼。

1984年复置行政村至今。1990年，卡寨从宰牙乡并入朗洞镇，宰牙乡辖的11个队改为11个组，11个组分到5个自然寨，1、3、4组分到下寨，2组分到赧望，5、6、7、8、10组（一部分）

---

① 榕江县人民政府编：《贵州省榕江县地名志》，1987年。

分到上寨，9、11组分到下半溪，10组（一部分）分到新寨。

（三）碑刻

下寨共有三处碑刻：第一处含残碑两块，现位于下寨消防池的古井前，残碑被埋于井池前方作为铺地，其中一块碑额书“永垂千古”（图三—1），另一块显示有“民国三十年”的模糊字样（图三—2）。第二处是1998年11月立于宰牙小学门前的功德碑（图三—3、4、5）。第三处是2011年夏立于村委会门前的下寨寨改工程纪念碑（图三—6）。

下半溪共有两处碑刻：第一处是民国三十四年腊月十七日立于下半溪村口的“重修桥序”碑和“永传万世”碑（图三—7、8、9），原本立于功德桥桥头，现桥已腐朽。第二处是2000年立于下半溪福利桥旁的募捐碑，碑额书“万古流芳”（图三—10）。

新寨还有一块立于光绪年间的墓碑（图三—11）。

图三—1　下寨井前“永垂千古”石碑

图三—2　下寨井前“民国三十年”石碑

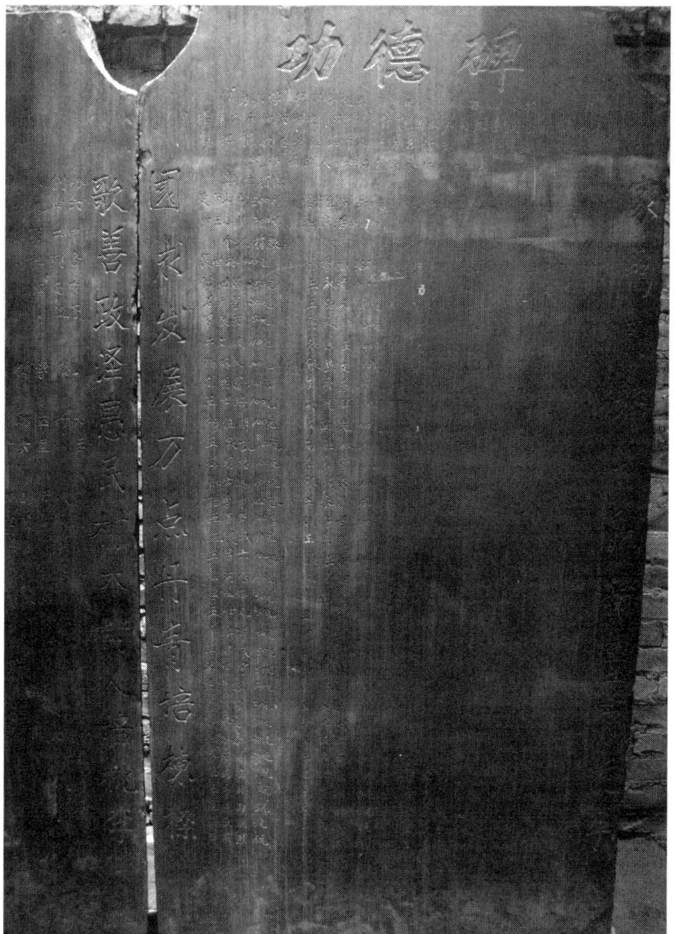

图三—3　下寨宰牙小学功德碑之一

图三—4　下寨宰牙小学功德碑之二

图三—5　下寨宰牙小学功德碑之三

图三—6　下寨寨改工程纪念碑

图三—7　下半溪重修功德桥碑之一

图三—8　下半溪重修功德桥碑之二

图三—9　下半溪重修功德桥碑之三

图三—10　下半溪福利桥募捐碑

图三—11　新寨光绪年墓碑

四、村寨的外部空间

（一）田地、林地、墓地的空间分布

1. 山林、田地

卡寨村（上、下寨）大致呈不规则的条带形布局（图四—1），村寨西部为山地，东部临广河，村寨沿广河南北延伸。地势由西向东倾斜，自西向东大致可分为四个区域：林地、居住区、田地、河滩及河流。林地和耕地主要集中在居住区四周。林地随山势延伸，集中在村寨的

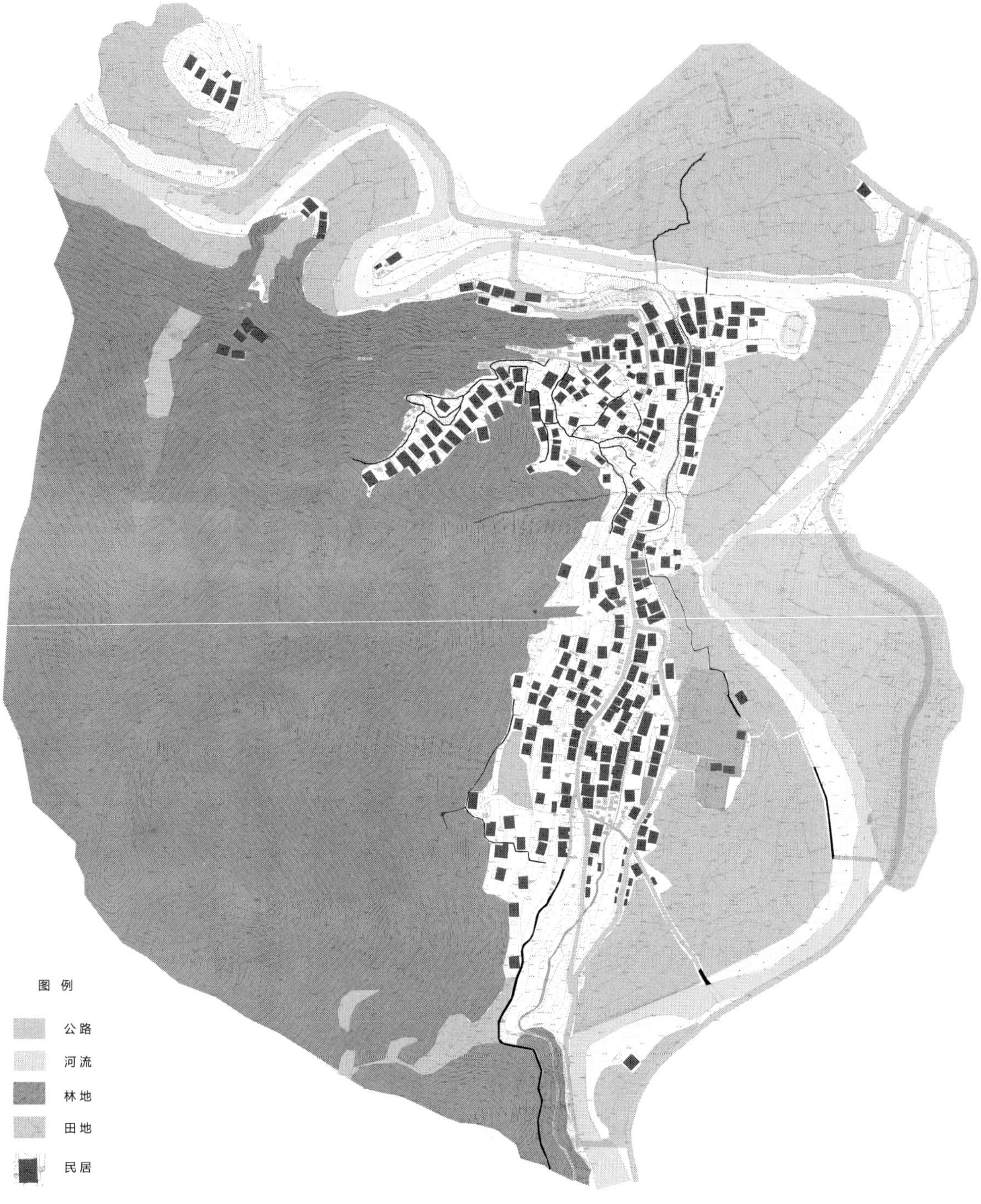

图四—1 上、下寨总平面图

西北部、西部、南部一带。一些伐木和采集活动还会利用村外的部分林地。田地主要在山腰至山脚等坡度较小且给排水较方便的地方。此外，在林地里山势略平坦的地方，穿插修建小块梯田，与林地交错分布。

各自然村之间的林地与田地是交错分布的，并没有严格的界线。

2. 墓地

卡寨村内的林地、田地、民居等均分布在卡寨村居住范围之内，村外其他用地主要是墓地。

老的坟墓主要集中在卡寨村南部的中行。中行以前叫八排地，四周寨子的人都可以葬在此处，如高洋、召洞、色边等地。现在中行属卡寨。墓地主要集中于中行山地，又名官地秀，有上千座墓葬，俗称“千家山”。赧望的墓地还分布在村子附近的乌赧山、当昭山。卡寨现有很多新的坟墓集中在上、下寨两边的高坡上，例如龙盖等地，这些地方往往是田多地少，附近树林茂密。卡寨村北部下半溪一带也有自己相对集中的墓地。

（二）道路交通

卡寨村通向村外的主要道路只有一条，即将卡寨与宰岑隔开的、联系朗洞至寨蒿的双车道水泥公路。这条路基本沿广河呈南北向延伸，这使得卡寨村的对外交通较为方便，北面可通向朗洞镇，向南可经由寨蒿镇通往榕江县城。近年来，在上寨和下寨村口又新修建了进寨公路桥，进一步方便了车辆通行。

卡寨与其周边的宰岑、定向、岑向等村之间都有一些林间、田间小径相连。由于卡寨及附近村寨之间并未进行过大规模的旅游开发，因此并无专设的旅游通路。平时，本村与周围村寨的交流主要还是靠这些通村小路，比较方便。

（三）村寨与村寨的往来关系

卡寨的五个自然寨之间，以及卡寨与周围的宰岑、高滚、侗寨之间的往来关系，大致可以分为以下几种形式：

1. 宗教类交往

卡寨村与附近村寨间的宗教类交往主要是通过与道士、鬼师的往来实现的。

卡寨村共有两位道士，一位居住在新寨，另一位在下半溪，卡寨、宰岑、高滚、侗寨都会请道士先生，主要作的法事有：为死者超度、开道、谢龙、算命、占卜等等。请道士最多的是汉民，其次是侗民，苗民最少。

卡寨附近的苗民主要信鬼师，居民的生老病死、辟邪、祈福之类都会请鬼师，主要请村内的鬼师，也有请村外的。调查期间，曾两次偶遇鬼师为村民作法，当地称为“用鬼”。观察发现，请鬼师作法在当地是非常普遍的，它是村民生活的重要组成部分，也是其信仰的具体表现。

2. 婚姻与亲属关系

婚姻与亲属关系是卡寨与外村往来最普遍的一种关系。现在各村寨之间、各民族之间都有广泛的婚姻关系。大多数卡寨的姑娘都愿意嫁给本村的人，也有从宰岑、侗寨、定向等其他村落嫁过来的。卡寨苗族的通婚圈主要是在附近村寨之间，与汉族通婚的相对较多，也有从外县甚至外省过来的。在这种婚姻关系基础上的亲属关系，也是卡寨村与外村联系的重要内容。据王庆华村长介绍，当地20世纪60年代以前还有不和别的民族通婚的禁忌，改革开放以后基本没有了。

3. 经济关系

村寨之间的经济关系主要通过“赶集”建立。卡寨附近的赶集地点主要有宰岑（每周五）、岑最（每周六）、朗洞镇（每周日）三处。

卡寨各自然寨之间由于区域位置不同，赶集的地点也有所不同。上寨、下寨、新寨和赧望由于离宰岑较近，村民平时多去宰岑赶集，主要是购买生活必需品和一些生产工具、种子、禽畜等，只有办一些重要的事时才会去朗洞，基本不去榕江县。下半溪位于卡寨村的最北部，民居基本位于朗洞至寨蒿的公路旁，交通方便，平时村民多去朗洞镇赶集，去宰岑的较少，其中以老人居多。据村民介绍，以前在宰岑还没有开设市集时，卡寨的村民一般都去朗洞赶集。

4. 日常交往

卡寨村位于朗洞镇的东北部，东为宰岑村，南为定向村，西邻岑向、洋全村，北到八书、盘假村，其地理位置决定了卡寨与周边村镇往来频繁，主要有以下形式：

逢年过节：卡寨与外村的人会互请朋友、街坊吃饭。

红白喜事：汉族白喜全部参与，红喜不全部参与；苗族红、白喜事都参与，只要沾点朋友亲戚关系的人，办红、白喜事时都会去帮忙。

拜干爹干妈：当地村民一般会为小孩拜干爹干妈，需要先找算命先生算需要找哪个年龄段的人。拜干爹干妈不分民族，不分地区，只要人合心，周围的村寨之间都可以互认，甚至更远的村寨都可以。干爹干妈会经常请孩子吃饭，给孩子买衣服帽子。干儿子或女儿逢年过节会买糖买肉走访干爹干妈。

打庚（结拜）：庚指的是年龄，同年的两人称为“同庚”。若两个人特别好，即使是不同年龄，也可以结拜，称为打“和气庚”。结拜时一般会放鞭炮，请朋友们来做客。卡寨村内部、卡寨村与外村之间，都有“打庚”的传统。

此外，由于几个村寨间的田地、林地并没有明显的分界，多是混杂在一起的，在平时的劳作中，各村之间也常有往来。当地村民打架斗殴的情况很少，大家关系都很好，和睦相处，苗汉民族间没有特别的冲突。

（四）中心与边缘

卡寨村有五个自然寨，以上寨和下寨为中心，主要呈南北向延伸分布。

卡寨的中心区以上、下寨主消防通道为中心向山腰和山脚延伸分布，该区域民居分布最为集中。从功能上看，宰牙小学、宰牙中学（2009年撤销）、村委会、卫生室、芦笙坪、商店、哨卡等都在上、下寨，同时上、下寨还是原宰牙乡政府所在地，宰牙市集在上、下寨与侗寨相间的道路上举行，上、下寨成为卡寨的政治、经济、文化中心。中心区的东面和西北面是主要的农田耕作区，地势平坦，居民相对较少，村里大部分的农田都位于此区域。

中心区的西面和南面是主要的林地，地势较高，植被覆盖好，林地间分布有少量田地。

村民对邻近村寨尤其是河对岸宰岑的基本情况，如村寨的行政变迁、民族构成、风俗习惯等都很熟悉，卡寨村的上寨、下寨、新寨、下半溪和宰岑村的自来水都引自老山界水库，两村联系最为紧密。而相对较远的邻村如定向、岑向、洋全、八书、盘假等，则只知道大致位置和名字。可见卡寨与其边缘村寨的关系远近，主要基于村民们日常生活中交流的频繁程度。

五、村寨的内部结构

（一）村寨布局及功能分区

卡寨由五个自然村组成，沿广河（都柳江的源头）由上游到下游依次为下半溪、新寨、上寨（图版四）、下寨（图版五）、赧望。各村寨均分布在山脚、山腰或溪边，呈块状聚集，朝向多为坐西向东。

五个自然村中，上、下寨最早形成规模。新中国成立以前其他村寨原住民不多，后来上、下寨人口不断增多，垦地面积不断增大，村民往返住地与田地多有不便，因此陆续有人搬出上、下寨到赧望、下半溪和新寨居住，三寨逐渐形成规模。从历史演变上可以看出，上、下寨为卡寨的中心村寨，民居特别集中，居住了一半以上的人口。

鉴于五个自然村之间的关系，下文以上、下寨为重点，研究村寨的布局、功能分区及其发展轨迹。

1. 上、下寨村寨布局发展轨迹

（1）20世纪五六十年代

现在的上寨与下寨已经相互连接。但据寨老与村支书介绍，从村民在此定居到新中国成立之初，上寨与下寨并不是完全连接在一起的。

当时上寨的居住区主要集中在哨卡南边的坡地附近，上寨的山顶上还没有人居住，主要是因为当地人认为山顶有龙脉，害怕破坏龙脉而不敢挖土建房。由于用地以及传统的家庭观念，村民绝大多数为几代人同住，房屋多大而复杂（图五—1）。

下寨居住区主要集中在山腰位置，与上寨距离较远（图五—2）。

此时的功能分区简单，居住区之外是林地和田地组成的耕作区，田地的分布范围与现在大致相同，仅面积略小，并且主要集中在上、下寨周围，其他自然寨周边分布较为分散。政治中心位于下寨，新中国成立初期（即初级、高级农业合作社时期）、人民公社时期，下寨都是宰牙乡政府所在地。

（2）20世纪七八十年代

到了20世纪七八十年代之后，上、下寨的人口增多，大家族难以全部在一起居住，家族分家后，人们被迫陆续迁出原来的老房子，居住区范围开始扩大，向山上和山下延伸。山上只有一支向山顶方向延伸，为取水方便向河滩方向延伸的村民也很多，另有很多村民选择向东北方向之前无人居住的地方延伸（图五—3）。

由于人口众多，下寨的居住范围变化尤大，以原有区域为中心向四周延伸，向北延伸到上寨范围，向南延伸到现在锁口山的位置，向东延伸到河滩，向西由于地势的原因延伸的范围较小，但也有新建的房屋（图五—4）。

此时上、下寨的功能分区开始变复杂，耕作区面积扩大，向山坡上有所延伸，同时向其他三个自然寨延伸。行政区有所变迁，原宰牙乡政府在20世纪80年代初搬到新寨沿路的位置，搬来不久后遇撤乡并镇，设立朗洞镇，在新寨的原政府所在地被改作他用。新寨银成兵老人现在居住的房子就是撤乡并镇前宰牙乡政府的灶房，房后是一片草坪，草坪后是原宰牙乡政府的所在地。文化区分布在现宰牙小学周边，有宰牙中学和宰牙小学两所学校。同时，村寨里出现了三家商店与杂货铺（其中一家使用至今）。

（3）2000年以后

2000年以后，卡寨外出务工的村民增多，村寨与外界的联系增强，村民对公路的需求增大。2006年动工修建消防通道，与通乡公路连接，穿过上、下寨，一直通往上寨哨卡。消防通道在2009年修建完成。同时，寨蒿到朗洞的公路在2009年完成水泥硬化工程。

村寨的面貌经过“五改”工程后发生了一些改变，如完成了上寨大桥、下寨大桥、全村人畜饮水工程、上下寨4个消防池及上下寨垃圾池的修建，修通了下寨的进寨公路，完成了下寨主街道的路面硬化，完成了一些危房的改造工程。

2006年卡寨危房改造前后，上寨的村民开始大量往公路沿线、芦笙坪附近交通便利的地方

图五一1　20世纪中叶卡寨村上寨的聚落分布范围

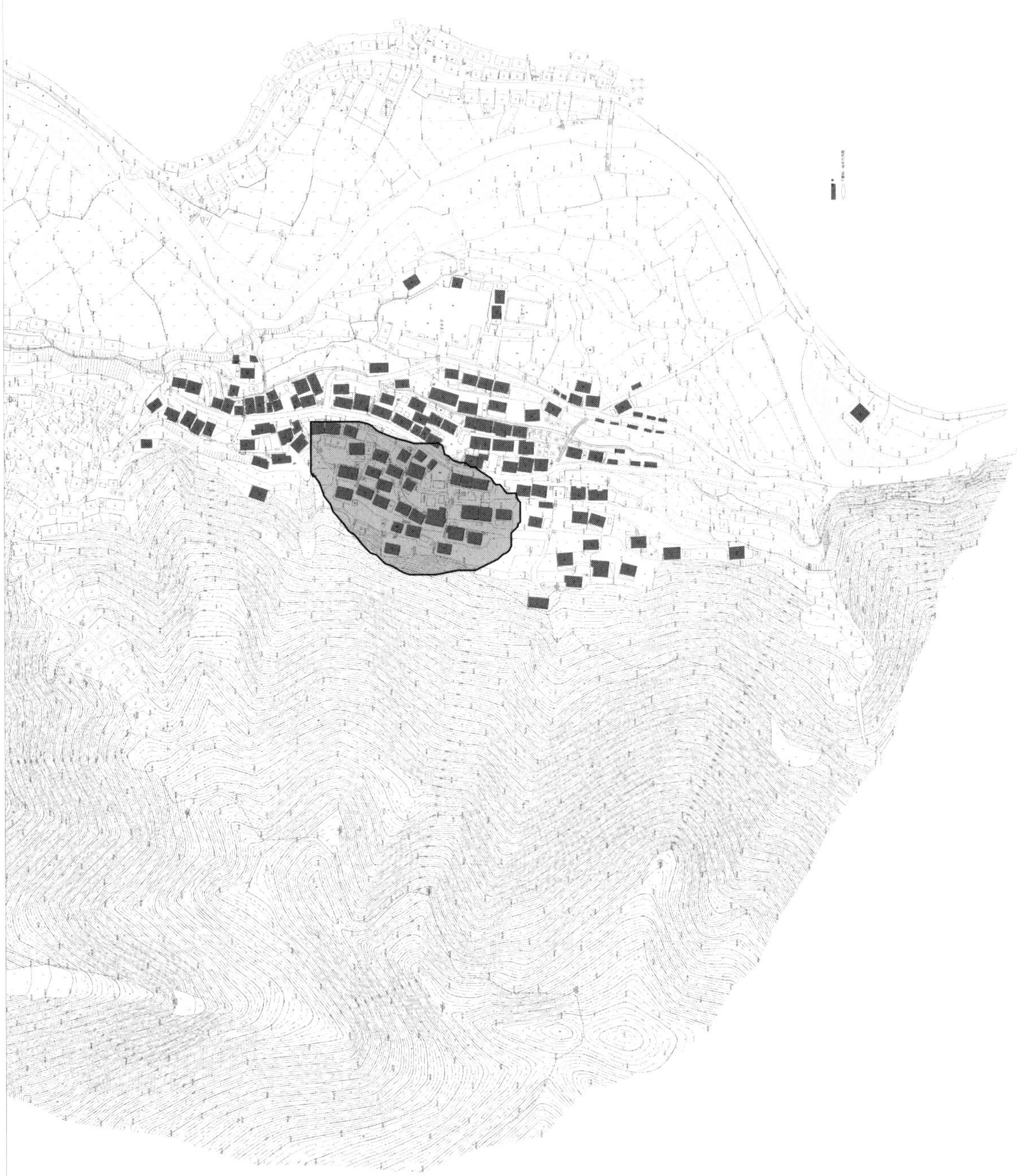

图五—2 20世纪中叶卡寨村下寨的聚落分布范围

图五—3 20世纪70—80年代卡寨村上寨的聚落分布范围

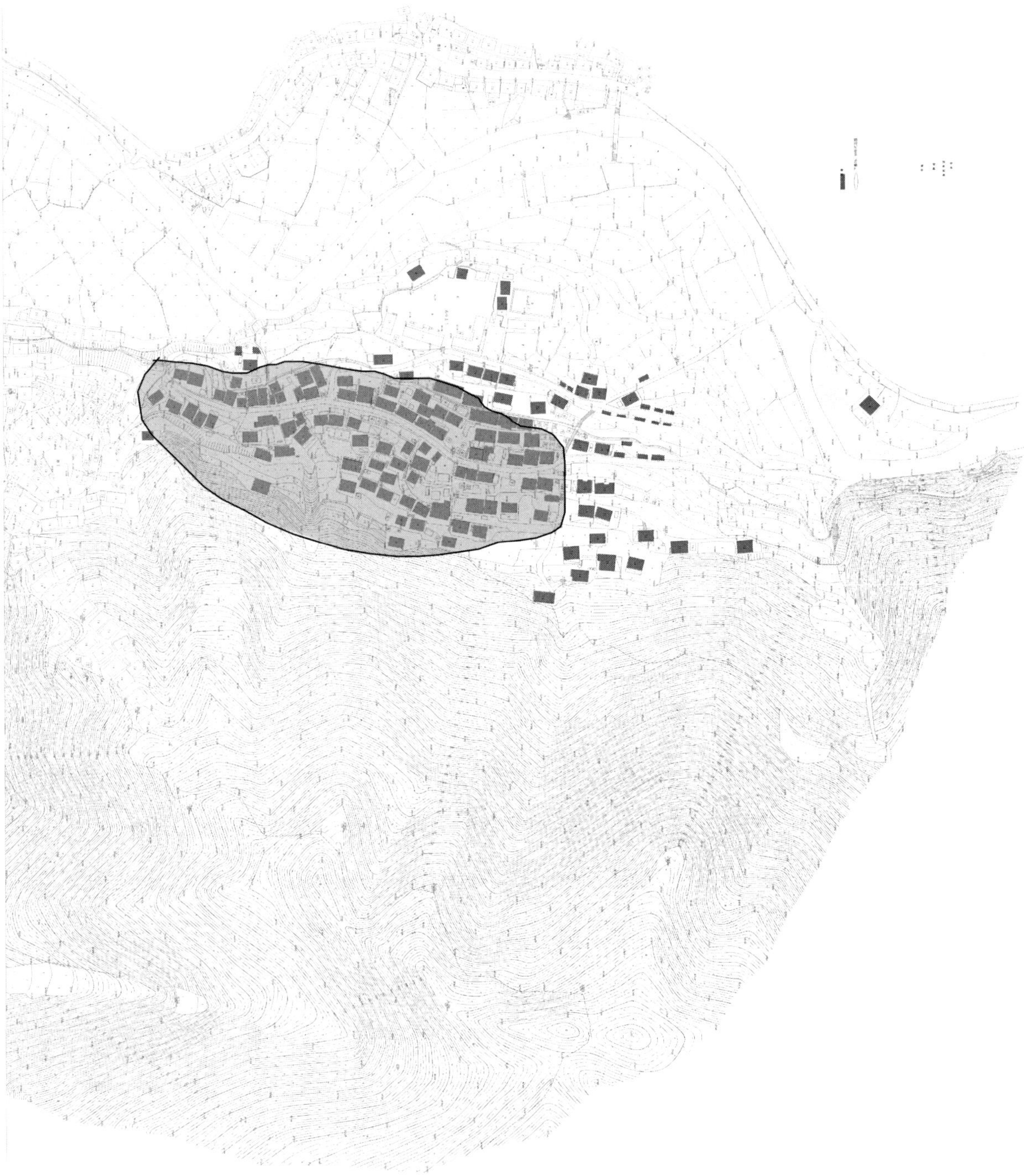

图五—4 20世纪70—80年代卡寨村下寨的聚落分布范围

搬迁，芦笙坪附近的房子基本都是2010年才开始修建的。

2. 上、下寨村寨布局及功能分区

上寨与下寨居住区连成一体，民居依山而建，沿着山势的走向横向分布，新的民居向远山的公路和河流方向延伸。

耕作区域主要分布在村寨以外的大片土地上，同时在村寨与河流之间、自然村之间也有大量分布。山林的分布范围更为广阔，很多居民也会开垦一部分山林，有的用来修筑梯田，有的用来种植蔬菜和其他作物。

虽然村寨中并没有形成面积较大的商业区，但也有商店与杂货铺，集中分布在新修建的消防通道上，因为消防通道连接上、下寨，交通最为方便。另外，在侗寨村边的公路上会举行七天一次的集市。（按：由于上下寨的协调问题，消防通道并未全部拉通，而是在两村交界处断开。尽管如此，许多店铺，如猪肉铺、杂货铺、米粉店等等，仍是沿着下寨已经拉通的道路开设。相比而言，下寨的店铺远多于上寨。）

宰牙中学在2009年由于生源减少而撤销，现有宰牙小学一座，位于下寨靠近河滩的高地上。村委会2010年搬迁至下寨村口处，卫生室位于下寨南部消防通道旁。

（二）道路体系

村内道路体系因村寨布局而分布，在寨改之前由土路、红砂石及青石板组成，土路居多。多为房屋之间的小路。

2006年开始，村里营建消防通道，在原有的道路体系中，将之前比较宽的路进一步加宽，并进行水泥硬化，形成两条水泥消防通道。通道由上寨开始修建，在上寨的一段由寨蒿到朗洞的公路转进永益桥后通往山上的核心居住地，另一段由公路进入永益桥后，向西进入平地的核心居住地。由于下寨民居较多，村内消防通道到下寨之后分为两支，又在下寨村委会的位置合二为一，并入寨蒿到朗洞的公路。

（三）给水排水

1. 饮用水

在水改之前，饮用水主要为井水。上寨约有6口井，下寨有1口井可供饮水。在侗寨距离下寨很近的地方有一口水井，下寨人很多过去挑水饮用。

2009年完成水改后，上寨、下寨、赧望、下半溪的饮用水都是从下半溪老山界山间的高洞溪上游抽调，并经由管道输送入户。自来水进村项目实施后基本解决了卡寨的人畜饮水问题。现有高位水池两座，容量30立方米，其中上寨水池为1999年修建，下寨水池为1997年修建。也有村民愿意继续饮用现在还在使用的井水。至于牲畜用水方面，在山间放养的牛则多就近饮用溪、井水。

2. 灌溉用水

分布在村寨周边的田地灌溉水源较为充足，村寨内有穿村而过的水渠，水渠中的水沿着道路流出居民区后分流到水田中，成为灌溉用水。水渠在清朝时期已经形成，在1963年农业学大寨的时候重新扩建，成为灌溉的重要水源，同时还可以用来防火、排水。

村寨周边的田地由于距离河流较近，因此可以引河流中的水灌溉。

远离人畜饮水工程的村寨，会就近取水，溪水、河水都可以成为灌溉水源。也有部分田地所处地势较高，远离水源，在旱季的时候需要用水泵等抽水设施以及人工浇水方式等进行辅助灌溉。

3. 排水

上寨和下寨的污水主要为生活污水，主要依赖地势，利用水渠通向田地进行灌溉，还有一部分排水通过水渠流向河流。

4. 消防用水设施

卡寨房屋主要为木建筑，防火是重要问题。村寨有两处自然形成的露天消防水塘，并有一条自南至北贯穿村寨的村寨水利沟渠可以用于消防。

在2009年寨改时，上寨除了保留原有的供水池之外，新增一个容量为70立方米的消防水池，下寨则以大巨木冲山泉和桥冲山泉为水源，新建两个容量为50立方米的消防水池。

（四）公共广场

1. 芦笙坪

芦笙坪是卡寨独具特色的公共场所，自古以来是当地村民过苗年时（农历十月）跳芦笙舞、共同集会狂欢的地点，新中国成立以来当地村民过汉族春节的习俗也逐渐形成，大家也会在春节时聚集于芦笙坪庆祝节日的到来。吹芦笙、跳芦笙舞是卡寨片区（包括高帮、两福、高略、岑最、宰岑等村寨）最具民族风情的文化之一，当地人称为“踩歌堂”。节日之时，苗族村民一定会穿上最漂亮的民族服饰，从上午11点吃过早饭后开始齐聚芦笙坪，吹奏芦笙的苗族村民在最外围吹奏起喜庆的曲子，其他人则围着芦笙坪的中心石柱跳起传统的舞蹈，大家载歌载舞，活动一直持续到晚饭时分。

卡寨现存的芦笙坪位于上寨东北部田坝中央的小丘坡上（高于田坝2米），处于上寨和下寨交界处。占地面积400平方米，始建于清代初期。2007年，州长李飞跃捐资两万元人民币对芦笙坪进行了水泥硬化，并重修苗族标志石柱。芦笙坪建筑在一个近圆形的高地上，外围是一个长轴13.3米、短轴7米的椭圆，内周是一个半径5.6米的圆形（图五—5），圆形最中心树立一根牛角形石柱，它是卡寨苗族数百年来的一种重要标记。石柱底端由雕刻的石板围成，雕刻的图案为表

图五—5 上寨芦笙坪

现村民日常生活与习俗的内容，如织布、绣花、打牛等。石板之上立石柱，柱子顶端为四个水牛角拼凑成的装饰。整个建筑虽然距离河坝较近，地势较低，但是建在高地上，显得高大庄严。

除了上寨的芦笙坪之外，郝望也正在修建一个新的芦笙坪（图五—6）。郝望村是苗族人聚居的村寨，以前没有专门的芦笙坪，多是以收割后的田地临时充当，因此郝望的苗民们在过年的时候都要赶到上寨来参加踩歌堂，多有不便。在村民的要求下，村里组织修建新的芦笙坪，现在已经动工。村民们反映，虽然有了新的芦笙坪，但是过年的时候还会到处走动，也会去上寨的芦笙坪参加聚会，一起热闹。

2. 小学操场

宰牙小学位于卡寨下寨寨中，至今仍在使用。在学校放假期间，节假日之时，村委择日在小学操场举办篮球比赛。有时是村寨内部的村民参与，有时会拉上兄弟寨子的村民一起比赛，比赛胜负虽然很少有奖励，但是大家的参与度很高。三八妇女节时，还会举行女篮比赛。此外，过年的时候由于外出务工的村民回乡，篮球比赛、拔河比赛等等都会在小学操场上进行（图五—7）。

图五—6　赧望芦笙坪

图五—7　宰牙小学操场

（五）公共建筑

1. 哨卡

卡寨村的哨卡地处进出上寨的要道边，原是为察守整个村寨的防火、防盗等安全问题而设，始建于清初。位于卡寨上寨的中心位置，地理坐标北纬26° 23′ 9.0″，东经108° 38′ 22.1″。

哨卡建筑为穿斗结构的单层木构建筑，高约6米，原为瞭望之用。由于建筑规模有限，建筑平面较为简单，主体部分面阔仅一间，首层楼面处柱间距为4.790米；进深方向等距布置两间，共计九檩，首层楼面处柱间距为2.025米。在哨卡建筑的北侧，添置了一个宽为0.652米的九级木梯，它连接村寨主道路与哨卡，也是村民进入哨卡活动的唯一通道。屋顶为简单的悬山式样，上铺杉树皮。其最具特色之处在于，有着明显收分、侧角的屋柱将哨卡高挑出路面和自然地面之上，建筑首层地面距村寨主道路约2米，距次级道路的垂直高度则在5米左右，以便瞭望四周。距哨卡约十米处有水井，哨卡备有水桶，如果发生火情，可用来灭火（图五—8、9、10、11）。

哨卡为防火、防盗、战争瞭望而建，按照寨规，所有上寨住户，每天每家派一个人轮流值班，每天中午12点交接班。如有违反规定者，罚猪肉5斤、米酒10斤，至今从未间断。

图五—8　哨卡全景

图五—9 哨卡立面

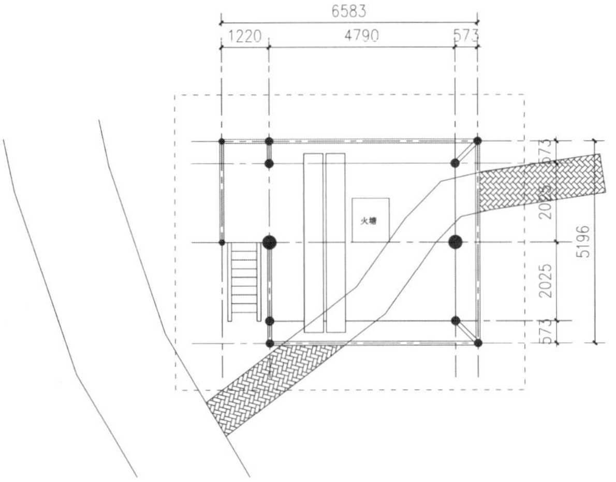

图五—10 哨卡平面图

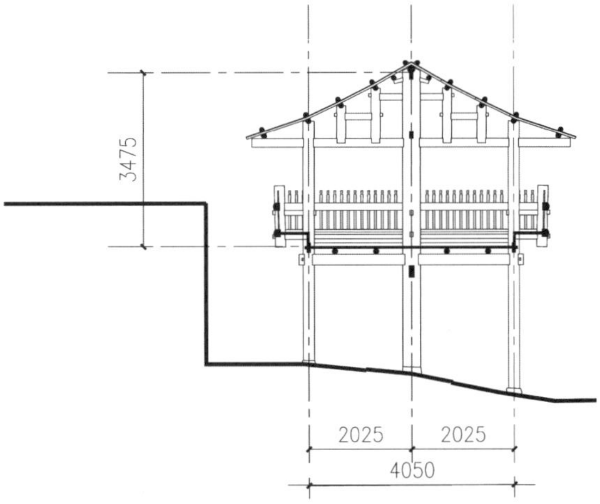

图五—11 哨卡纵剖面图

按原设计意图，哨卡坐拥地势、交通之便，但由于近年来随房屋建设而来的村寨内部空间结构变化，哨卡的功能也发生了一些转变，其实际性质更似村民对其的称谓，即“凉亭”。据村民回忆，上寨房屋原本都较为低矮，唯有哨卡高出民居、粮仓、道路，从哨卡环顾四周，视野非常开阔；但是，新的民居体量一般较为高大，自哨卡向外眺望的视线部分被遮挡，自然已很难全面掌控村寨的安全隐患。另一方面，哨卡周边的交通路线却变化不大，古老的花阶路从哨卡下方自东北向西南穿过，新修的水泥路（这条新修的水泥路是在原有花阶路的基础上修建的，即下文所指村寨主道路）则经过哨卡的北边，哨卡仍能很好地发挥联系整个上寨的枢纽作用，也是村民们议事的固定场所。因而，哨卡及周边区域仍是整个上寨中最重要的村民自由聚集场所。

值得注意的是，哨卡建筑及相关设施也使其能很好地扮演这一角色。哨卡中提供内部活动的设施主要有三类。首先是环绕东、南、西三面通长布置宽0.54米的悬挑座椅，外侧设栏杆为靠背；其二是位于建筑中部，长1.13米、宽0.95米的方形下沉火塘，冬天的时候值班人会自己从家中带来柴火放在火塘上烧火取暖；最后是两条活动的木板，沿进深方向搭在悬挑座椅上方。悬挑座椅是村民日常活动中最重要的设施，或是尚未学会走路的婴儿在光滑、柔软的木椅上爬行活动，或是闲来无事的孩童聚集在哨卡一隅的座椅上打牌嬉戏，或是农事结束后途经哨卡的村民在座椅上乘凉休息、交换见闻。活动木板则提供了另一种非常有趣的活动模式，即中老年村民常以这两条木板作为午后小憩的床，任环绕座椅上的孩童如何嬉戏打闹，他们也自可享受一个美好的午睡。不同年龄层次、不同生活方式的村民，在这个面积不过二十余平方米的小型建筑中有着不同的活动方式，嬉戏的孩童一般喜“霸占”靠近道路的座椅，以便在打闹之余还可招呼道路上来往的同伴；稍作休息的村民和蹒跚学步的幼儿则靠内侧，既可观望往来行人，也可求得安静或安全；而酣睡的老年人则横卧在哨卡中部。这些行为习惯进一步又促成了日常哨卡内部的功能分区和动静分区。此外，这栋建筑虽几无雕刻、彩绘等装饰，但一些细节处仍能显示其制作之精良、考究，如座椅部分靠背向外稍倾、坐垫外端朝上稍倾，座椅的所有木构件都在朝向使用者的一侧刨平而对外一侧为半圆形（图五—12、13）。

尽管这栋仅由六颗木柱挑起的简易建筑是卡寨上寨中最为重要的公共场所，但其保存状况

图五—12 哨卡内部之一

图五—13　哨卡内部之二

却令人担忧。屋顶杉树皮之上布满青苔，缺乏维护，屋脊及檐口位置部分屋盖脱落，在这些屋盖之下的望板、檩条、柱等屋架木构直接受到风吹日晒雨淋等自然因素的破坏。近年来，村里将上寨主道路由花阶路改建为水泥路，也对哨卡的外部空间造成了一定的破坏。新建水泥路高出原花阶路0.2—0.3米，村寨主道路与次级道路相交处出现了一定的高差，人们无法直接从主道路蹬踏木梯，也较难从主道路穿过哨卡底部通往次道路。我们相信，如哨卡一般年代久远、位置重要的公共建筑，对于整个村寨的凝聚力与村寨集体记忆的传承都有着非凡的意义，在未来的村寨保护和建设中应考虑整修，并建立一套由村民统筹的维护机制。

2. 学校

卡寨村原有三所学校：宰牙小学、宰牙中学和下半溪小学，现只有宰牙小学仍在，宰牙中学和半溪小学都已撤销，另作他用。

宰牙小学坐西朝东，共有大小八座建筑，其中有两座为教学楼，一座是砖和水泥建成的三层平顶建筑，为高年级教学楼，另一座为木结构建筑，一楼为低年级教室，二楼为图书室、仪器室和实验室；一座学生宿舍，位于高年级教学楼北部；一座教师宿舍，紧邻低年级教学楼，从外观上看为两者连为一体；一座仓库，位于高年级教学楼与学生宿舍中间，原为粮仓，现存放体育器材；一个小卖部，位于校门南面，兼做学生厨房，共两层；一座教师食堂，位于教师宿舍的南面，一层建筑。校园中间为两个操场，操场西南部为两个砖和水泥砌筑的乒乓球台。

宰牙中学于2009年停办，现存三座建筑，均为木结构，西面一座为五间两进，二层，悬山顶。其余两座位于北面，都是三间二层。操场位于三栋楼所夹的东南部（图五—14）。现处于闲置状态。

下半溪小学已停办两三年，现仅存一座建筑，被私人用于培育茯苓种子。

3. 村委会

村委会原位于上、下寨交界处，后于2010年搬迁到下寨村口的山坡上。主体为两层木结构建筑，三间四进，坐东朝西，面向主消防通道（图五—15）。

4. 卫生室

卫生室位于下寨，为一座单层平房，由砖和水泥砌筑，上盖青瓦。

图五—14　宰牙中学

图五—15　村委会

（六）古迹与景点

卡寨有着丰厚的自然、人文旅游资源，除了苗族特有的民族文化之外，还有相当可观的旅游文化值得挖掘。如卡寨的仙人系列传说、龙的传说以及两个重要瀑布此外，还有哨卡、芦笙坪等）（图五—16）。

1. 土司观

在卡寨村下寨中部有杨氏土司遗址一处，地理坐标：北纬26° 22′ 57.6″ ，东经108° 38′ 21.4″ 。房屋结构无存，只留有几块台阶与石板，原址上早已修建房屋。其后人仍然居住在本村，可以指认土司衙门的大致位置和规模。

目前的下寨土司观乃历史上的望族杨家的官邸，当时管辖48个村寨（目前朗洞管辖72个村寨）。

土司观始建于清乾隆年间（1736—1795）。建筑坐西朝东，占地面积120平方米，系清将仕郎杨胜模所建。原由门楼、天井、厢房、正堂等组成。后因无人管理和长年风化，多处建筑损坏。民国年间，为响应政府号召建立学校，把土司衙门原址的一部分并入学校，一些石构件

图五—16　旅游指示牌

用来建造学校的房屋。1965年仅存的厢房也被损毁。前几年，应省里要求，原址有所清理，现仅存石砌屋基。遗址为研究清代古州苗族地区民居建筑提供了实物资料。

2. 杨公胜墓

杨公胜墓位于卡寨村南约1500米的山坡上，坐西朝东，建于清嘉庆二年（1797），封土堆为圆形，青石条围砌，底径3.4米，高1.4米。墓门为门楼式，青石质，三重檐歇山顶，面阔0.9米，通高1.2米。墓碑正中竖向楷书阴刻“皇清待赠将仕郎恩泽显考杨公胜（字）周仪之墓”。两侧有墓主生殁时间。碑两侧的墓壁上雕刻龙、凤、花、鸟、鱼、虫等图案，此墓修建工艺之精致属当地一绝，而独特的碑体形制在卡寨片区苗族墓中实属少见，为研究清末苗族墓葬形式提供了实体依据。

3. “岩王”

赧望（位在卡寨入口处）旁边的小溪中有一块巨石。明末时期社会纷乱，强盗四起。相传有一次强盗里应外合，企图掠夺卡寨，当强盗正准备进入村口时，岩王周围的岩石都变成了士兵，锦旗飘展，盗贼落荒而逃。现在卡寨村有人去当兵，都会去祭拜岩王，以保佑平安归来。每逢重大节庆日，岩王上都贴满了祈福的纸钱（图五—17）。

“岩王”又叫“司令员”，溪中的另一块岩石叫“军长”。“军长”岩上部有一个口，溪水

图五—17　下半溪岩王

图五—18　金银仓

上涨时由于水流冲击会导致岩石转动，相传口转向哪个村寨，那个村寨就会富裕。

4. **“仙家岩”**

在岩王附近的山上有一块岩石叫“仙家岩”，有三米多高，上面可以坐一桌人，岩面上刻有棋盘，相传神仙经常在这块仙家岩上下棋。村中有一个叫乜年包的小孩上山砍柴，看到几位白发老人在巨石上下棋，时间不知不觉地过去，回到村里方知已经过了整整三天，自己身后背着的放砍刀的木插都烂了。岩石底下有个巨洞，可以容纳三四人藏身、避雨。

5. **“金银仓”**

距离下寨西南方约一公里有个地方叫“金银仓”，相传是仙人储放金银财宝和金银碗筷的地方。每逢重大节庆日，村寨里的人们可以向神仙借金银碗筷。有一次，一户人家借了之后没有还，神仙一气之下把金银仓关了，把钥匙放在岩王底下（图五—18）。

6. **“磨刀湾”**

金银仓附近一个地方叫磨刀湾，相传以前能看到花白胡子的仙人坐在那里磨刀，等村人走近时又忽而不见。

7. **“来风洞”**

也在下寨村口附近一带山上。如果天气将要发生变化，洞口就会凉风习习。

8. **“高洞瀑布”**

高洞瀑布位于下半溪村西北方约三公里处，有三四十米高，其存在有一百多年了。瀑布的源头被称为龙塘，相传早年有龙在此处吸水。沿着瀑布下来的溪流叫归翁溪（图五—19）。

9. **“乌绕溪瀑布”**

位于卡寨西南方向四公里路处，因小溪叫“乌绕溪”而命名。尚未开发，迎小溪而上，无其他路径（图五—20）。

10. **“龙洞”**

下半溪的龙洞位于现在由新寨前往下半溪的入口处，原为一池塘，现大部分已经被公路掩埋。相传巨龙在长撤山修炼时烟雾萦绕，龙从高洞瀑布飞过来，到龙洞修炼（图五—21）。

图五—19　高洞瀑布

图五—20　乌绕溪瀑布

图五—21　龙洞

六、村寨的构成单元

（一）家庭住房

卡寨村的住宅，基本是由厨房、堂屋、卧室、厕所与附属的院落、圈栏等组成。其布局也随着时代的发展有所变化，如房间数量增多、分工越来越明确、院落范围越来越大等（图六—1）。

图六—1　住宅

除少数较为富裕的家庭已安装现代厕所和淋浴设备之外，多数家庭仍使用集中设置的公共厕所。厕所常是几户人家共享一处，结构简单，以四柱搭建，用木板围合、铺地，地板并不满铺，留出排泄洞口。

图六—2　棚架

牛棚位于田间，为简易棚房，一般面阔、进深各两间，悬山屋顶，主体两层，二层供农忙时看守人瞭望、夜宿，底层圈养牲畜。

多数人家都将牲畜圈养在自家房屋的底层，部分家庭在房屋之外圈栏，一般以四根矮柱为构架，柱间用竹、木，甚至树枝相连。

典型的农用设施有温室棚架，主要为春季发秧之用。温棚的骨架一般由数个木质棚架纵向排列搭建而成，骨架之外再包覆薄膜以保持发秧所需的温湿度。在卡寨村中，并不是每家都有棚架，而是相邻十余户共用一个，不用时则露天放置在发秧场地一侧（图六—2）。

（二）房屋平面布局

决定卡寨村家庭住房平面布局的因素主要有三：修建年代、建筑基址和户主族属，即时、地、人三项。

时——新中国成立前后修建的房屋内，一般居住着同一大家族内的各个小家庭，如龙见超旧宅和龙正学宅。这类房屋一般先由山面屋架结构决定进深大小，进而依据小家庭的数量算出开间数，最终决定房屋的规模。一般来说，每个小家庭各有独立房间，各自配备完整的火塘、床铺，建筑中部的堂屋、门廊等公共空间由整个大家族共享。随着经济水平的逐步提升，更多的小家庭从大家族中脱离出来，独立门户，单独修建住宅。此时，房屋的平面格局则主要取决于使用者对房间性质及组合关系的要求，这些要求进一步又由使用者的族属和生活习惯决定。

地——卡寨村的上、下寨有着不同的地理环境条件，上寨房屋多建于稍陡峭的山坡上，多为吊脚楼，一层由木头柱子支在石头或山崖上。石头从地面铺垫，高约二十厘米。建筑远离村内主要道路和河流，建造年代较为久远，受自然力的侵蚀较为严重。近几年，很多居民选择在靠近道路的比较低缓的地带建房，交通更为方便。下寨比较古老的房屋也建在地势比较高的地方，现在多已废弃，新建房屋建在海拔较低的地方，靠近河流和道路，吊脚楼的一层多为砖砌，木结构搭建在砖石上面。

人——汉族的房屋需正中设堂屋，又追求左右对称，因而面阔方向多为三间、五间等奇数开间，如王庆华正房。苗族则没有设置堂屋或要求对称的习惯，因而面阔方向为二间、四间等偶数开间的房屋较为常见。值得注意的是，近年修建的苗族房屋也不乏面阔三间者，然其室内并不设“天地君亲师”牌位，如龙胜伟宅，而是在客厅摆放着电视机、沙发等现代设施，依旧是家庭内部公共活动的中心。

（三）房屋立面结构

房屋的立面可分作屋顶、房屋主体和底层三部分。一层多是养家畜的区域，二层以生活居住为主，三层以置放杂物为主。屋顶有悬山顶、歇山顶和半边悬山半边歇山等多种，以最后一种为主。

（四）房屋材料及做法

1. 材料

卡寨村的住宅建筑以木构造建筑为主，建设用材基本全部使用木料，主要原因是黔东南地处亚热带季风湿润气候，砖结构的房屋不利于防潮，而木结构的房屋可以有效防潮，使村民们免受关节炎等病症之苦。上寨目前仅有一栋钢筋混凝土建造的房屋。建房的木材，除使用自己家分到的林地以外，有极少部分会去村外购买。

卡寨的木构民居都为不施天花的穿斗式，通过檩条，由瓜柱将屋顶重量传到柱上，“穿”主要是为了联系纵深方向，每品屋架之间再由枋联系。

由于卡寨村上、下寨村民的经济状况存在一定的差距，其房屋的材料类型与结构特点也有所不同。上寨于1953年曾发生大火，核心居住区域有70多户民居被烧毁，近几年又施以危房改造建设，因此上寨民居以20世纪90年代的建筑占绝大多数。上寨建筑的主体部分一般都为穿斗结构，几乎全部使用本地杉木建成。屋顶仅有杉木皮和灰瓦两类，数量大致各占一半。房屋外墙多用杉木板。烟囱等特殊构件开始选用红砖、混凝土等现代材料。近年新建的下寨房屋则在首层的砌筑中较为普遍地使用红砖、混凝土、水泥、钢筋、瓷砖等现代材料，其结构方式也产生了相应的变化。此外，下寨、郝望极少保留着以杉树皮覆盖屋顶的做法（图六—3），屋盖以灰瓦顶为主，也出现了一些红色波形瓦顶。房屋的围护结构以杉树板为主。

近年来，朗洞一带经济条件较好的村寨都流行用砖代替木料来砌筑支撑建筑悬挑于山坡之上的高柱，但由于砖柱并未施加钢筋，又加之高柱长细比（即柱高与截面之比）较大，这种颇具新意的做法其实有不小的安全隐患，在地震或洪水等外力冲击下极易倾塌。同时，出现了一种针对旧有小型木构房屋的改造做法。这种改造是砌筑一个以砖柱或钢混柱为承重体系的新首层，再用千斤顶将原有木屋整体推放在新首层上方，即通过建筑层数增大建筑面积。据下

图六—3　杉树皮屋顶

寨村民银水华介绍，他希望利用这种技术改造旧宅，将新首层开办为店面。需要指出的是，如前所述，下寨出现的这种以砖柱为首层承重结构的做法，从材料结构的特性来看是相当不安全的。村委会新房就存在上述问题。这个新房东面主体悬空，仅通过高约四五米的砖柱将屋重传达到山体。日后，应当对砖柱采取一定的加固措施（图六—4）。由于村民认为盖砖房是富足的象征，故而砖房近年来受到极大的青睐，但实际是一种不理性的改造方式。

图六—4　村委会侧立面

2. 设计

当地盖房子没有设计图，一般只需要请两个主要的师傅，他们各自负责自己的工作，互不影响。一个师傅负责起架子，即立柱和架梁，他会与主人沟通安排房屋的布局、朝向等；一个师傅负责搭木板，即内部结构和装修。卡寨有十多个起架子的师傅，搭木板的较多。村内盖房的木匠师傅都是男性，通常向父辈学习建房技术，技术可传外（图六—5）。

修建新宅的规模首先取决于户主占有多少土地，进一步户主还将参考数字吉凶决定房屋

图六—5　木匠

面阔、进深的具体尺寸。结合以上两方面数据，由木匠确定房屋的面阔数、进深数（即空数，当地称“间”为“空”）、屋架结构和大致预算（每空的造价在170到200元不等，依据层高不同而定）。接着，将按照家庭需求设计房间布局，并参考一些房屋禁忌进行调整，如在家宅之内，门不可对开，若“门相对”，则“兄弟不和睦”。

在房屋细部尺寸的设计中，除考虑人体尺度需求外，考虑更多的是这些尺寸所代表的吉凶利害。如今，木工使用的测算工具是带鲁班尺的钢卷尺，其原因一是可以按鲁班尺所示吉凶利弊确定间架、门窗等高宽，另一方面便于木工用“尺”与砖瓦匠所用的“米”换算对接。这种小钢尺的尺面上由上至下共分四行，第一、四行为数字，度量单位分别为尺和厘米，第二、三行为文字，分别反映对象高度、宽度尺寸所对应的吉凶事项。据木工师傅回忆，房屋设计中极为重视尺寸数据所代表的吉凶预兆是在近十余年来逐渐兴起的，半个世纪前并不像现在这样讲究。

3. 兴修过程

建房的季节一般选择在秋冬，主要是因为春夏有雷、多雨，当地认为有雷不吉利，多雨又影响工程进度。新房既有在旧房址上修建的，也有在别地买地基修建的。建房大致分以下几个步骤：

（1）平整土地

当地民居除个别砖和水泥结构以外，基本为平地起建的木结构建筑。只需平整土地即可。平整土地时亲戚朋友会来帮忙，需耗时一个月左右。

（2）伐木

选一个黄道吉日上山伐木，一般会在立秋以后。伐木没有专门的伐木工人，大家互相帮助。有条件的砍自家林子里的树，把砍下的木头先放在山上晒两三个月，再请亲戚朋友帮忙抬回来，在家里加工成木板，再晾干后才能使用。也可直接购买木板，不同质地的木料价格不同，较好的杉木要三四百元一平方丈。

（3）立柱

选吉日立柱，一般在秋收以后，立柱一般需要一天，有专门的师傅和亲戚朋友帮忙。在立柱当天和之后的两天会办酒席，邀请亲戚朋友，同一个太公（曾祖父）之后的亲戚都会来，一家来一个，由于客人很多，一般会办四五十桌酒席。客人会给主人送礼，一般送礼金、米、酒等。

立柱从早上七点左右开始，立柱以前会先敬先师。先杀鸡，然后在离房子一两丈远的地方摆放敬先师的物品，包括一盆糯米饭、刀头（一块猪肉）、一个猪头、刚杀的鸡、一碗插香米、50—100元钱（以前用银元），这些东西上会盖一把油纸（布）伞。一应物品都准备好后再烧香、点烛、烧纸钱、点油灯。点油灯一般是用菜油，用纱或灯草做成灯芯；蜡烛要点一天，一直到立柱完成才可熄灭。

敬师傅完成后开始立柱，来的亲戚朋友会帮忙。每立好一排柱子，会放三盘大鞭炮、一盘小炮。到了吃饭时间便先吃饭，饭后继续立。柱子立好后一般会在柱子上贴各种祝福的对联。

（4）上梁

屋子正中架的梁是有讲究的，必须是由两个未结婚的年轻小伙子，一个主人一个客人，在立柱架梁当天早上去山上砍梁，去之前主人会做饭给他们吃，并给他们一人一个红包，一般是10—20元。去砍梁前必须要洗手洗脸洗脚，以示恭敬。砍梁必须砍有较多分枝的树的其中一个分枝，象征人发家发财。砍下做梁的树的树皮要拿到河滩上用水冲走，象征主人家像河水一样越发越远，福如东海寿比南山。

柱子立好后，梁也架好了，会再放鞭炮，客人会去抢糯米饭吃，抢的人越多越好，人们认为这种糯米饭可以使人老了以后更加硬朗、腰板挺直，称为“鲁班饭”。抢完糯米饭后，主人会在新房里洒糖、粑粑、零钱（一般会洒100多元的零钱）给客人抢。

立柱架梁完成后，负责立柱的师傅走之前，主人会让他把敬师傅的鸡和猪头带回去继续敬师傅。敬完师傅后会和徒弟们一起吃。

（5）包梁

包梁要选上梁当天吉时，用红布包一些东西包在屋子正中的梁上，意在辟邪、祈福。一般包的东西有银子、一本黄历、两枝新毛笔、两块墨锭、四个铜钱、两株稻禾。包东西的红布必须是三尺三，是辟邪的；银子象征着广招财；黄历最好是新的，旧的亦可，黄历和毛笔、墨锭象征着新房紫微高照、子孙读书有好的前程；铜钱象征桐油，是驱鬼辟邪的，若没有铜钱用硬币也可；两株稻禾是以前收割时留下来的，上面必须还有稻穗。

包梁完成后，会趁当天是黄道吉日让两个拉梁的小伙子爬上去在包的梁上面盖上一块杉树皮，以后什么时候想盖瓦都行，不用另行选日子。至此建房的前半部分结束。

（6）盖瓦、入住

盖瓦也是亲戚朋友帮忙盖。若资金充足，一般1—3个月可盖好一座房子；也有盖1—2年的，这种情况主要是由于资金不足，内部装修慢造成的。家境较好的人家，木屋建好后为了防水、防蛀一般会刷桐油。房子建成后，很少再请客。而房子建好后，主人正式搬入前，必须要选择吉日。

修建新房至少要花五万元左右，如龙见超支书家修建新房共花费了五万元，由于买地基花了一万元，二楼并未完全建好。

4. 构件俗称

除柱、檩等外，当地木匠对村内传统房屋的构件有着一套约定俗成的称谓，列举如下：

大柱：一般指支撑脊檩的落地柱，柱径一般在160毫米上下（普通落地柱的直径一般在140

毫米上下）。

瓜柱、瓜：所有不落地的短柱都称瓜柱或瓜。

过杆枋：平行于面阔方向的通长穿枋。

排顺枋：平行于进深方向的通长穿枋。

出水枋：承托檐檩的穿枋，一般出水枋上就铺设天花、地板。

抬梁出水枋：当屋内天花和地板铺设在并不承托檐檩的穿枋，而是在这一穿枋上方增设一根承托檐檩的穿枋时，称为抬梁出水做法，这一出水枋被具体称为抬梁出水枋。这种做法需要增加柱高，提高造价，但能使相同宽度的屋面更好地保护木构。

大三穿：横向连接三根落地柱的穿枋。

小三穿：横向连接三根柱（无论落地与否）的穿枋。

楼枕：架在排顺枋之上，平行于面阔方向，承托屋内地面或天花板的木枋，断面一般为圆或椭圆形。

站板：组合为房屋外墙的竖直木板，厚度一般在20毫米左右。

5. 更新与维护

当地居民将自然万物当作神灵一般敬畏，包括加工为建筑材料的树木、山石、泥土等等，因而，这里的人们对建筑材料使用有度，十分节约，进而形成了一套十分生态的建筑更新与维护模式，并沿用至今。分别介绍如下：

图六—6 编码拆迁

（1）新村建设与旧房搬迁

1983年，原卡寨村生产二队从下寨搬出迁到赧望现址，搬迁时将他们的住宅、粮仓也一同搬来，因而在现在的赧望村内，最老房屋的修建时间要早于整个村庄的建置时间。搬迁房屋由户主请木匠完成，木匠按不同构件编号并标记在构件上，拆解后按编号在新址重组。一般来说，拆解重构一栋普通民居需要两个人合力一月方可完成。在卡寨村的上半溪、上寨、下寨以及侗寨，都能看到经过编号的木构，可见这一做法是这一带非常常见的居住习俗（图六—6）。

（2）新房建设与旧材使用

虽然卡寨附近山林中树木茂盛，尤其是可用作建筑材料的杉树较多，但在修建新房时，村民会充分利用老宅的木料、石材等。如赧望村一栋原有两家居住、面阔七间的民居，后因两家人分别修建新宅，各自截取尽端两间，以取得建材建新房，现老宅仅剩三间，从檩、枋断面仍可见截取的痕迹。

（3）旧房维护

传统的房屋主体维护方法一般是在木构架表面涂刷桐油。近年新建的房屋多数改为涂刷无色透明的清漆。相较而言，用杉树皮搭建的屋顶是主要进行维护更新的建筑部件。暗黑色的杉树皮不仅取材方便，造价低廉，而且有很好的热工性能，尤其在酷暑之中仍能保持屋内的凉爽，是当地房屋屋盖的传统材料之一。但是杉树皮的排水、耐久性不好，容易积水，生长青苔，进一步将糟朽脱落，大致每隔一到两年要进行一次整体更换，这个工作一般由户主自行完成。因而，我们在村内不时能看到一些成堆晾晒的杉树皮，它们正是村民囤积预留的房顶材料。

以上，无论是将旧宅搬迁至新址时的整体拆解重构习俗，或是在新宅修建时从旧宅上截取旧材的做法，还是通过定期更换杉木皮屋顶来进行旧房维护等建构细节，无不体现出当地十分生态环保的材料观，即十分珍惜并充分利用旧有建筑材料，不盲目砍伐树木、攫取新材料的优良建筑习惯。这一习惯既能起到保护村寨周边自然资源的作用，又将对村寨外部的视觉景观效果有所裨益。

（五）房屋装修

受经济能力的限制，卡寨村房屋的装饰装修大多非常简单，一般直接在原木表面涂刷桐油或清漆，并不雕刻典型的符号纹样。细部装饰主要出现在悬垂柱的柱头、窗花、栏板等少数几个位置，纹饰图案一般采用简洁的几何纹样，如垂瓜柱柱头多雕刻菱形纹、三角纹，与妇女绣制的方形文有几分相似。龙正学于20世纪50年代修建的家庭住宅，其每一户的门枋上有两个门簪，这也是不多见的屋内门扇上的门簪做法。

（六）粮仓形态和特点

粮仓是存放谷物粮食的仓储类建筑。黔东南一带的苗侗村寨习惯将粮仓从住房中独立出来，另择基址单独修建，以防住房发生火灾累及粮食。一般来说，每户都应有一栋粮仓。但随着生业方式的改变，一些家庭不再需要粮仓，这些粮仓或拆或卖，现在已不是每家都拥有粮仓。

卡寨村的粮仓数量众多，上寨现存共计75座，粮仓沿等高线整齐地成排修筑在山坡上，构成了公路沿途一道别致的风景（图六—7）。多为四柱七檩穿斗结构，其平面多为进深、面阔各一间的正方形，少数为进深一间、面阔两间的长方形。大多数粮仓是单栋建筑，少数有四连栋或二连栋。卡寨村的粮仓多为单层，底部一般在山面正中增设柱子，若有需要，可在接近柱底

50厘米处搭底板，亦可作为一间粮仓。单层建筑内部一般没有分隔，可容纳三千至四千斤粮食（图六—8、9）。

粮仓的构架形式主要有两种，一种是穿斗式（图六—10、11），第二种立面为横板以支撑屋顶（图六—12、13）。屋顶形制一般都为悬山顶，屋面挂瓦或是铺杉木皮，具体形式似与年代无关，仅根据各家条件而定；若是杉木皮顶，还需从檩上绕藤条或铁丝，将檩条与压杉木皮的横木绑扎起来。粮仓通常自二层楼板外挑约一米宽的挑台，作为进入粮仓的过道。屋顶出际约和挑台宽度一致，可保护挑台不受雨淋。粮仓门的朝向一般有两种：一是临路开门，便于

图六—7 粮仓群

图六—8 两联仓

图六—9　四联仓

图六—10　粮仓类型一

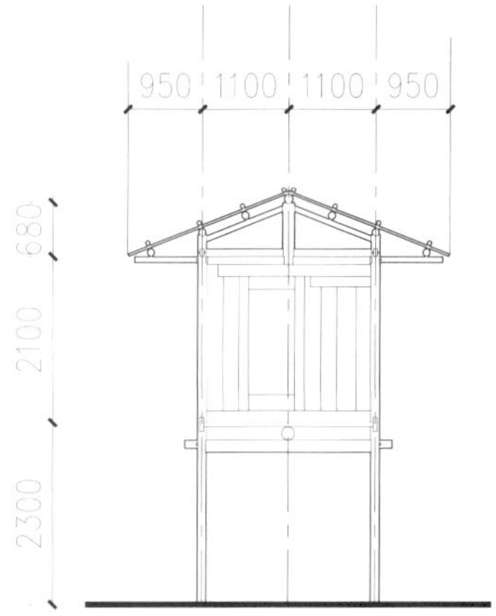

图六—11　粮仓类型一测绘图

图六—12　粮仓类型二

进入粮仓；二是开在背向坡体靠前的位置，这样需要从独木梯上至挑台，再进入粮仓，虽有不便，但有利于安全（图六—14）。

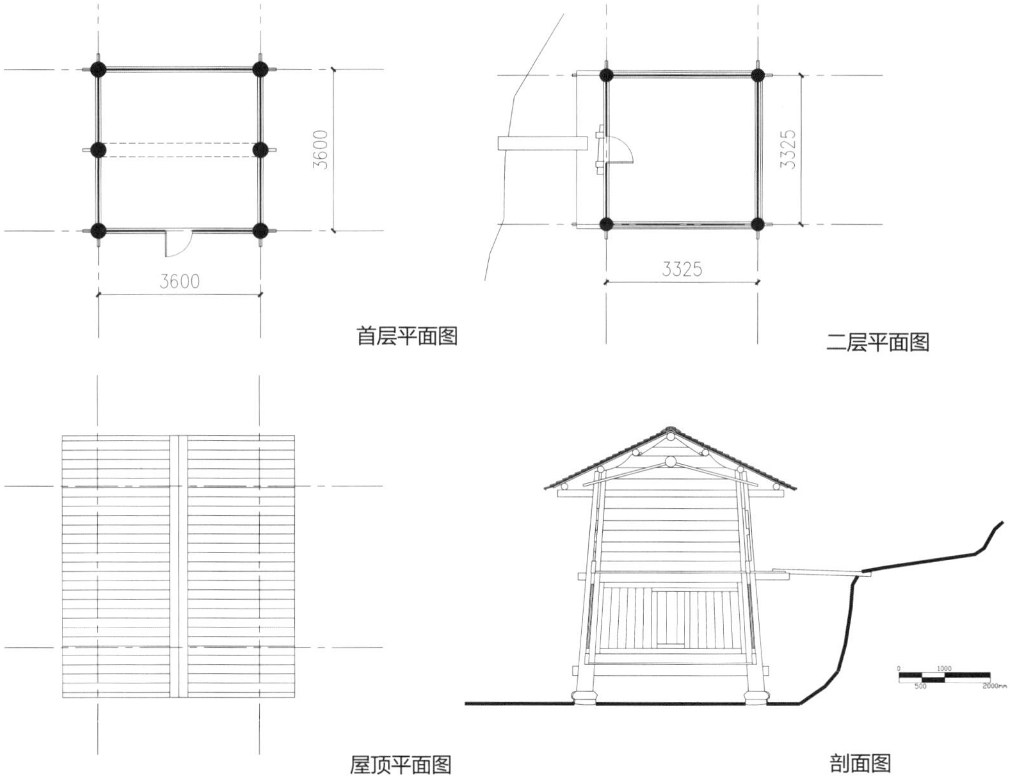

图六—13　粮仓类型二测绘图

图六—14　粮仓山面加固做法

根据规模大小，卡寨村的粮仓可分为大、小两种，较古老、破旧的粮仓单层面积在6—7平方米，新建粮仓单层面积在9—10平方米。

此外，据当地文物干部回忆，为了建消防通道，2009年，上寨拆除、移动了大批粮仓，村寨的美丽景致因为这个变动减弱不少。

（七）典型人家

均衡考虑民居主人的族属、修筑年代、基址环境，本次重点测绘了六栋房屋的平面和剖面，粗测并绘制了三处房屋的平面示意图。以下将选取不同时间段的房子作比较，以探讨家庭布局与时代变迁的关系（重点建筑的坐落位置详见图五—1、2）。

序号	年代	地点	户主	户主族属	备注
A	不详	上寨	龙见超（旧宅）	苗	年代不详，已住5代人，为下寨最老的房屋；仅测平面
B	20世纪50年代	下寨	龙正学等	苗	
C	1985年	下寨	王庆华（正屋）	汉	
D	20世纪90年代	上寨	龙胜伟	苗	仅测平面
E	2007年	下寨	龙见超（新宅）	苗	仅测平面
F	2010年	下寨	王庆华（新屋）	汉	

以上调查的六栋建筑单体的主体都为穿斗结构木建筑，下面依据年代顺序介绍各单体的基本情况。

1. 龙见超旧宅

该栋建筑约有一百多年的历史，目前已无人居住；单体建筑为四开三间，共有两层，屋顶为悬山式样，三户合居宅，靠东侧增建一小屋，楼梯建在北侧。住户为龙见超、龙见超的大伯及龙见超的堂公，居住形式以一间上下两层为一户。龙见超居住的部分，一层分为两隔间，前间是太公居住的卧室，后间主要是火布台及用餐的地点，火布台旁可供休憩；二层分为三间，第一间是放置杂物的空间，第二间是龙见超小时候居住的房间，第三间为客房（图六—15）。

2. 龙正学等多户合居宅

1953年上寨因为一家人用火不当而发生火灾，出事房屋周围的七十多户人家化为灰烬。龙正学家的房子和上寨很多其他房屋都是在这场大火之后建的。房屋两边是对称的3户人家，中间是作为公共空间的宽大走廊。在发生这场大火之前，两边的住户并没有像现在这样连接起来，是各自独立的（图六—16、17、18、19）。

以前村民比较穷，又没有实行计划生育，多个兄弟（包括堂兄弟、表兄弟）都住在一个屋檐下，往往一个屋子里住有多户。

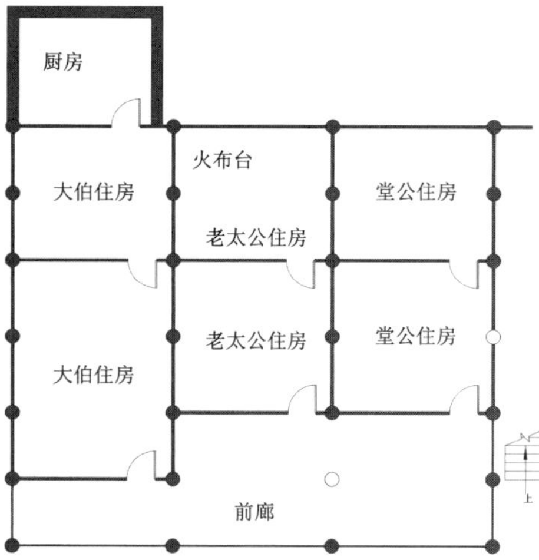

首层平面图

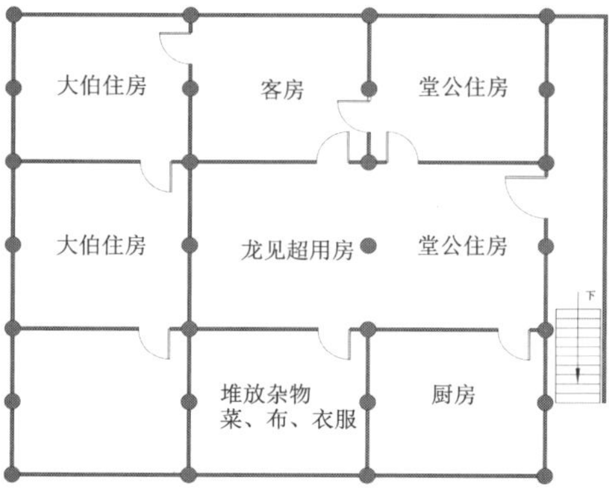

二层平面图

图六—15 龙见超旧宅房屋布局示意图

图六—16 龙正学等集体住宅西立面

图六—17 龙正学等集体住宅北立面

图六—18 龙正学等集体住宅顶视

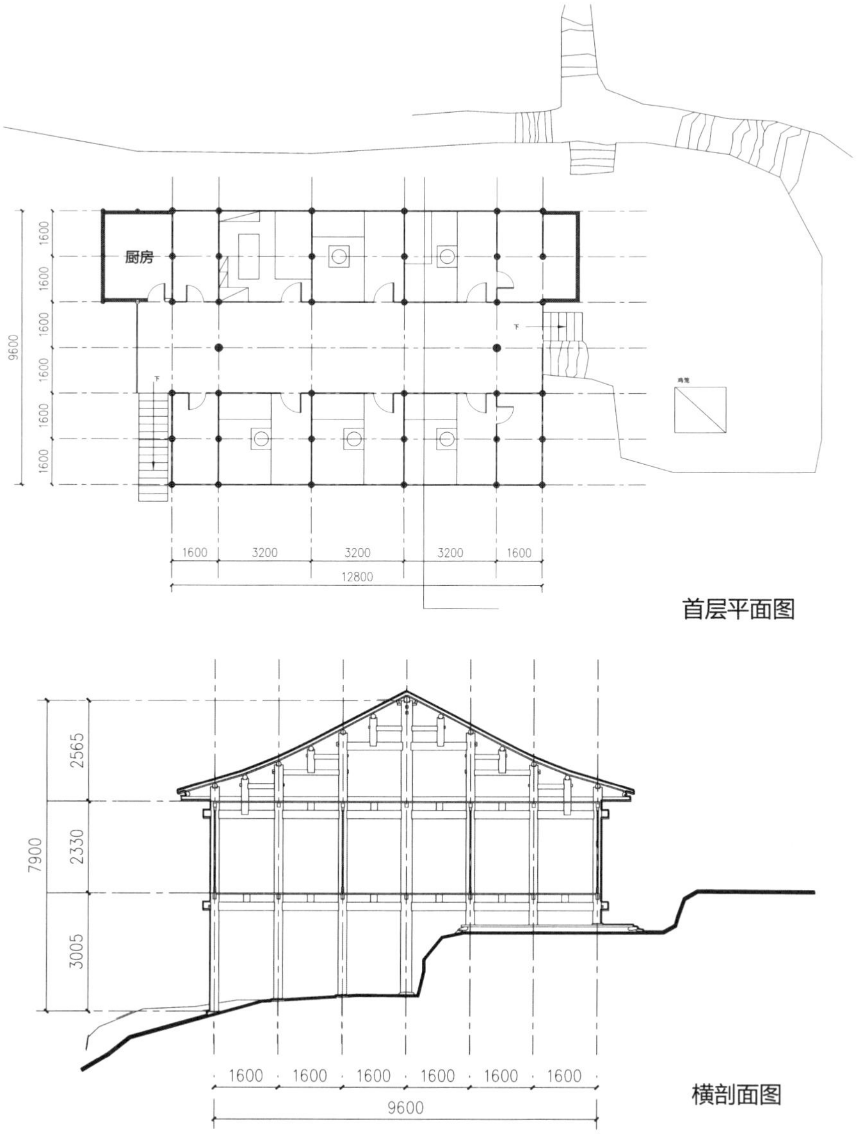

图六—19 龙正学等集体住宅测绘图

3. 王庆华宅正屋（三槐堂）

王庆华是卡寨村的村长，其家现已有三栋房屋，其中两栋已投入使用，一栋正在修建。正屋坐西朝东，下临良田、溪流，远眺可及公路与路畔侗寨。房屋修建于1994年。主体部分高两层，面阔三间，进深四间十一檩，门厅处内凹约90厘米作为前廊。主体部分的南边靠东一侧设连接一、二层的室外楼梯，靠西侧增建单层小屋作为厨房。主体房屋一层共五间，当心间为堂屋，里墙悬挂天地君亲师龛，靠墙摆放案桌等。两侧共四间房，靠大门一侧两间为主人卧室，靠里一侧分别为存储间和餐厅。二层有两间卧室和一间储存间（图六—20、21、22、23）。

图六—20　王庆华正屋南立面

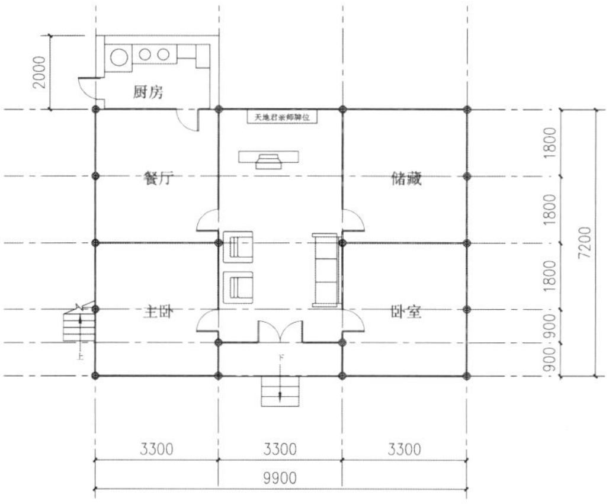

首层平面图

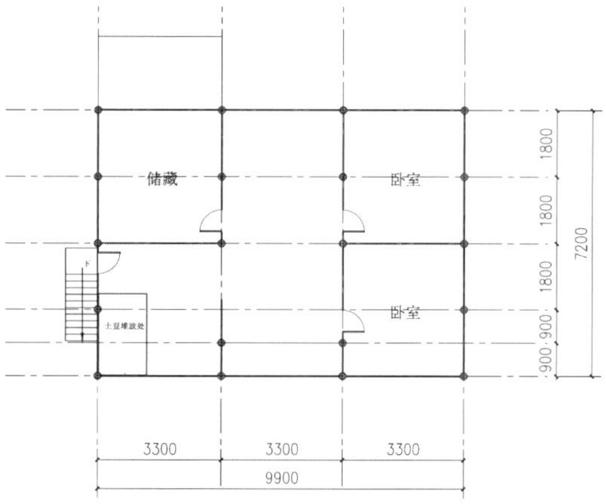

二层平面图

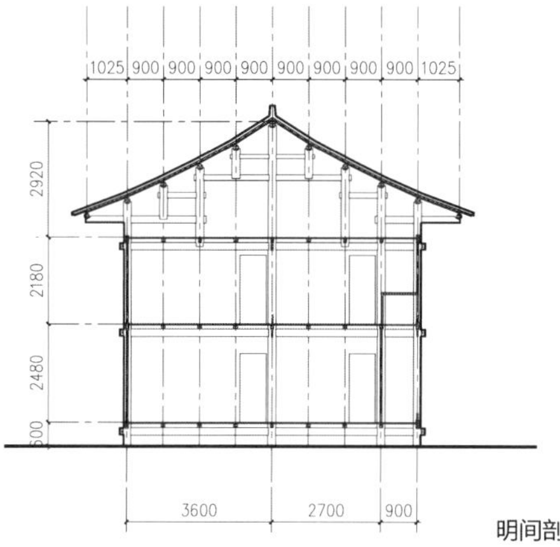

明间剖面图

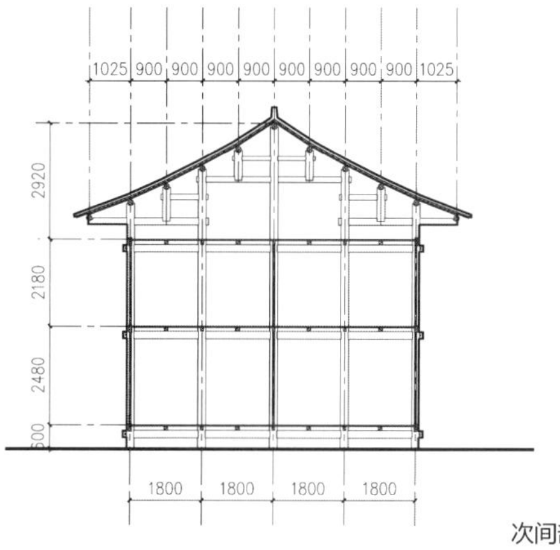

次间剖面图

图六—21　王庆华正屋测绘图

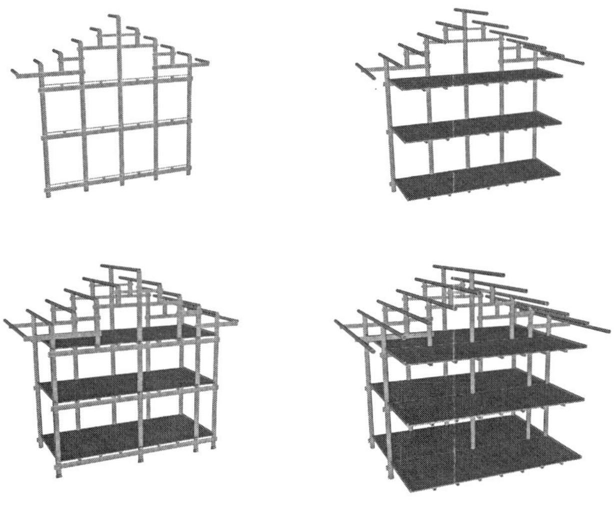

图六—22　王庆华正屋构架分解图

图六—23　王庆华正屋构架图

4. 龙胜伟宅

位于上寨的龙胜伟宅选址在山坡之上，为两户合居宅。主体部分面阔三间，进深四间十五檩，在主体以北增设一间作为走廊及连接道路与屋内的楼梯。竖向共三层，底层为厨房、储藏室，两户各自开火；首层中部为堂屋，两户人共同使用，由于住户是苗民，屋内并无天地君亲师牌位，房中的大电视是家庭活动的中心；堂屋两侧有五间卧室。三层中部也为厅堂，摆放绣花机，两侧有六间卧室（图六—24）。

值得注意的是这栋建筑的屋顶形式及其与平面的关系。建筑主体为悬山顶，在北部设楼梯的一间两头间距较小，恰可以歇山顶覆盖，因而这栋建筑从北侧看是歇山顶，从南侧看则是悬山顶，从正立面看才可知其实是一面歇山、一面悬山。在此，房屋的屋盖形式直接取决于房屋的平面形态，反映了木构建筑的灵活性。而这种北侧设楼梯的平面形态又是由于考虑到将使用者停留较少的交通空间排列在房屋北侧以阻挡寒风。这种极富智慧的建筑设计，从使用者的舒适性出发，通过平面和屋盖的灵活组合，产生出极富趣味的屋盖形式，将使用者、平面、立面设计结合在一起。在上寨，20世纪90年代修建的许多山地民居都有相同或相近的平面格局，并采用了歇山与悬山顶的组合屋盖，整体景观上，既有单体屋顶变化的趣味，又通过相似的屋盖

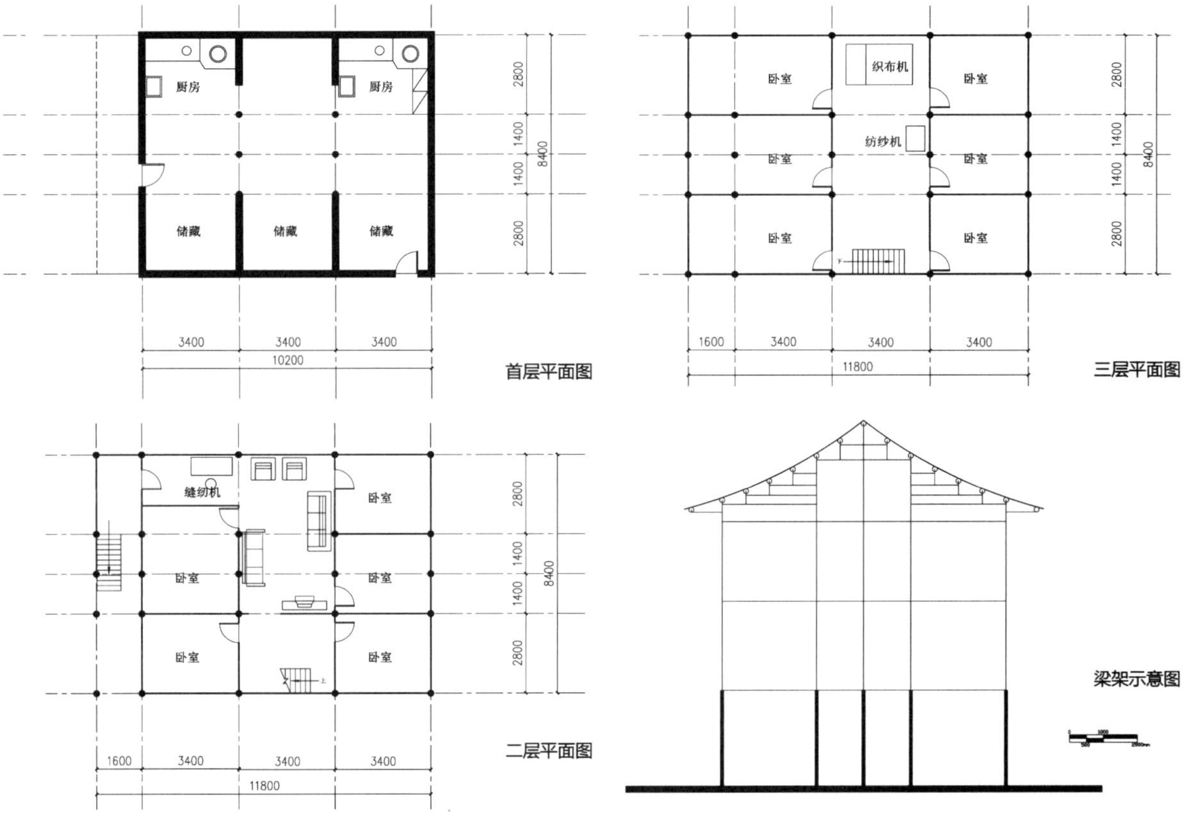

图六—24 龙胜伟宅测绘图

变化取得了极大的协调。

5. 龙见超新宅

龙见超支书家新房建于2007年，面向下寨主要街道，坐东朝西。建筑形制为吊脚楼，建筑材料主要是杉木，另有砖制的厕所、灶台和烟囱。房子共三层，一层为圈栏、灶台、储物、厕所所在，除附属修建了一个厕所外，并未分出房间。人主要居住在二、三层，一层有一间堂屋、两间卧室、一间平时储物冬天用作灶房的屋子，卧室一间是支书儿子和媳妇的，一间是冬天支书和妻子居住的，吃饭在堂屋，平时储物用的屋子里有火炉和烟囱，冬天在里面做饭。

三层尚未完全修好，主要是房屋的隔间与内部装修尚未完成，基本用做储物的场所，放置有各种生产工具和生活用具，有一间是夏天支书和妻子居住的卧室，一间用于放置织布机，平时也可用作吃饭的地点（图六—25）。

6. 王庆华新宅

王庆华家的新宅位于正屋北侧，朝向与正屋大致相同，主体为两层，北侧增建砖砌单层厨房。主体建筑首层面阔两开间，进深四开间，有餐厅、卧室各一间；二层在北、东、南三面设外挑悬廊，设三间卧室。建筑屋顶为歇山式样。这栋新屋主要为王家晚辈用餐、休息及外来客人休息之处（图六—26、27）。

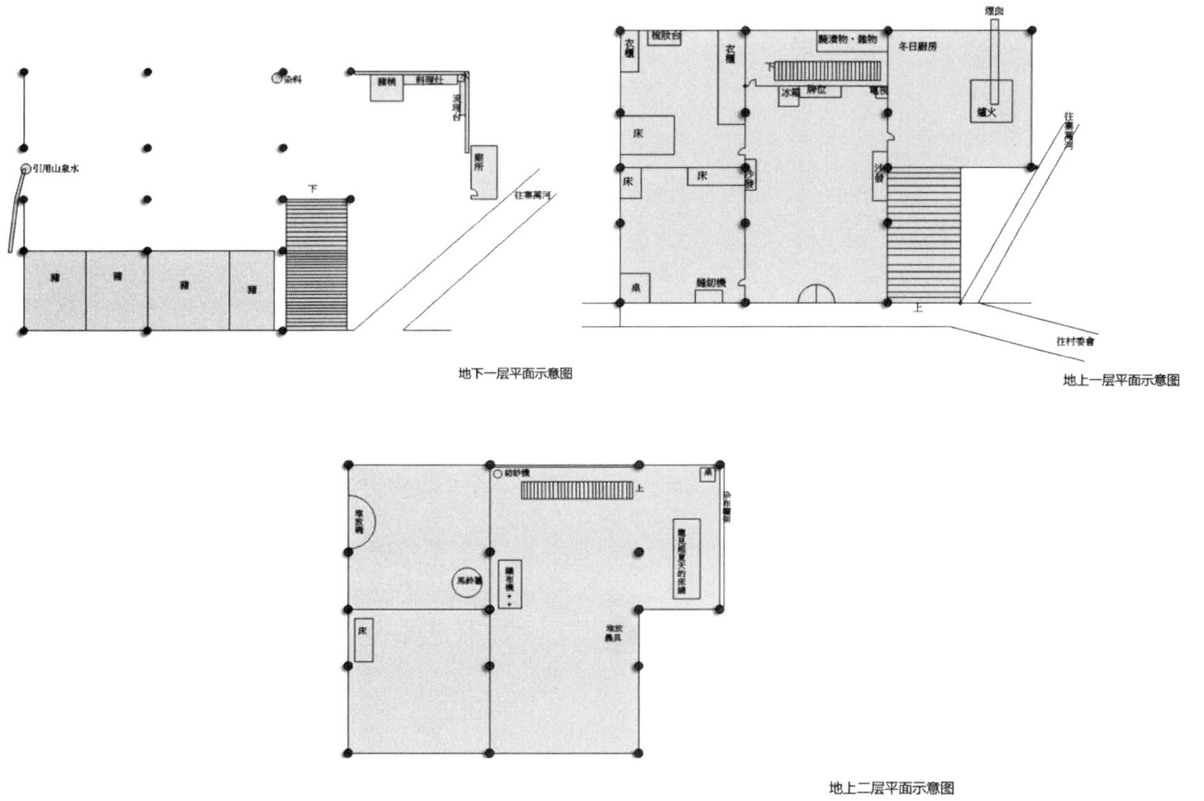

图六—25　龙见超新宅测绘图

图六—26　王庆华新屋东立面

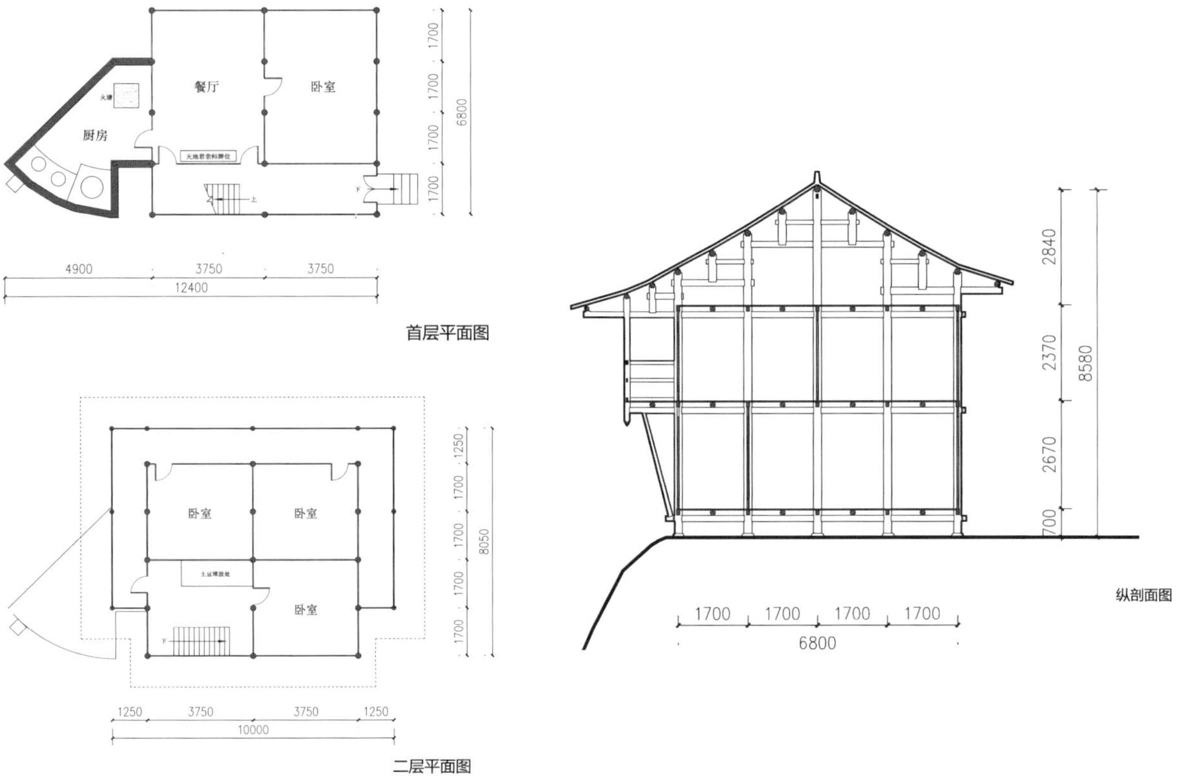

图六—27　王庆华新屋测绘图

七、人群与社会结构

（一）家族姓氏

1. 姓氏

卡寨五个自然村中，上寨的居民多是苗族，以龙姓为主。下寨汉苗杂居，汉族多于苗族，汉族大姓有杨、李、王，最早迁徙过来定居的是杨姓家族，其余还有一些外来的姓如江、黄、吴、段，现已传至第三或第四代，苗族也以龙姓为主。新寨现在主要也是汉族，最初有银、姚、李、王四个家族，后又搬来龙、段、杨等姓，一姓只有一两户，其中银姓家族较大。下半溪汉族最多，汉族大姓有姚姓和王姓，其次是李、彭、杨姓。

改革开放以前，当地大姓与外来族群之间的差异较大，且特别强调血缘亲属关系，因此很多外来的人口为了不受当地大族的排斥而改姓当地大姓，这也是当地有很多同姓的村民，却是不同时间从不同地方迁来的原因。

当地苗族男性的名字多为“包”、“乜”、“尖”、“丢”；女性名字多为“昂”、“办”、“珍”、“甫”（苗语音译）。

2. 家族关系

统一的大姓在某一地区称族，其下的分支称房，一房一般是指同一个太公（曾祖父）下的家族。在卡寨，苗族以前一房（20到60户左右）喂一头水牛用于斗牛，每家轮流喂养，大集体以后就不喂了，改革开放初期又喂了几年，现在年轻人多外出务工，基本不喂水牛。

以前同一房的人多居住在同一栋大房子里，当这一房发展得太快、人数太多时会分家，分出的分支称小房，再继续发展。

苗、汉两族的家族关系是有区别的：汉族有字辈，会立谱将字辈固定下来；苗族无字辈，无家谱，且苗族儿子会取和祖父、大伯一样的名字来纪念他们，现在有些苗族也会有字辈，但不系统也不会立谱。此外，苗族的家族观念比以前开放一些，但不如汉族开放。苗族的大族会排挤外人，怕别人侵犯他们。他们没有真正的族长，一般自然选择较聪明且有威望的人担任，有无形的、大家共同遵守的族规，但没有文字形式的书面族规，有大事时互相商量。

（二）家庭单位

卡寨村民是一夫一妻制的父系家庭，通常父亲是一家之长。卡寨村民仍有一定的重男轻女观念。妇女除了从事洗衣服、做饭、饲养家畜等家庭事务外，还要下农田干体力活。很多男性基本不下厨房。

居住模式通常是三代甚至四代同堂，有些家庭弟兄也居住在一起。家中若只有一个孩子，一般不会分家。若分家，老人通常倾向于和最小的儿子住在一起。比如卡寨的王庆华村长家，他家共四兄弟，村长排行老二，老大与老三的家距王村长家不远，老三目前在福建厦门务工，老四在浙江务工。村长的母亲和老三一起居住。村长与老四家均生有一男二女，因老四在外务工，妻儿都与村长家居住在一块。

（三）婚姻生育

卡寨的汉族基本遵守国家婚姻法。但苗族现在还有女孩子十七八岁结婚，仍存在早婚早育现象。在村内还能看到张贴的2011年榕江县人民政府关于进一步加强婚姻管理制止早婚早育的通告。一般家庭通常育有两个孩子，但是超生现象并不少见，常常是生育三个。最近两年情况稍有好转。总体而言，卡寨村的计划生育工作取得了较好的成果。

据卡寨村工作情况总结显示，卡寨村2008年婚姻生育方面的基本情况为：出生率控制在1.4%以内；人口自然出生率控制在4%左右；“三术”任务完成率达100%，杜绝了一切早婚早育现象的发生，做到发现一例早婚就及时做好动员宣传工作，采取避孕措施；做好流动人口的跟踪信息管理。

在卡寨，苗族的通婚圈相对较小，主要是在村寨内部及村寨与附近村寨之间，各民族互相通婚，并没有禁忌。汉族的通婚圈相对较大，有一些媳妇是从外县甚至外省过来的。

（四）教育卫生

1. 文化教育

卡寨有一所小学，位于下寨，现叫“宰牙完小”。宰牙小学始建于1934年，当时属短期小学、公学性质，创办人王维文，初有学生二十来人。1946年，学校改名为宰牙中心国民学校和忠信乡第二中心国民学校。现校址由原下寨山坡上的土司观附近下迁，于1994年至1996年间建校。学校招收包括学前班到六年级的学生，目前学生有300多人，教师16人。学生来自卡寨及附近的村寨如岑最、定向、岑向等，教师队伍中有近一半来自镇上。

与宰牙小学毗邻的原有宰牙中学，属私立性质，原有2个班级、64名学生。2009年迁往朗洞镇，主要原因是附近村寨的生源较少。

20世纪70年代，包括汉族在内的卡寨村民家庭中，女孩子很少上学。苗族的孩子到了20世纪八九十年代才开始上学，现在苗族家庭中仍有百分之十几的孩子不上学，他们一般是在家务农或外出务工。汉族家庭基本都会送自己的孩子上学。

由于苗族无书面语言，苗族后代主要是在生长的家庭环境中潜移默化地习得苗语。学校教普通话。

迄今为止，卡寨五个自然寨先后有12位本科生。

在义务教育之外，近两年来，榕江职业中学每年都会组织科技人员到卡寨村及其附近村寨，在宰牙小学或村委会举办培育班，为当地村民普及修理、养殖、种植等技术。

2. 医疗卫生

目前卡寨有一个卫生室，原位于新寨山脚下，现搬到下寨村委会附近，2008年完成修建并投入使用。卫生室有专职医生三人，其中一位苗医，一位西医，还有一位助手。医疗卫生人员均为男性。医生在医治病人时，通常是中西药结合，所谓“西药镇痛，苗药除根”。

20世纪80年代以来，村里的医疗卫生条件与村民的健康观念都发生了很大变化。以前人们有些迷信，不愿意去看医生，比如产妇发炎、发烧会去找鬼师。后来通过动员、示范作用以及药效证明等方式逐渐让村民“信任医生、有病就医”。从1993年开始，卡寨村民打疫苗较为普遍。1996年之后，来卫生室看病的村民人数逐渐增多。20世纪90年代之后，随着各种疾病疫苗的普及，流行病很少发生。比如小儿麻痹症，在20世纪80年代末、90年代初已经很少见。卡寨通公路之后，交通方便，能够及时买到药品，而且送货上门。随着通讯技术的发展，甚至可以用电话诊断。

卡寨村于2009年实施了一部分医保，2010年全村普及，已取得较好的效果。

目前村里的卫生状况普遍较好，主要是由于村委会有意识地加强了对村民房前屋后的清理打扫工作，对村民自家房前屋后的卫生实行责任制。

3. 苗医与苗药

卡寨只有一位苗医，名叫龙绍海，据他所说他们家的医术已经传至第六代了。他是土生土长的卡寨人，13岁开始学医，自己的病能自己医治。据当地人介绍，黎平、榕江、剑河三县之中只有他一位医术高超的苗医。一位医术高超的苗医，不仅他本人需要有高超的诊断技术，用药也颇有讲究。这位苗医在遇到骨伤、骨折病人时只需摸伤口处的皮肉就可以断定其骨伤类型与严重程度，其诊断结果据说与医院X光照的结果一致。苗医每次问诊收取的费用由病人自己给，苗医不会开口要。

苗医不传外，而且也不传给女性。但并不是只要传授到秘诀，人人便都能有高超的医术，个人的天赋也起到重要作用。其他人即使得到苗药配方，也未必能有苗医本人所达到的境界与效果。

苗药主要用于骨痛、骨伤、骨折等。接骨时，体温会略有升高，以便于骨骼生长。苗药成分是全天然的草本植物，由苗医自己种植，或是上山采集野生草药。草药采来之后，会放在冰箱里冷冻，以保持新鲜。苗药有内服与外敷两种，其草药构成也不同。用于外敷的苗药由四种草药构成，用于内服的苗药则由一到十三种草药构成。这些祖传的苗药配方，对外人都保密。苗药的制作通常是先将新鲜采集来的草药加上家酿的白酒加微热之后捣烂，然后用纱布外敷在骨伤处外部。在服药期间，不能吃鸡肉、牛肉、鸭肉，但可以吃猪肉与鱼；也不能吃辣，但可以喝家酿的白酒。

苗医与苗药带有神秘色彩。首先，苗医只有自己受过伤被医治好之后方能医治别人，否则即使他医好病人，自己也会受伤。其次，苗医在对骨折病人进行第一次问诊时会行“问师”仪式，以呼唤或表明此次问诊、行医得到医术高超的苗医先人的帮助。仪式很简单，在一小罐米中插上香，之后便是烧香烧纸钱，并放一些钱，同时苗医口中念念有词。第三，病人医好之后还会有一个“谢师”仪式，即所谓的“断药头”，还要喝“断头药”，这种药的主要成分据说是松树根、桐油树根等。然后点香，准备鸡、猪肉，五斤酒，并将病人喝剩下的药烧掉。

（五）村寨组织与管理

卡寨的行政事务主要由包括支书、村长在内的七人党支部和村委五人（包括妇女主任）管理。五个自然村下分别设有组长，共有11组，负责各自然村的事务。各自然村组长数分别为：下寨4人，上寨5人，新寨1人，下半溪2人，赧望2人，共计14位组长。

除了村委系统之外，村寨中的寨老们对本村的乡规民约、移风易俗也起着一定的作用。寨老由村寨中有威望的老人担任。近些年来，寨老、活络头、鬼师、鼓藏头等以前治理村寨的“四老”在村中的干预能力明显下降。很多鬼师不愿意承认自己的身份或不再重操旧业，活络头、鼓藏头更是无人愿意担任。

（六）社会关系

在相对封闭的环境中，村民们的生活方式、观念与传统社会保持了很大的传承性。这主要表现在以下两个方面：

1. 性别差异

“男主外女主内”的现象很普遍，家庭妇女主要从事纺纱、刺绣以及饲养家畜等各种家务，而且也下地干农活。20世纪90年代时，女孩子很少有机会能上学，近十年来才逐渐改变这种状况。

2. 民族内的等级差异

这种差异不仅表现在苗族内部，而且汉族内部也曾存在。以前，苗族分上、中、下三等人，这种划分的基础是想象性的，也即根据家中是否有“猫鬼”来判断，但也有其物质的基础。在苗族人看来，上等人家无猫鬼，下等人家有猫鬼，且猫鬼是祖上传下来的。通常上等人家都是大户，较富裕，且在村寨中有较好的人缘。时至今日，这种等级观念仍在一些人的观念里根深蒂固，对外人讳莫如深。

在改革开放以前，当地汉族大姓与外来汉族之间也存在一定的矛盾，比较强调宗族关系。

八、生业与经济结构

（一）经济形态

总体而言，卡寨村民的经济交易圈相对封闭，基本处于自给自足的状态，通常很多家庭会养猪、牛、鸡、鸭、鱼等。近十年来，随着通往榕江县城与朗洞镇公路的开通，与外界的交流大为增加。

卡寨的生产方式与经济结构基本是以农林业相结合为主，以牲畜养殖为辅，这是多年来村民收入的主要来源。近些年来，随着村寨中青壮年外出务工的比例越来越高，村民的收入结构也逐渐发生变化，呈现出多元化的趋势，目前村民的家庭收入构成主要包括：外出务工、牲畜养殖、卖木材、卖山药、池塘养鱼等。

对很多家庭而言，前往沿海地区打工成为家庭收入的主要来源。目前卡寨有三分之一到五分之二的人口出去务工，流入地主要有浙江、福建、广东、山西、北京、湖南等地；男性主要从事体力劳动，如建筑业（粗工）的粉刷工、水泥匠等，女性主要在东部沿海省份进入服务业和制造业等行业。据估算，如果不外出务工，卡寨村一个家庭的年收入大约有一两千元，如果家里有人外出务工，家庭收入会有所增加。但是收入多少在个体及代际之间的差异较大。总体而言，外出务工不仅对卡寨村民的经济结构产生了重要影响，而且与外部世界接触与交融也随之增多。

这些年来，村民的平均收入有所提高，主要是由于近年来林地杉木的价格有所提升。

卡寨村的贫富差距较大，平均每户年收入在1500元左右。全村低保在2009年才普及，低保是以户为单位，在村里条件差的家庭可以享受。低保户的确定一般是由各个生产组召集村民开会，大家共同评选出来的，目前共有170多户低保户，每季度可享受民政部提供的基本生活费，一般每季度每人低保金在100—200元之间。

（二）农林业

卡寨的农作物主要有稻谷、油菜、土豆、玉米、红薯、黄豆等，一般是开春后种水稻，秋收后种土豆。一些家庭也会种一些果树，如梨、桃等。

林木主要是杉木与松木，近年来红豆杉数量锐减。杉树苗来自杉树结的果，先在田里或田边养成小树苗后移栽进山。杉木成年期较长，通常需要10—20年长成，是村民建房的主要用材，若有多余的则卖给榕江县的木材厂。本地的木材卖到榕江县，杉木每立方米售价约400—700元。也有外地的商人会到村里寻找适合的林地，向村民购买成木林，村民须向政府申请林地开发，最后由商人自行雇工将木材运出。

每户在山上可以分到几亩林地，当地人称为“生土”；每户有一二亩左右可以种植蔬菜的“熟土”，在山上种蔬菜的少，因为地势太陡，灌溉与采摘都不方便。

专门从事药材种植的村民很少，近年来也有人开始尝试培育茯苓菌种。此外，松树的根可种植松茯苓，这是一种中草药材。具体种植方法是：先在锯掉的松木根上播种，再在上面附上一层培植土，用薄膜盖好。这样种植一次可收两年，最好的情况下一棵松树根第一年可以收一两百斤，第二年产量少一些，一般一年的收成约有五六十斤。大的松茯苓有西瓜大小，重约三十斤，一般的重约三至五斤，每斤售价6—7元，大的松茯苓价格会高很多。当地产的很多松茯苓会运往湖南作进一步加工。

山上野生的药材越来越少，很难成为收入的主要来源。目前能采摘到的如独脚莲，每斤售价约38元；还有金钩藤等。

村民也卖兰花。兰花是村民从山上觅得，不同的兰花品种价格相差很大，这些兰花通常售往贵阳、成都等地。2007年以来，下半溪卖兰花的收入达到70万元。

2006年以前松油价格很低，每斤才5毛钱。2010年以来，松油价格提高，林地较多的村民开始上山采松油，可以卖到6元一斤，每20天左右有专人来村里收购一次。

（三）养殖业

卡寨村民家里通常会养猪、鸡、鸭、狗等牲畜，对很多村民而言，养猪、养牛成为家庭收入的主要来源。一头长大的成猪可以卖一千多元，通常是上半年养3头，卖了之后下半年再养3头，这样养猪收入可以达到七八千元，而且猪食都来自田间或山地的猪草、萝卜秧、红薯藤、土豆、米糠、玉米等，或是自家吃剩的食物残渣，成本较低。村民一般会在自己家分的山上或住宅旁搭牛圈养牛，秋收后才能放牛，一般在稻田里或田埂上。牛的价格更高，一头小牛能卖两千元左右。

此外，卡寨村民每家每户都会种植水稻，一般都在稻田里养鱼，村民称为“田鱼”，主要是自己吃。村边的小河中也有鱼，不过多是小鱼。除了稻田养鱼外，近些年来，卡寨开始有一定规模的池塘养鱼。如上寨的银水华家从2010年开始放养了三亩鱼塘，年产量一千多斤，今年投放鱼苗五千条。这些鱼主要是自己拿到镇上出售，2010年的年收入为两万左右。

卡寨还有一位兽医，在春防与秋防时为村民检疫家畜，以防各种牲畜瘟疫流行。

（四）酿酒业

卡寨村民有农历九月九酿酒的习俗。20世纪70年代以前，村民酿酒不用酒药，多是自己制作，称“曲子”，现在多购买，主要产自广西。村民自己酿造的米酒通常自己喝，也会拿到集市上出售。

（五）商业

下寨村内主干道区有三家小商品店铺，其中两家兼营肉铺，主要卖猪肉，铺主每三天宰一头猪。

卡寨对面的宰岑村每周五有集市，周六的集市在岑最，周日则在朗洞镇。每逢赶集的日子，周围村寨的人们都会前来，大约在正午前后赶集的人数达到高峰。无论是朗洞镇的集市还是宰岑的集市，附近村寨做生意的人们都会来集市上做买卖，如宰岑集市中卖衣服的商人大多来自朗洞镇。

（六）传统手工业

1. 纺织业

纺织业是传统的手工业，用于制作苗服。由于受到机械化生产的冲击，现在卡寨黑苗女性平时所穿的短裙多为去镇上购买而非自己纺织（图八—1、2）。

以前村民自己种棉花、纺棉线，现在可以直接买棉线，种棉花的家庭越来越少。所买的线需要洗了才能用。洗出来以后再织布、染布、绣花、做成衣服。目前从事纺纱的主要是中老年妇女。年轻一代嫌种植、纺纱、蜡染等过于麻烦，而且常年在外地务工，不会去学纺织、蜡染等工序。

2. 染布

卡寨黑苗服饰的染料来源是一种被村民称为“靛”的植物，是一种绿色作物，靛蓝是一种黑蓝

图八—1 纺线

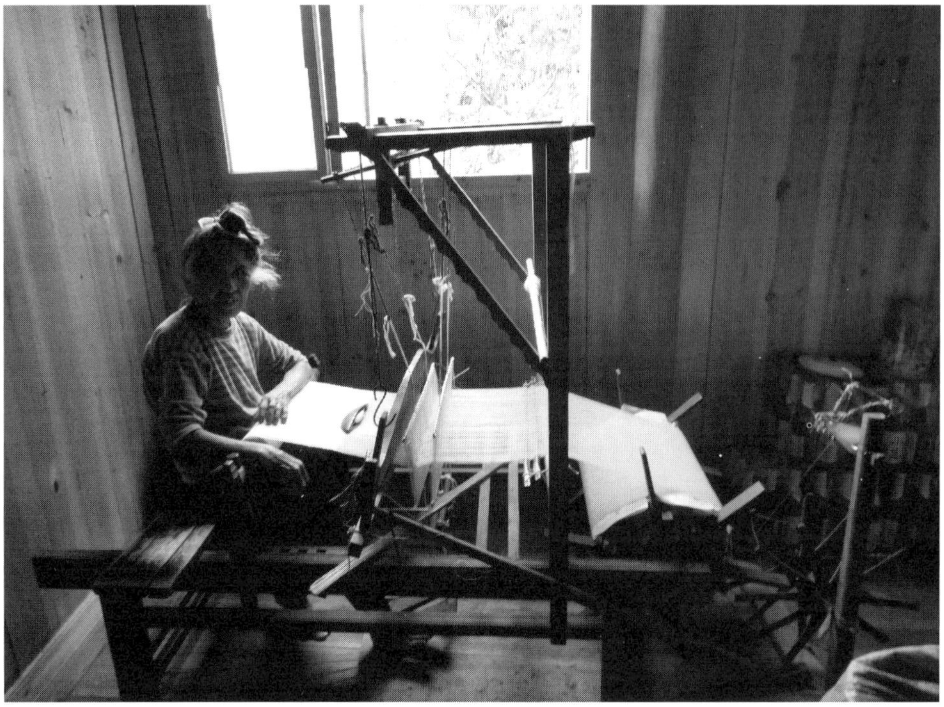

图八—2　织布

色的染料。家家户户的苗族都会自己种植“靛”，其高度一般不超过1米，一般在农历九月、十月间收割茎叶，地下留根等明年再长，通常可以收割2—3年（图八—3）。

染布工艺的制作流程大致如下：

第一步：制靛蓝。在大水缸中倒入半缸水，加入一把靛草，浸泡两天两夜。将靛草捞出后再加入石灰，石灰包入布中，通过布抖落进水缸中，一桶水放一斤左右的石灰。石灰放入之后，用盆在水缸中舀水、倒水，起到搅拌的作用，直到起的泡泡是蓝色的。这样水缸底下就形成了靛蓝沉淀。将成品倒入可以漏水的容器中保存。再不断制取靛蓝到所需的量（图八—4）。

图八—3　靛青植物

第二步：在水缸中再用第一步的方法制取一点靛蓝，留在水缸中。将石灰放入漏底的木桶中，并将烧开的水倒入石灰桶中，漏出来的液体装入一个容器中，待稍凉后倒入水缸中，放两三天，搅拌，有蓝色的大泡泡在中间，说明靛蓝“活”了。

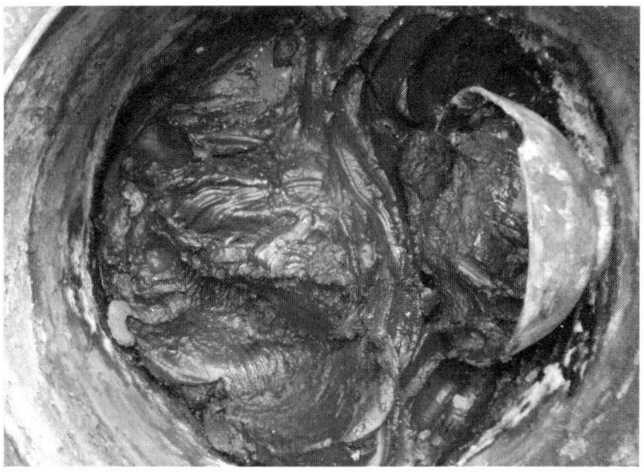
图八—4 靛蓝染料

第三步：每天早晚，在水缸中放入2—3两靛蓝，搅拌一下，中间会有水泡，再把米酒倒入水泡周边的旋涡中。

第四步：将需要染的布放入水缸中浸泡一两天，然后取出晒干，之后再浸泡一两天。重复这个步骤四五次即可。

图八—5 晒布

当地一般是冬天染布，从秋收后到二三月份，每年只做一次靛蓝。所染的布以前是用棉花自己纺线织的，现在是直接买线织布，所买的线需要洗了才能用。洗出来以后再织布、染布、绣花、做成衣服（图八—5）。

3. 苗绣

卡寨村的妇女极善苗绣。傍晚农忙完毕后，常可见妇女聚集在村寨开敞的小平地，一边闲聊一边绣花，彼此之间相互学习也互有比较竞争（图八—6）。绣品一般都以自家染制的黑色土布为底，织线多选择白、橙、红、玫红等颜色，多购自镇、县集市，纹样以三角纹、方格纹、八角纹等几何纹样为多，颜色与纹样的搭配多以绣女的个人喜好为准，较为灵活，没有定制。绣片的形状一般依据未来镶嵌在衣服上不同的位置可分为块状、条状等，大小相差亦较大（图八—7、8）。这些绣片既可作为自己及家人各种节庆中衣服上的装饰，也会作为艺术品对外销售，而且价格不菲，例如一套苗绣女装价格在5000元左右，而一套包括帽子和坎肩的苗绣男装也要卖到2000元。

图八—6 绣花妇女

图八—7　绣片之一

图八—8　绣片之二

4. 刻碑工艺

卡寨共有两家刻碑的人家，李仁材家和他舅舅家，都住在下寨。李仁材做碑传承自他的舅舅。附近的寨子如宰岑、侗寨、高滚等都没有做碑的。

刻碑用的石料是从锦屏县运过来的，并已经过粗加工，大致有基本形状。匠人负责在石头上刻字，并对碑身与碑座进行精细的加工，如刻上花纹等，有些墓碑会再在碑上加一个类似屋顶一样的遮挡，以保护碑体。做的碑主要包括墓碑、功德碑、指路碑三类，做一块墓碑一般在两百元左右，功德碑不定，主要立在桥头或土地祠旁，指路碑十几元左右。一般几天能做一块碑。

李仁材目前没有传承人，主要是因为没有人愿意跟着学，技艺的传承面临困境。

此外，卡寨村及附近的村寨都没有银匠师傅，主要是由于很多银器可以继续使用，现在新打银器比较少。但附近台江县、雷山县的银匠师傅会过来做活。通常是拿自家的白银给银匠打造，新中国成立前也用银元制作各种银饰。

（八）其他

卡寨还有自己的瓦厂、打砂场以及木材加工厂，都是卡寨本村人经营。

瓦厂是个体私营性质，现在松油价格提升，瓦厂老板去割松油，导致瓦厂产量下降。卡寨村民盖房子所用的瓦片基本上都来自该瓦厂。

打砂场属私人经营性质，2010年为修建穿寨公路而建。公路修建完后打砂场没有完全废弃，目前偶尔还会使用。

木材加工厂建于2009年，主要为村民建造房屋时进行木材加工。厂主姓李，购有两辆运输车，用来运木材（图八—9）。

卡寨的五个自然村中共有五人从事运输业，他们平时务农，兼营运输。

图八—9　木材加工厂

九、生活方式和风俗

通过从20世纪末开始相继进行的五改工程等基础设施建设，卡寨村村民的生活条件大为改善，方便的生活条件也为风俗的传承带来了一些积极或消极的影响，以下将分几方面具体介绍。

（一）发式

女性都留很长的头发，女孩生下来一般不剪头发，未成年的女孩发型没有特别之处，到成年以后会将头发挽成髻，发髻的形状通常与发质和头发长短有关，不同年龄的女性在发式上没有区别（图九—1）。通常是将头发从后往前梳，先把头发扎成一束，再在额头上方挽成一个髻，将多余的头发盘在这个髻周围。发髻上没有多余的装饰，通常会用一把梳子固定在

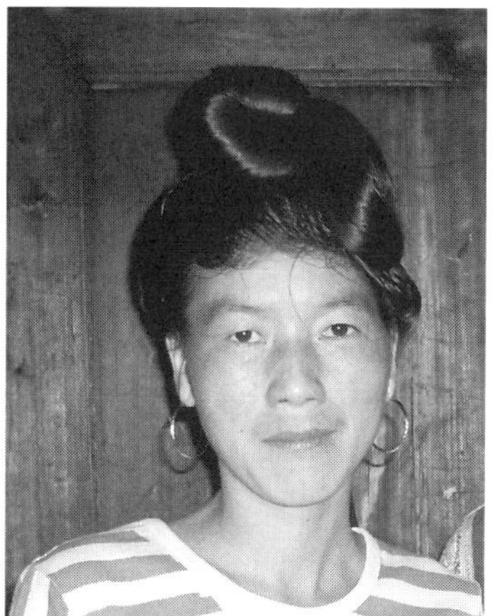

图九—1　卡寨苗族女性发式

发髻之后。很多人还会在头发里接上一部分假发，假发多是在集市上购买的。女性头发上会抹油，老人家一般抹菜油，现在的年轻人抹发油。当地女性在着礼服时会戴帽子式的银质发冠，通常是从镇上或县里买来的，两百元左右。

以前卡寨黑苗男性必须留“jiu jiu”，即只留头顶一圈头发，其余部位剃光，这是本族群自我认同的重要外在标志。前几年一些老人还留这样的发式，老人故去之后，现在村寨内的男性已经都不留这样的发式了，都为短发，与汉人无异。

（二）服饰

相传卡寨的服饰为战国时期传下来的战袍，因此卡寨的苗族又自称“铠甲苗”。“黑苗”的称呼由其服装的染色而来。卡寨黑苗的服饰有夏装、冬装与礼服三种。通常每人至少有两套民族服装，冬装和夏装各一套。逢重大节日、婚嫁场合，还会穿礼服。

1. 女性服饰

卡寨苗族女性的民族服饰雍容华贵，从头到脚都有鲜明的特色（图版六）。一套完整的女性民族服饰，由外套、裙子（前裙、后裙、内衬黑裙）、绑腿、腰带和挂饰组成。

服饰的上衣是一件外套。主要由于外套较厚，穿上后干活不便，所以外套通常是在冬天农闲或重大节日时才穿（平时穿戴都比较随便，通常不穿传统服饰）。上衣绣有方格对称的花纹，衣袖上的刺绣图案主要分布在腕部、肘部和臂部，背后绣有大的方块形，据称是卡寨苗族的重要识别标记。

下身着裙装，裙装主要由三个部分组成：前摆、后摆、内衬黑裙。前摆和后摆实际上是两块由刺绣图案、黑布、花边以及其他彩色布料组成的长方形布块，前面较长，过膝，后面较短，略长于内衬黑裙。内衬一条类似百褶裙的黑裙，以前多是自己制作，现一般在集市上购买。小腿穿筒状绑腿，再用绑带绑起来。

女性礼服与日常所穿民族服装有部分不同，在背后会挂银质铃铛，裙子的前摆长至脚踝，且有更加精致的刺绣图案和复杂的颜色构成。

总体上看，卡寨苗族服饰的绣花纷繁复杂，苗服上绣的花纹是由祖上代代相传的，鲜艳夺目，现已成为当地的一大特色。现在，一整套民族服饰要两千元以上。

2. 男性服饰

卡寨村男性平时基本不穿民族服装，只有逢年过节才穿。男性民族服装上身为绣有花纹的背心和黑色长袖内袄，下身通常为宽大的黑色棉裤。男性着礼服时会在头上包黑色的长头帕，一圈一圈绕起来，长五米左右，有的甚至更长。

现在由于年轻人外出务工，对于他们来说苗族服装大多在节日时才穿。我们调查期间，基本没有发现穿苗服的男性。女装的接受程度却随女性年龄的不同而有所区别，很多二十岁左右的女孩夏天很喜欢穿现代衣服，她们说比较凉快、方便，但是三十岁以上的苗族妇女绝大多数穿的还是苗族传统的裙子和凉快的汗衫（图版七）。

（三）作息及饮食

1. 日常生活

卡寨村的村民一般都是早上6点左右起床，不吃早饭直接去田地劳作，到中午12点左右回家吃饭，农忙时一般男女都要下地干活，农闲时妇女一般在家喂养牲畜、做饭、收拾家务、照顾孩子等。下午一般不出去做重活，多是砍柴，打牛草、猪草，或直接去自己家山上的牛棚放牛。傍晚，村民们会三五成群聚在一起打牌、聊天，男孩子会去小学操场打篮球，妇女们则会围坐在村口绣花，一直到晚上七八点左右才吃晚饭，吃完饭后一家人通常会聚在一起看电视，村里的老人则会去凉亭或空旷的平地上聊天，晚10点左右上床睡觉。

平时妇女除了干活和赶集以外通常都待在家里，“男主外、女主内”的现象很普遍。老人们平时走的地方也不多，偶尔会去朗洞镇赶集。

2. 饮食

新中国成立以前卡寨村民以糯米为主食，主要种植糯米，还会种植红薯和土豆作为主食，水稻种得少。蔬菜和水果食用很少，肉品主要是猪肉和牛肉，但一般只有逢年过节才会吃一点。苗民会生吃肉食，用棰油籽腌渍，棰油籽可以帮助解决肠胃不舒服的问题，因此虽然生吃肉食，胃肠不会出现不适。吃饭时用的多是矮小的四方桌，妇女用手抓饭吃，男性才用筷和碗。

新中国成立以后，随着生活条件的改善，食用蔬菜增多，人们主食由糯米变为籼米，糯米多用于酿酒。肉类种类增多，如鸡鸭鱼肉等。当地种植水果仍然很少，主要在院落里种一些桃、梨等。

20世纪六七十年代，吃饭用的是一口小锅，大约八九十公分宽，上面置一长板，用来放各种菜肴，类似于火锅，现在有些人家在冬天还会有那样的吃法。现在一般人家使用的餐桌大约25厘米高，直径约90厘米，桌面有一空心圆，直径约25厘米。这样的小桌由相等的两半放在一起组成，这样搬动的时候很方便。小圆桌的中间是空的，吃饭时可放汤盆。吃饭时坐在高约20厘米的小板凳上，围坐在餐桌周围。小圆桌与板凳用杉木做成，以前用红豆杉做，现在较少（图九—2）。

图九—2 当地日常用餐场景

（四）婚姻

1. 恋爱

现在当地的男女青年多为自由恋爱，主要的风俗有“火塘对歌”和“六月六花坡游方对歌”，通过聚会活动和对歌嬉戏，建立感情。

2. 婚俗礼仪

（1）新中国建立前

解放以前卡寨村和外族通婚尚有禁忌，之后这种禁忌在很大程度上已不复存在。此外，卡寨村民还有试婚的习俗，即女方所生育的第一个孩子不一定是男方的，这样做是为了确定女方能生育才会娶回家，如果婚后丈夫不能生育，妻子可在外与别人生育，生育的孩子属于其原来的丈夫，丈夫也承认。

（2）新中国建立后

当地婚俗为之一新，不同民族、不同地区都可以自由通婚。当地苗族的结婚礼仪主要包括提亲、订婚、婚礼三个步骤：

首先由男方请媒人去女方家提亲。提亲时男方派出三个值得信任的亲朋好友带着礼金（现在一般在800元以上，以前是3—5个银元）前往女方家中，若女方家将女方的苗服交给前来提亲者就表示女方同意，双方可在一年或半年内结婚。

然后是订婚，又叫“送篮子”，现在通常都是送礼金，数额多少看家庭的富裕程度，有钱人家多点，穷苦的人家少点，平均大约二三千元。

婚礼通常在9—10月间举行，主要是因为这一时期农活少，此外天气凉爽也有利于食物保存。结婚时会请亲戚朋友过来热闹，大家会用红色染料、茶水等混合成的水互相涂抹，称为“打花脸”。此外，过大年时结婚的人也较多。新娘出嫁时，由同伴或小孩相伴，手撑雨伞，以示吉利。

（五）生育

生小孩以后会办“三朝酒”。在孩子满月之前，大概出生十五天以内，选择良辰吉日办酒席，只办一天，邀请亲戚朋友。

小孩出生三个月左右会为他“开荤”，吃画眉肉或麻雀肉、狗肉。吃画眉肉的原因在于希望小孩子像画眉一样说话动听，伶牙俐齿。还有一部分孩子开荤用的是喂猪的潲水，用筷子蘸一点喂到孩子嘴巴里。

（六）丧葬

以前卡寨村的青壮年少，老人过世后没人抬上山，请别人又花费不起，所以采取就地埋葬的方法，因此现在还有些人家的屋子旁有自家的坟墓。现在墓地多远离居民区，主要位于赧望附近的山地。

以前苗族过世后不请道士或鬼师，无特殊礼仪，也没有墓碑。现在苗族和汉族的丧葬仪式基本相同。长者过世后，由孝子去打井水洗净逝者的身体，并为逝者剃头发（若逝者为妇女则不用）。接下来唱孝歌（通常由3—5位村里的老人唱）、放“落气炮”、上“梦床”，同时通知亲友，远亲还要上门去一一通知，报丧者需头披白布。汉族老人过世入殓后停在中堂，苗族民居以前没有中堂，只有走廊，因此苗族会把逝者搬出家以后才入棺。村寨里60岁以上的每位老人都会准备寿衣和棺材，苗族备得晚些。

为逝者选坟址是很有讲究的。人过世的那年被称为“亡命年”，它有各种属性，比如属土、水、木等，地仙（即风水先生）会根据“亡命年”来选择下葬的时日与地点。如果这些事项不相合，会对子孙后代产生不利。选址很复杂，需要花3—5天的时间。立坟碑也要选日子，如果下葬的日子与立碑的日子相合，则可以一起进行。通常会在两三年内立碑，很多年代久远的老坟不再立碑。地仙每选一次坟地风水，收取300—500元的费用。

地仙选好坟址及下葬时日后，便送逝者上山安葬。当地苗族过世之后，其平时所穿的苗服会随逝者一起入土埋葬。送丧时，一路放鞭炮、晒五谷、撒冥纸，地仙会一路念经，女性送丧至半路便返回，由男性抬送棺材上山。坟前放猪头、雄鸡，点香、蜡烛，放鞭炮。

举办丧礼时，亲朋好友都会来送礼。汉族送的礼金一般交给办理丧事的记账者，而苗族送的礼金是放在逝者的肚子上。通常办一次丧礼需要花费两万元左右，亲友一起吃五餐：安葬前一天吃两餐，安葬日吃两餐，安葬后一天吃一餐，之后各自回家。

卡寨村民死后主要实行土葬，但是会用火葬的方式处理意外死亡的人。

（七）其他习俗

1. 喝水打结

如果喝了村寨内井里的水，离开前要将一根草打成结放在井边，以示“喝水不忘掘井人”。

2. 迁拉线

苗族在搬入新房时会拉一根白棉线，将新、旧屋连接起来，据说这样会把老家的祖宗、运气等都引到新屋来。连接棉线两端的地方是“火步台”。

3. “栽岩”

即“树立岩石/石碑”，这是村民之间订立、确认村规民约的凭证与方式，石碑上并未刻录特定村规民约的具体内容，但村寨寨老会在每年公共聚集的场合向村民强调其内容。

4. “威奥调”（苗语音译）

卡寨村对面的侗寨山坡上有一块石头，以前如果村民之间发生无法解决的争议时就到这块石头面前拜香烧纸，请石神决断，如果认定一方输了，三年内必死。

5. 佩戴铜钱

苗族小孩子在学会走路之前都要佩戴一串铜钱，铜钱往往用清朝钱币，佩戴的数目是5—11个，均为单数。

6. 额头抹灰

苗族的小孩子会走路之前，如果要出远门走亲戚，都要用灶台里的灰在额头上划出十字，以保佑小孩子不受路上的恶鬼侵扰。

7. 正门挂物

卡寨的苗族和汉族都会在自家正门的房门上悬挂一些物品，大多为镜子、罗盘、木质八卦图等，用来保佑家人平安，屋宅平安（图九—3）。

8. 门口立石

苗族有在房门外立一块石头的习俗，石头的质地以白石为最好。石头是村民们自己从河边找来的。也有一户人家的房门口摆了一个“泰山石敢当”的石碑，据称是从道士那里请回来的。这些都是用来保佑自己和家人平安的（图九—4）。

图九—3　门上辟邪物品

图九—4　门口立石

（八）节日

苗族的民族节日众多，比较重要的有天年节、吃新节、稻草节和苗年。吃新节、天年节、稻草节是苗族人从稻禾结穗之后为了祈求祖先保佑庇护农事顺利而举行的节日活动，分别在秧苗结禾、穗禾成长及丰收之后，举行敬天和祭祖的仪式，久而久之形成了这三个节日。

1. 二月二

农历二月初二是当地村民除了春节以外最为热闹的传统节日，以敬桥、敬土地公为主要目的。村民们在这一天，以街坊邻居二三十人为一个团，一起进行敬桥、敬土地公的活动。敬拜活动每个团轮流进行，每户村民都会去祭拜。届时，村民们先在土地祠前摆上煮熟的牛、猪、鸡、鸭，同时烧纸、烧香、放炮。桥和土地祠都敬完之后，以团为单位大摆筵席，八人一个桌，每个团大概需要四桌。村里修起消防通道之后，大家的筵席都摆到了新修建的通道上，一起吃饭、一起喝酒，载歌载舞，从下午四五点钟开始甚至可以通宵进行。

2. 吃新节

吃新节的具体时间不定，一般在插秧结束后，亥日、卯日哪个在前就选为节日。过节时，每个人都要吃水稻里的秧心。节日的起源已经不清楚了，据村民介绍，自从有苗族以来一直在过这个节日。村民们会在早晨到田里去摘三颗穗禾，捕捞当年在水稻田里放入的鱼崽（敬祖先的时候所用的是三条），连同一只公鸡、适量的肉煮熟后（穗禾不煮）放在地火炉前（当地苗族祖先没有神龛）烧香、烧纸敬祖，祈祷上天保佑五谷丰登，过后家中人才可以进食[①]。

3. 祈娘舅

“祈娘舅”（苗语音译）的时间在吃新节之后那个星期的巳日。节日这天要吃粽子，相当于汉族的端午节，但并不是在五月初五，过节时村民们会在地火炉里烧香烧纸。

4. 清明节

卡寨苗族和汉族都过清明节，苗族的清明节过得很隆重，会在汉族清明节前后根据苗历挑选日子。若家里有老人亡故，会在老人过世后的三年内每年的清明节摆席，寨子里每家派一个人去吃饭，去的人会送礼。

5. 天年节

天年节是卡寨苗族及周边侗族都过的传统节日，时间为每年的七月初一。这一天，吃早午饭（中午11点左右）之前要烧香、烧纸，祭拜天地，之后就是丰富的午饭。往往邀请亲戚朋友一起来吃。餐桌上鸡、鸭、鱼肉是必不可少的，还有一个必吃的食物是糯米粑粑，其他的食物还有猪肉、牛肉等。

人们过天年节是为了祈求上天降幅，保佑这一年里风调雨顺、农业丰收。

6. 稻草节

稻草节（稻草年）是谷子打齐后入仓时，过节感谢上天保佑一年的收成。时间在农历九月

① 榕江朗洞镇人民政府：《榕江县中国民间艺术之乡申报书·卡寨苗族文化艺术之乡》，2007年，第3页。

属蛇的日子（巳日），在早上进行，需要烧香、烧纸，之后每个人都需要吃三根稻草的芯，主要是为庆祝丰收。

7. 苗年和春节

卡寨苗族的传统是，苗年在农历十月亥日举行，各种庄稼收割完毕，人们组织起来庆祝丰收。节日多为三天，以跳芦笙舞为主要活动内容，同时还会举行各种娱乐活动。

20世纪90年代中期以后，村子里无论苗族人还是汉族人都一起过春节，大家在春节的时候举行盛大的踩歌堂活动，吹奏芦笙、跳芦笙舞，还有各种文化娱乐活动。相较而言，苗年就很简单地度过了。村民称，现在过苗年时不再吹奏芦笙。到了过年的时候卡寨村的苗族会聚在一起庆祝节日，汉族和侗族也会加入其中，虽然不会吹芦笙，但是会一起热闹地庆祝。

（九）文化娱乐活动

卡寨村的文化娱乐活动丰富多彩，如春天有春游，逢年过节或农闲的时候村里会组织唱歌、打球、拔河比赛等，这些活动是村民们日常交流的重要方式。

1. 斗鸟

斗鸟活动是卡寨村及附近村寨的苗族、侗族、汉族都广泛参与的娱乐活动。农历每月的初一、十五都会在中行的草坪上进行。参与的人非常广泛，整个朗洞镇，甚至附近黎平县的人都会来参加。从午饭过后一直能够持续到下午晚饭前，是当地人娱乐休闲的一大活动。

所斗的鸟为画眉。画眉中一部分是村民从山林中捕捉到的。据村民介绍，其过程如下：遇到画眉之后，会张开大网，从网的另一头驱赶鸟儿，受惊的画眉则自投罗网。捕捉到画眉之后，会留下雄鸟，雌鸟放生，用雄鸟进行斗鸟活动。还有一部分画眉是村民从鸟窝中抓取雏鸟回家喂养长大的，鸟食是虫子、蚱蜢。还有一部分村民斗的画眉从其他村民手中购得，而已经有画眉的村民也会与其他村民手中的鸟儿进行交换。因此斗鸟活动不仅仅是一项娱乐活动，也是一项交易活动，大家买鸟、卖鸟、换鸟，互相交流、互相切磋心得、互相观赏彼此的画眉，形成一大乐趣。

鸟的买卖活动也在斗鸟期间进行，买鸟人会根据画眉的长相、形态、斗鸟时的表现进行选择，价格从几百元到上万元不等。在凯里市也有类似的画眉交易，能够达到十万元甚至更多。尾巴长、没有断痕，头宽厚、喙长而直的鸟被认为是形态容貌最好的。

斗鸟这个传统由来已久，之前的比赛有下赌注的习俗。现在村里每隔几年会组织一次有奖比赛，比赛的奖金由参与者集体出资，评出一、二、三等奖分别给予不同数额的奖金。虽然比赛会赢得一定奖金、通过买卖也可以获得一部分收益，但是养鸟、斗鸟的目的更大程度上是当地村民们的兴趣爱好，是大家茶余饭后的一大乐趣（图九—5）。

图九—5　斗鸟

2. 斗牛

以前逢年过节期间，卡寨村及附近的村寨之间都会有斗牛活动，称为“打牛”。斗牛的历史从有人在当地定居就开始了，人们养水牛不是为了用来耕田，而是为了在村寨之间、村寨内部举行斗牛活动。

为了更好地组织斗牛活动，会设一个鼓藏头，负责养牛、组织斗牛，并领头从事农事活动。由于卡寨村对面高滚寨的人最早在本地定居，因此由他们设总鼓藏头，其余村寨设小鼓藏头。高滚鼓藏头先买水牛，其他小寨的鼓藏头后买，最后其他不是鼓藏头的大家族再以家族为单位买一头水牛，家族内各家轮流喂牛。

喂养的水牛会持续打7年，第7年杀牛，并把牛头分给养牛的家族内没有儿子的人家，以保佑其有子孙。

斗牛既有以寨子为单位进行的，也有寨子内部以家族为单位进行的。最隆重的斗牛仪式是在“鼓藏节”。卡寨鼓藏节一般是每隔单数3/7/9/11/13/17年举行，并不固定。

在20世纪80年代以前斗牛风气很盛，一般在农历二月、五月、七月、九月、十月、十一月进行。近几年来，当地及附近宰岑、高滚等地已经没有了逢年过节斗牛的习俗，主要有四个原因：首先，卡寨及附近村寨年轻人外出务工的现象较普遍；其次，水牛的饲养和购买成本很高，人们多养黄牛耕田，不愿花时间养水牛，养水牛的人家不断减少；第三，当地村民都认为鼓藏头家族的后代都很难兴旺繁盛，要么是子孙少，要么是子孙后代死于非命或者生活不如意；第四，很多以前是鼓藏头的人家认为当鼓藏头还不如不当鼓藏头兴旺，不愿再当鼓藏头。

而据村长介绍，村里自从20世纪80年代中期以来便再也没有人组织过鼓藏节了。

但斗牛对于卡寨与其他村寨之间交流影响的重要性仍然存在，鼓藏头对于当地人来说还是有一种无形影响的，一些农事活动仍要等鼓藏头做后才会做。

3. 打猎

苗族喜欢打猎，但自从国家实行枪支管制后，办证手续繁琐，而且随着近年来山林破坏严重，山上的野兽少了，因此打猎的人也少了。以前卡寨苗族的孩子十来岁就开始玩枪，枪法很准，打猎的枪为鸟枪，是祖传下来的。现在如果听说山里有野兽，还会有人去打猎，汉族有爱好的也和苗族同去。猎物主要有野羊、野猪，以前还有穿山甲，现基本绝迹。

4. 春游

每年二月，村里组织大规模的春游，由村委挑选一个日子，村民自愿参加。据村长介绍，大家的参与度特别高，每年能够达到七八百人。近几年外出务工的男性增多，因此参与春游活动的多为女性和孩子。每个参与活动的人缴纳10元钱，其余的费用由村里补齐。

春游的地点一般选在距离村子几公里外的瀑布。从11点吃过早饭以后，大家便集合一起走到瀑布，村民自己携带米饭、糯米饭、酒，村里会给买肉买菜，一起在瀑布下面烧烤、做饭。做饭用的刀、桶、锅、盆都是村民自己带去，也会带香料。吃饭的时候大家载歌载舞，互相祝酒互相庆贺，非常热闹。春游一直持续到天黑，大家兴尽而归。有时候参与人数众多时，春游活动也会就近在河边的河坝上举行。虽然当地村民有春游踏青的习俗，但是如此大规模的集会活动并非苗族传统而是村委会组织的一个大型活动，从2006年以来每一年都会隆重举行。在春游之前，村长会借此机会进行安全、消防、计划生育、保护古树杜绝乱砍伐、卫生清洁等事项的讲话宣传。

（十）生活变化

卡寨的基础设施较周围其他村寨完善，已经进行了很多基础设施建设和惠民工程，除了“五改”之外，20世纪90年代通沼气，村民做饭颇为方便、卫生，村民的生活发生了很大的变化。

1. 炊食方式

传统的炊食方式为地火炉，由于地火炉容易引发火灾，2006年村里统一进行了灶改。灶改主要是将原先的土灶改建成水泥灶，并贴上瓷砖。根据村长提供的资料，绝大多数村民自愿同意并且完成了灶改。在实地走访中，我们发现很多村民的灶台由两个大锅组成，其中一个用来煮猪食，另一个用来烧水、做饭。除了灶台之外，很多村民都使用电饭锅煮饭，还有高压锅等家用电器炊煮。灶改也使得一部分村民在主体房屋之外建造了单独的小屋用以炊煮，烟囱通向屋外。

传统的燃料为木柴，村民们到山里自己打柴回来烧，现在灶改之后也会使用柴火。很多人家中有煤气灶。从我们的调查看到，使用煤气的较少，做饭基本使用灶，烧水、给家禽脱毛会使用煤气。除此之外，村里普及推广沼气工程，但仅有极少数人自愿进行沼气建设，主要原因是成本比较高，此外，沼气池占地面积较大，很多村民家依山而建，缺乏这种条件。

2. 水

在村子通自来水之前，村民日常饮用井水，井水非常清凉，一年四季均如此，也有部分村民在冬天会先把水煮开再喝。2009年完成水改工程，上寨下寨每家每户都通了自来水，村民很少再喝井水。

3. 电

1999年电改完成，卡寨实现家家户户通电。现在，基本上每家每户都有电视机、电灯、风扇等家用电器，也有部分村民有冰箱、空调等。截至2009年12月，全村已完成“贵州省广播电视村村通”工程。

4. 路

在路改之前，村内的道路多为土路、石板路，路改之后，拓宽了街道，修建了贯穿全村的消防通道，很多村民有了摩托车。现在路况较差的路多为房屋之间的土路。

十、宗教信仰和禁忌

（一）信仰崇拜

卡寨村民的主要信仰崇拜有祖先崇拜、土地公崇拜和自然崇拜。其中汉族人对祖先的崇拜更为正式、仪式化一些，而苗族人对自然的崇拜更为仪式化。

1. 祖先崇拜

卡寨的苗族和汉族都祭拜祖先，但具体方式有所不同。据苗族村民介绍，苗族祭拜祖先的地点是在家中的地火炉旁，没有固定的节日或时期，他们认为祖先虽然去世，但是依旧生活在这个房屋之中，生活在他们周围。因此，每次吃饭之前老人们都会喊：“要吃饭啦，你们先吃我们再吃。”而逢年过节、家中办大事或者是有家人要离家的时候，都会在地火炉前烧纸、烧香，请祖宗保佑全家人平安幸福。

卡寨的汉族村民基本每家每户都会在家中供奉“天地国亲师”神龛，每逢节日都会先祭拜祖先之后才能开展其他活动。比如每年七月初一的天年节这一天，汉族村民们会先祭拜祖先，然后再放鞭炮、吃饭。如果家中有人去世，人们会请道士举行仪式把去世的亲人请到家中来，叫“上位”。如果家里发生不顺利的事情，会再请道士举行仪式慰问祖先，或者再请其他的亲人上位来保佑家人。这种供奉神龛祭祀祖先的做法在苗族人中非常少见，而与汉族杂居的苗族中略有见到。

2. 自然崇拜

卡寨的苗族非常崇敬自然，崇敬的对象包括石头、古树、桥、水井等。

在孩子很小的时候，为了让孩子健康成长，父母会给孩子选择一位“保爷”，男孩多选择石头和树木，女孩多选择水井。请算命先生算过五行后，若孩子缺木，则会给孩子找一棵树作“保爷”，保佑孩子健康成长。第一次敬树或石会选择一个好日子，选择了保爷之后，要像敬拜自己的亲戚、祖先一样去敬拜保爷，每当逢年过节或者孩子不舒服时就要去敬拜保爷，苗族人会在鬼师的指导下选择一个方向去敬拜，以给孩子带来好运。另外，在村内桥头、路口有一些“指路碑”或“挡箭碑”，都是为了保佑孩子健康成长所立（图十—1）。

除了保佑孩子，敬拜自然也有着更为宽广的内涵。苗族人传说中的岩王就是他们心中的英雄，要去敬拜。同时一些很古老的大树被认为是神树，逢年过节人们也要去敬拜。

敬桥在卡寨很隆重，村里的人都会去敬属于村寨的桥，自己家搭的小桥自家敬，敬桥一般会有猪肉、公鸡等，过年时会用猪头。每年的二月初二，大家都会举行隆重的敬桥仪式。

图十—1　挡箭碑和指路碑

3. 土地公崇拜

在卡寨，桥与土地公的关系并不一定是完全共存的，有土地公的地方可以没有桥，有桥的地方亦然。除了逢年过节会去敬拜之外，二月初二是一个非常隆重的敬拜土地公的节日，每家每户都会参与（图十—2）。

此外，在村里动土建筑的时候也会祭祀土地公，例如家中盖房、村内统一修建地基、修路，都要举行正式的敬拜仪式。

图十—2　新寨土地庙

（二）宗教场所

1. 土地祠

卡寨的每个村口都会有大大小小的土地祠，每个土地祠中都留有祭拜后的纸钱、香烛等。

无论是卡寨的汉族、苗族，还是对面的宰岑、侗寨、高滚的村民，都有到土地祠祭祀土地公的习俗，神龛里放着土地公、土地婆，每逢大祭拜的日子，每家每户都前来祭拜，行三拜九叩之礼；置三茶六酒，还有饭、水果，并放鞭炮。除此之外，通常每逢初一与十五也来祭拜。

2. 鬼堂

每个寨子都会有社集堂，是苗族特有的，汉族称为“鬼堂”，上寨的鬼堂在新中国成立初期“五风一化”时被拆除。鬼堂内置有一口上下倒扣住的铁锅，里面放三条红鲤鱼，然后用砖石将它封起来。

在鬼堂中要举行一种袪除、辟邪的仪式，据说祖宗买来水牛时，猫鬼会追着水牛前来，为了防止猫鬼，通常会举行这种仪式。仪式很简单，在场的人员包括寨老、鼓藏头等村寨要人，堂中央置两口倒扣的锅，人们拉着水牛围绕着锅转一圈。只要是村寨买来水牛就一定会举行这种仪式。卡寨村大约在2000年之后已不再举行这种仪式。

（三）宗教人员

1. 鬼师

鬼师在新中国成立前较多，他能与逝者沟通，能占卜预测，比如村里有人失踪找不到时会去找鬼师，鬼师会告诉他们在哪个方向能找到这个人。另外，村寨内如有小孩出生，鬼师也会前往主持仪式。

根据其在村寨中扮演的不同角色与功能的不同，鬼师还可以分为两种：

一种是专职“迷失”。当村民有求于鬼师时，简单的仪式之后，鬼师用纱布蒙眼，点燃稻谷、硫磺、黄豆的混合物，在通师的召唤下进入迷失状态，即进入无意识、无知觉的状态。据说进入迷失状态的鬼师在烧红的铁板上可以直接行走。鬼师在问询者常穿的衣服上抽一根棉线，放在耳边倾听就能知道发生了什么事。问询者只有通过通师或者在喝白酒或山茶、嗑黄豆之后才能与鬼师沟通。

小迷失可以不需要通师，但是大迷失必须要有通师的协助。通师的作用是送鬼师去阴间，并且在完成仪式之后接鬼师返回阳间。如果没有通师的召唤，鬼师可能会一直坐在那里处于抖动状态直至力竭身亡。在进入迷失之前，通师会念一些咒语。鬼师是人和神鬼之间的沟通者，如果知道了是何种神鬼缠身，鬼师会告知具体的解决方式。进入迷失状态的鬼师必须赤脚弯膝端坐，双手搭在膝盖上，双脚不断抖动。有时候会无意识地从地上跳起来，或者跳到凳子上，这表示他正在快马加鞭赶往阴间。整个过程需要的时间少则两三个小时，多则整个通宵。在某些情况下，鬼师醒来时会鼻血直流，甚至会有生命危险。出现这种情况据说是因为鬼师没有把阴间托付的事情向阳间交代清楚，这是神的惩罚。完事之后去河边点香烧纸。

此外，家中有人过世后满十三天，村民通常会请鬼师询问逝者在阴间缺什么东西，然后烧纸祭拜并询问自己的家境、财运。

另一种是“召谢”（苗语音）的鬼师，是做法事的意思。“召谢吩”（苗语音）是向死去的人供奉。如果某家运气一直很差，就会去请鬼师，杀鸡、猪等牲畜祭祀已经过世的人。召天的时候也用鬼师，通常用猪头祭拜。

2. 地仙

地仙即风水先生，负责为人挑选好的阴宅、阳宅。卡寨村上寨、下寨各有一位地仙。卡寨村民在建房屋、选坟墓时都很讲究风水，若房屋的风水不顺，会导致家事不兴；若坟墓选址不对，则对子孙后代不利。因此，很多场合村民都会找地仙去选良辰吉日与风水上佳的地址。

3. 道士

道士与鬼师在卡寨属于不同的信仰体系。请道士最多的是汉族，其次是侗族，苗族最少。苗族人更为注重鬼师，用鬼、问讯的现象多有发生，而很少请道士或者根本不请。卡寨有两个道士，分别在新寨和下半溪。道士从过年以后到清明节以前这一段时间最忙，差不多每天都有人请作法。周围的侗寨、宰岑也都会来请。

道士在村寨中的职能主要是“开道”，即人去世后的念经、超度仪式，送葬、入殓时由他敲锣开道送棺木进深山。

只有汉族才请道士为逝者超度，主要分为开路（在家里超度），逝者上山到坡上后谢坟（在坟墓超度），回来请老人上神龛（安神）几个方面，具体步骤包括：

请师：即请传渡师。

请圣。

辟五方（东西南北中）。

进诸庙（有24庙）。

赎罪：人活着的时候若犯下放火烧山、淫邪、杀害、偷盗等罪，死后要为他消罪。

诉苦：替逝者作一篇诉苦的文章，掌坛的人负责念，逝者子女在后面哭并祭拜。

送圣：收摊，把死人抬上坡安葬，并谢坟。

上位：谢坟后把逝者请上神龛，生者为人，逝者为神。刚过世的人会有一个牌位，准备一张红纸，上写逝者名字，男性贴左面，女性贴右面，两三年以后才撤掉。

整个活动要进行三天三夜。

非正常死亡者需要火化安葬，因为被认为是败坏家风。苗族和汉族非正常死亡的人很少请回家，一般会在外面单独设祭。

道士的另一个职能是“谢龙”。修公路、搞建设等动土行为会破坏村寨的龙脉，因此需要“谢龙”，即恢复龙脉。修桥时还会在桥头立土地祠，表示土地公婆及其亲戚保四方平安。有时猪不吃食，也会谢龙。

谢龙主要是请主佛菩萨、观世音菩萨、南海岸上诸佛菩萨、土地公等，给他们安位、坐位后，保佑人民幸福安康。

4. 鼓藏头

鼓藏头被认为是苗族的祭祀首领。水牛又称鼓藏，养水牛、斗水牛对苗族而言是非常重要的活动，而鼓藏头是这一系列活动的领导者。由于其肩负的责任重大，鼓藏头在当地受到大家的尊重，任何节日、农忙活动，例如插秧、担粪进田、种棉花等农活都要鼓藏头先做了其他人才能做，这种规矩不是硬性的，而是自然形成的一种尊重。新中国成立以前，秋收后的粮食和稻谷都要上缴一部分给鼓藏头。

村落形成初期，在村中最早定居的人被认为是鼓藏头，卡寨以及四周村寨的村民认为总鼓藏头在高滚，其余各自然寨都有各自的鼓藏头。现在高滚的总鼓藏头后代稀少，有几家搬出了高滚。上寨还有一位鼓藏头的后代叫龙世朝。以前下寨鼓藏头的后代现居住在赧望。

（四）禁忌

卡寨的杨氏家族不能带生的粽粑叶进门，只能将粽粑煮熟之后才能带进屋去，也不能在家里煮粽子、吃粽子，要吃完才能进屋；否则堂屋里会有蛇出现。这个禁忌的来源据说是当年杨家儿女战死沙场，杨老太婆躲避到附近山上的竹林里方躲过敌人的搜捕。后来杨老太婆成为妖仙，每逢端午节吃粽粑时便会喊儿子们前来吃，叨念着：“是我杨吃我的粑，不是我的杨蛇去咬他。” 在卡寨历史上，杨家是名门望族，村民都以姓杨为自豪，可能后来有他姓的人改姓氏为杨，所以就有了真假杨氏之说。据传真正的杨家人上山不会被蛇咬。

苗族人家不允许头戴草帽、斗笠或者打着雨伞、穿着雨衣进屋。一种说法是因为房屋已经有瓦了，不需要再带这些东西，否则是对主人的不尊重。另一种说法是带草帽进屋不吉利。但是由于时代的发展，一些风俗习惯也逐渐发生变化。比如在朗洞镇上的苗人家，便可以戴草帽进屋。

当地村民认为牛或马等牲畜进入居住的屋子后表示不吉利，当地还流传着一句俗语：“猪来穷，狗来富，猫来披孝布。”这很好地反映了村民对动物的不同态度。

十一、调查者后记

本次我们对卡寨村的调查历时11天，走访了五个自然村寨，做了十多次正式访谈，其间还有零散的非正式访谈，测绘了民居、粮仓、哨卡等功能形态不同的单体建筑，并对村寨平面布局现状进行了标记。此外我们还参与了村民的天年节（农历七月初一）、一户人家的三朝酒，观看了村民建房子、染布、纺织、绣花、斗鸟、赶集等活动，仔细观察了苗族服饰和发式，体验了村民们敬拜祖先和其他信仰活动。在实地调查的基础上，分析综合访谈和文献资料，写成了这篇卡寨村苗族村寨调查报告。

卡寨自然环境优越，基础设施较为完善，有良好的给水、排水系统以及消防系统；林地保存状况良好。同时，卡寨拥有丰富的历史传说、深厚的文化底蕴，木结构民居基本保存完好，苗族服饰、歌舞、节日较好地保存了原有风貌。

同时也应该看到，卡寨村民的汉化现象较为严重，出现了一种“苗族追汉”的趋势，而且随着与外界交流的增多，这一趋势还会继续增强。村寨的很多年轻人对传统苗族节日的重视度普遍降低，最突出的表现是没有鼓藏头，近几年也没有了逢年过节“打牛”的风俗。同时，其他很多传统技艺的传承也同样遭遇挑战。卡寨苗族鼓藏头与斗牛传统的消失，对于苗族祭祀仪式与象征意义、族源传说研究，是一重大损失。

保护卡寨的村落文化景观，我们需要有以下的基本理念：

首先，村落文化景观是农耕文明与自然共同塑造的历史记忆，是农业文明的结晶，具有自然与文化的多样性。在对村寨保护与可持续利用模式的探讨中，应立足于发展与保护相结合，在村寨经济发展的同时又传承、发扬传统民族文化，保护自然与人文生态环境。

其次，城市农村一体化是现代社会发展的必然趋势，我们应该尊重村寨发展的内在规律，以基础设施建设、民居适应改造、唤起村民集体文化记忆为着力点，充分尊重村民在遗产保护与利用中的主体地位。

第三，保护动态的村落文化景观，即不只保护其现有状态，还要保护发展中的状态，保证其文化景观的真实性、完整性和延续性。

由此，在卡寨村落文化景观保护的问题上，我们有如下的建议：

第一，发掘物质与非物质文化遗产的内在价值，使其在村寨的发展中发挥更大的经济作用，为村寨探索一条发展与保护相结合的道路，进一步让村民能够意识到传统文化的力量并自觉加以保护。保护传统技艺传承人，例如芦笙舞、芦笙吹奏、传统服饰制作、传统建筑等。做好对苗族的口头传说、口头歌曲等非物质文化遗产的记录工作，减少因为缺少传承人而带来的损失。村干部应该加强保护民族传统的意识，有关节日风俗与传统应该创造机会予以保护，例如鼓藏节和鼓藏牛的习俗。

第二，保护生活环境与生产环境的整体性。林、田、水构成了卡寨的主要生产环境。在林地的保护方面，卡寨有效地实施了护林措施，有伐有栽、注意防火，在杉木市场需求量逐渐加大的情况下，村寨需要坚持护林育林的措施，保护好林地生产环境。在田地保护方面，卡寨因穿寨公路的建成和危房改造工程的进行，民居逐渐由山上向山脚与平地区转移，占用了原先的大量耕地，这一趋势很可能会进一步加强，这使得田地保护迫在眉睫。卡寨村落文化景观的经济基础在于农业，要维护好村寨发展的生产环境，不仅仅要保护生态，更重要的是积极发展农业经济。在调查期间即发现，当地遭遇旱灾，很多距离水源较远的田地干涸，加之缺乏抽水设备，导致现在的农业发展还主要是靠天吃饭。因此，我们需要在保护田地、林地的基础上，积极引进新的技术、先进的设备，投入更多的资金做好对农业发展的支持，才能从根本上保护村寨的文化景观。

在生活环境方面，首先，卡寨村对村民房前屋后的卫生实施责任制，又修建了上、下寨的两个垃圾池，对生活垃圾进行统一回收、焚烧处理，相比较以前卫生状况有了很大改观。需要进一步加强村民们的卫生意识，维护好村容村貌。其次，由于卡寨村的民居和粮仓为木结构且排列密集，特别需要注意防火，保护好民居建筑和环境。

第三，做好村寨发展的记录和规划。现在村寨人口和规模处于快速增长阶段，基础设施建设也在飞速进行，这对村落文化景观的自然发展是一个挑战。比如，2009年上寨在修消防道时，曾拆除了大量年代久远的粮仓群和民居。这会影响村寨时间上的延续性和空间上的整体性。因此，我们需要定期记录好村寨的布局、内部结构与功能的演变，同时做好未来发展规划，不能盲目、无序发展。

随着交通的便利，外出务工村民的增多，卡寨受到的外界影响越来越大，如何在现代化的发展中保护好民族的文化特质，如何让村民们自觉地维护独特的文化景观，如何让民族文化在现代社会中发挥更大的价值，我们任重而道远，希望本次调查能够有助于以上问题的解决。

附录：主要访问对象

1. 王庆华，男，45岁，汉族，卡寨村长，办事能力强，在村中很有影响力
2. 王子可，男，68岁，汉族，卡寨下寨村民，保存有记录卡寨民歌的手写稿
3. 龙胜桃，女，45岁，苗族，卡寨赧望妇女主任
4. 龙安东，男，71岁，苗族，卡寨下寨村民
5. 银成兵，男，65岁，汉族，卡寨新寨村民，开小卖部
6. 银成合，男，汉族，卡寨新寨村民，道士
7. 龙包年，男，89岁，苗族，鬼师，对卡寨村寨的历史与变化较了解
8. 彭发良，男，汉族，下半溪组长
9. 龙少坤，男，55岁，苗族，卡寨上寨村民，在家务农
10. 黄枝坤，男，汉族，原住卡寨下寨，目前在定居在深圳，某公司财务
11. 李仁材，男，汉族，卡寨下寨村民，擅长刻碑手工业技艺
12. 李仁文，男，汉族，卡寨下寨村民，木匠

调查组成员：王晴锋（组长）、陈　筱、叶怡麟、孙雪静、何月馨

访　谈：何月馨、孙雪静、王晴锋

测绘制图：陈　筱、叶怡麟

摄　影：叶怡麟、陈　筱

调查报告初稿执笔：王晴锋、陈　筱、叶怡麟、孙雪静、何月馨

第一次统稿：陈　筱、韩　爽

第二次统稿：陈元棪、温筑婷

第三次统稿：冯　妍、陈　筱

第三篇 贵州榕江县高略村调查简报

一、概 述

高略村是贵州省黔东南苗族侗族自治州榕江县朗洞镇的一个苗族村寨。地理坐标介于东经108° 36′ 03″ —108° 38′ 50″ ，北纬26° 17′ 46″ —26° 19′ 49″ 之间。常住户数368户，其中农业户366户，常住人口1525人，其中农业户1521人，村民均为苗族，通用苗语，年轻人亦可使用普通话。

高略村位于朗洞镇东部，高蒿卡以东，西邻高帮，南接高便，包括大寨、小寨、党京、孖略、乌守、乌棒、塘腊、塘告等8个自然寨，10个生产小组[①]。其中大寨、小寨地理位置居中，两寨依相对的山头而建，大寨位于小寨的西北方；乌棒、乌守、党京位于大寨、小寨的西南，塘告、孖略在东南方，塘腊位于大寨的正北方。大小寨以外的自然寨都是20世纪五六十年代年以后人口增长所分出的自然村寨（图一—1、2）。

寨名（按村寨出现时间顺序排列）	户数（户）	生产组
大寨	88	一组（下寨）、三组（上寨）
小寨	94	四组、十组
党京	30	二组
孖略	66	五组
塘腊	33	八组
乌守	20	六组
塘告	19	九组
乌帮	18	七组
总计	368	10组

① 贵州省榕江县地方志编纂委员会编：《榕江县志》，贵州人民出版社，1999年，第14页。

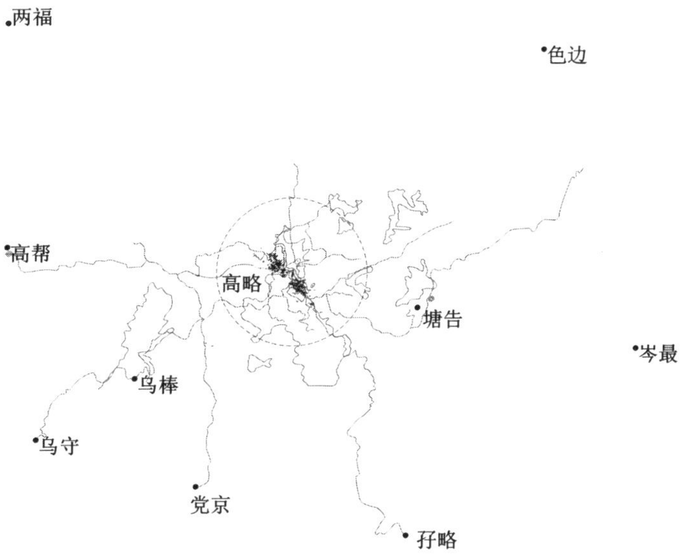

图一—1　高略村方位图

图一—2　高略（大、小寨）鸟瞰

大寨、小寨是高略村的行政中心，高略村委会即位于大寨、小寨的中间，同时也是高略村的发源地，历史文化资源最为丰富，为调查的重点区域（图一—3、4，图版一、二）。

图一—3　大寨全景

图一—4　小寨全景

高略村风景秀丽，注重保护林地，多杉树、楠竹，有红豆杉数百株，十分珍贵。村中的建筑以前多为木阁楼，近几年新建的房屋加入砖石，但仍以木楼为主，建筑以榫卯结构木构梁架为主，风情独特。村寨位于深山之中，仅通盘山土路，交通不便，水资源亦不丰富，近年来干旱较为严重，对农业生产造成较大影响。高略村目前尚缺乏相应的民族旅游开发，正因如此，其少数民族文化面貌保存较好。在这种背景下，如何客观真实地记录高略村的历史、现状，如何将发展与保护相结合，既实现高略村的建设开发，提高村民生活质量，又保护该村的传统文化、宗教信仰、风俗习惯、文物等，使其不被破坏乃至消失，成为迫在眉睫的问题。

北京大学考古文博学院孙华教授自2007年以来在云贵川少数民族地区展开暑期调查项目，吸收来自考古学、民族学、社会学、艺术史学、建筑学等多学科人员，对需要保护的村寨进行调研。高略为2011年调研的村寨之一。

高略村的调查方法以调查者亲身观察体验为主，并辅助以建筑测绘、实地踏查等手段，以求以时间为轴线，全面了解村落环境、村寨布局、聚落发展、道路交通、建筑形式、房屋结构等内容，通过与村民访谈等手段，了解当地的族源传说、宗教信仰、风俗习惯等人文情况。本次调查采用了书面记录、照相、录音、录像、绘图等手段，对调查内容进行记录。

本次调查从2011年7月29日开始，至2011年8月9日结束，调查人员有丁雨（北京大学考古文博学院博士研究生）、梁敏枝（北京大学考古文博学院硕士研究生）、柳闻雨（北京大学元培学院社会学方向本科生）、闫金强（天津大学建筑学院建筑历史与理论方向硕士研究生）、陈羿锜（台南艺术大学艺术史学系学生）。在调查结束后，于2011年8月10日至15日，以调查的第一手资料为主，结合《榕江县志》等基础数据，撰写了这份报告。

二、地理环境和资源

高略村位于贵州黔东南雷公山区，其自然寨散布于山间平谷，平均海拔约八百七十米。村中无溪流经过，属亚热带湿润季风性气候区。

高略村交通相对闭塞，有土路向东南可通岑最，向西可通高帮，沿线地势起伏，山峦众多，气候较温和。

高略水源匮乏，核心区域大、小寨中未见溪流，大寨向北山上有天塘，七月如无雨水，则易造成旱灾，本次调查期间正值村中干旱，部分水田土地龟裂。因植被丰富，滑坡、泥石流等灾害很少。因全村建筑多为木构，故较易发生火灾。村委会前几年就因电线问题失火，屋顶被烧毁。

全村有耕地879.3亩，其中田750.3亩，土129亩，人均占有耕地0.58亩，平均每户两亩多。分田地时，为了补偿田地较远者的不便而给予较多的田地，这些村民逐渐搬至田地附近居住以利耕种，从而形成了现在的自然寨，所以自然寨村民的平均田地量较大、小寨村民多一些。

全村有林地12464亩，人均占有林地8.15亩。森林覆盖率达97%以上，主要以松、杉为主，兼有竹林，亦有油桐，可供榨油，此外还有红豆杉等珍稀树种。

高略村民的住宅面积共100亩左右，大、小寨共50亩。

高略村除林业资源以外，其他物产亦较为丰富。主要农作物有水稻、玉米、马铃薯等。村民普遍种植辣椒、四季豆、大豆、青菜、洋芋、黄瓜、竹笋等菜蔬。家畜饲养业较发达，几乎家家养猪、鸡、鸭、牛。

三、传说和村寨历史

（一）传说

1. 族源传说

高略村的村民以苗族为主，其中又以江、杨、林三姓为最大宗，江姓又可分为两支，大寨江姓比小寨江姓先到高略。关于江姓来源的传说，据大寨寨老兼鬼师江饮龙介绍，江文秀一支的江氏是第一支迁到高略大寨的人家，先由江西逐步迁徙到了黎平的龙里所，龙里所是黎平边缘的一个军统基地，因被贵州红苗驱赶才迁到榕江。江文秀以前其实是汉族，到了高略后与苗族女性结婚，才成为苗族人。当年江文秀与父亲江老党到高略定居时，江文秀才二十多岁，村委会前的一棵大水杉，传说就是江文秀刚到高略时栽下的，据说已经有一千八百多年的历史了[①]。到今天，江文秀一支已经传到了第十四代人[②]。大寨西北部的古井上刻有江文秀名字，但已漫漶不清。大寨上寨三组芦笙坪东南，传说中即为其住址。

江柳丢和江柳泪两兄弟是寨中另一支江氏的祖先，他们是纯正的苗族，他们在迁移过程中同样也到达了龙里所，认识了江文秀，并结伴来到高略，成为来到高略小寨的一支江姓，他们与江文秀一支的江姓家族可以通婚。江家人到这里来之后，跟苗族学会了吹芦笙，鼓藏牛的仪式也是苗族人教给他们的，遂与当地的苗族通婚繁衍。

而关于小寨林姓的来源，据小寨村民林昌海介绍，小寨林家祖先迁自江苏、福建地区，原先并非居住于小寨，而是居住于寨外往高帮公路下的区域，后来民国时期地方军阀张大卢、张百川作乱，强占农田，遂搬到高略寨中避难，所以他们入村的年代比江姓要晚很多。他们原来是侗族人，迁徙到高略之后，与小寨的江姓、杨姓结义为兄弟，再与当地的苗人结婚逐渐变成苗族，繁衍至今已历十三四代人。又说林姓本来是迁徙到附近的宰巴地区，在宰巴地区过着富裕的生活。传说，林家在宰巴时，众人分食一个鸡蛋，鸡蛋没吃完已经饱了，因此粮食剩余很多，十分富足。后有风水先生来考察宰巴，发现山上有一片林地是林姓的护寨林。林姓的祖先遂请风水先生想个办法，让村民们能够多吃一点，以免吃不完食物浪费。风水先生说，只要把山林里的地多向下挖几尺即可。这片山林实际是林姓的龙脉，林姓祖先虽然下挖很多尺，但是泥土自己还会愈合填满。风水先生又说，需要在挖坑的地方填上金属，林姓祖先照做，于是龙脉被挖断。从此，村民们一人吃一只鸡也吃不饱，几个人吃一头牛也吃不饱，生活渐渐穷困起来，后来还遇上了瘟疫，最终全族人仅剩下三个寨老还活着。其中一个寨老迁徙到了宰林，一个寨老到了瑞里，另一个寨老则来到了高略。于是林姓的一支便在高略寨定居下来。

村中其他姓氏迁徙时间较晚，来后分别与大寨江姓和小寨江姓结为兄弟，即在此定居。

2. 英雄传说

调查期间，鲜有村民知道高略寨的各种传说，能道出一二者屈指可数，寨老江饮龙就是其中之一。据他介绍，高略寨曾有四位英雄，其中大寨有三个：江尾哥、江威咩、江今脑，小寨

① 江饮龙年过80岁，所叙述内容多有逻辑不通之处，详细询问，也前后矛盾，此段仅如实记录访谈中所知，记录者不多做推测。

② 按20—25年一代人计算，14代人绵延年代在280—350年左右，与1800年相差较大。与高略村发现的其他证据相对应，按照人口绵延的代数来计算更为合理。

有一个，但寨老已记不清他的名字。这四位是同一时代的英雄，他们的特殊技能分别是能在天上飞、能上树、走得很快（传说他走路到榕江买盐还可以回到高略吃晚饭）。以前村寨和其他寨经常打仗，他们赶走来侵犯的强盗（当地人把外来的敌人都叫作强盗），英雄们都谨守他们的气节，从来不出外抢夺别人。

此外，高略村还有另一位英雄人物，名叫江也格，天生神力，雷山县也有一位力气很大的英雄，两人相较力气，雷山县的英雄败给了江也格。江也格手劲极大，和别人扳手劲的时候连桌子都弄垮过。在收谷子的时候，一般人最多只能挑到一百斤，而他却能挑二三百斤也不嫌累，因而他专用的工具都特别的大。

（二）碑刻、题记

1. 碑刻

高略村目前发现碑刻四面，按立碑目的可分为指路和民族公约两类。

在村寨西向通往高帮和情人坡的岔路前立有一块指路碑，上无确切的立碑日期，但应为公路开通以后所立。碑座下留有插香的位置，也有香火残余，明显是有人祭拜过的。碑文为阴刻，由右到左、从上到下书写，首句横排，其余竖排。文字下面还有配有路线图，其具体内容为："指路碑　弓开玄断　长命富贵　下走高略琇最　右上走高邦朗洞　左走党京　弟子江林　易养成人　箭到碑挡。"（图三—1）

图三—1　指路碑之一

另一面碑刻位于小寨寨头公路旁的大树下，立碑日期为1997年3月初三。碑座下亦有插香的位置。碑文由左到右，从上到下阴刻，首句横排，其余竖排，具体内容为："指路碑　易养成人　长命富贵　上走琴最　下走高略　公元1997年3月初三。"（图三—2）

在大寨南向风雨桥不远田间分叉路处，立有一面指路碑，制作粗糙，仅刻字一面经打磨加工，无确切的立碑日期。碑文为阴刻，由左到右，从上到下书写，仅首排横书。具体内容为："指路碑　江超　左走孖略　右走高便。"（图三—3）

民族公约碑位于村委会门前大水杉树下，碑是1985年所立，现在已经不用了。碑原来是立

图三—2　指路碑之二

图三—3　指路碑之三

起来的，下面有碑座，但现在已经被卸下来，有刻字的一面朝天。碑上阴刻文字，自上而下，由右至左书写，首二句横排书写，其余均竖排图三—4。内容为：

永世流芳　民族公约

在中国共产党的英明领导下，推翻了压在人民头上的三座大山，解放三十六年来高略人民同全国人民一道站立起来了。为此，今天全村一仟二百多男女老少在村主事人招集多方面人物商议，区乡政府大力支持，为坚决彻底消除民族上下隔阂，实行民族团结平等，决定按以下合情合理，公道的人权、政权、婚姻自由权及乡规民约几条处事，从立碑之日起生效。

一　实行民族一律平等团结友爱，坚决消除嫌贫爱富上下等人隔阂的思想。对于散布、挑拨破坏民族团结的隔阂言行的人罚款叁百元。

二　执行婚姻法：男廿二、女二十周岁可以自由结婚。不许包办，不足年零（龄）不准结婚。违者罚款五十元。

三　有意制造谣言破坏他人婚姻者，罚款壹百元。

四　对于强施流氓手段者，罚款贰百元。

五　偷牛、马、猪、羊，进入他人房内偷财物者，退桩（赃）后罚款贰百元。

六　偷鸡、鸭、鹅、鱼、菜、柴者，退桩（赃）后，罚款贰十元。

七　行凶打人，负责养伤及医药费。视情节，轻者罚款五十元；重者罚款一百元。

八　因仇放毒、放火烧房子、行凶杀人者，先罚款五百元，再送国家政法机关处理。

九　聚众赌博者，每人罚款壹百元。凡拉帮结伙，有意破坏社会秩序者，罚款壹百元。

十　凡破坏寨边路旁风景树、古树者，罚款壹拾元。

十一　凡揭发报案、抓纳违犯以上十条者，奖百分之四十。

以上条款均教育子孙后代守纪成人，无论后世何人主事，要正直力事，不得任意以权修改。

主事人

高略村支部　民委　乡党委政府

江开梅　江正学　江开银　江X荣　江家才　杨昌英　江秀昌　李仁忠　罗安全　夏宋元

江秀章　江永年　江正隆　江年勇　江秀吉　林昌培　江学礼　江秀培　罗秀山　石昌炽

江报结　江永发　江正怀　林再文　江正富　江兴文　林昌权　江文武　田忠德师傅

罗世坤　江文仕　江永隆　江文德　江同兴　江永春

江兴荣　江永辉　江文维　石昌明　罗永平师傅

江年威　江荣兴　胡炳能

公元一九八五乙丑岁十二月廿五日立。

2. 题记

村中有五口井，其中三口有题记，一块为1991年的新题记，故未录，另两座略古，但字体漫漶。位于小寨村民林慧家不远处的水井，上刻有纪年“光绪三十四年二月”，字体漫漶难辨（图三—4）。

图三—4　水井题记

四、村寨的外部空间

（一）耕地、林地、墓地的空间分布

1. 山林、田地分布

大、小寨之间中心河谷位置，地势开阔，平坦有水，基本上全部都是农田。相对于居住区，这里地势较低，有小溪流过，利于灌溉。受地形地势影响，这一带的田地大多相连接，开辟成梯田，以楠竹作为水田间的引水道，多种水稻，这里是村中粮食种植的主要核心区域。西南部亦有较多农田，但受山势地形限制，农田一块块分布在山坡上，农田之间呈阶梯状（图四—1）。

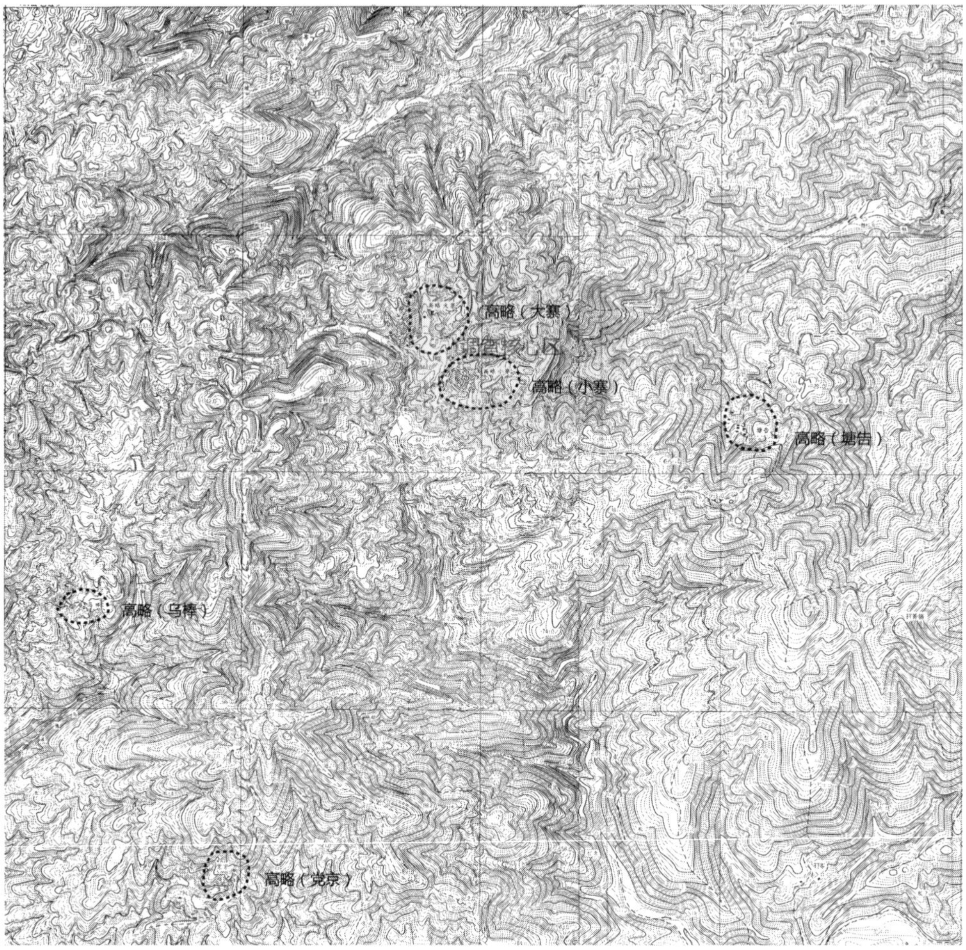

图四—1　高略村地形图

村子东南部小寨区域树木、楠竹很多，植被较好，农田数量不多，居住区以东、以南多为菜地，亦是寨中墓葬的集中区。

村子最北部有一条通往高帮的公路，以及狭长的山坡地，路边种植经济类林木、楠竹，而东北侧公路旁，还另辟小区域的菜园。

村庄的外缘是林地，高略村所属林地除了三块580亩左右的公共林地外，其余皆属于村民各家的私有林地。公共林地有400亩位于村西，150亩位于情人坡下方，村南有30亩左右。

2. 墓地分布

高略村村民认为，生人和死人在空间上没有明显分割。将房屋建在墓地一侧的为数不少。墓葬区主要集中在村东部一片山坡上（村委会对面），以江姓为主，偶有杨、林二姓。墓地坐东朝西或坐东南朝西北，当地以卯为东方。现在的公路一直到小学操场一片，以前均为墓地。据江家贵介绍，现在高略小学后侧山坡上有两座大墓，应为其所见村中最老的墓葬，碑上刻有精致的牛角花纹，后因学校扩建被破坏，墓碑被用作垫柱石，现在还能隐约看到碑上的文字。

另外，在村里的林地和耕地间也偶见小片墓地。

3. 其他用地

高略村的田地、土地均分布在村庄范围内，村外农业用地极少，仅有林区、草药采集区、墓葬区等在村庄范围以外。

村东南方的护寨林是高略大、小寨的寨门入口，放有一张纳德积福用的木板凳，山壁上置保爷龛，小寨寨口东南方有一条三岔小路，中路通往水井，东路可通往岑最，西路通往田地、孖略。沿着往孖略的小路走，经过一段小坡，路旁坡地上有许多人工挖掘的小洞穴。这些洞穴外装有木门，是村民存粮食的地方。由洞中的残余物来看，村民储藏的食物包含土豆、红薯以及杨梅等（图四—2）。

图四—2　储物洞

沿路两边山林较平坦处开发成小块梯田，种植玉米、土豆等粮食和蔬菜（图四—3）。不过因为今年干旱，土地均十分干燥甚至龟裂。小路东面一处山坡地约有十个墓葬，从立碑文字来看，主要是林姓村民的墓地（图四—4）。

图四—3　梯田

近十年来，村寨变化很大。1987年开始，村内的建筑大规模使用瓦。以前村里有瓦厂，在小寨南边、大寨北边各有一个，不过现在已经不烧，完全没有遗迹留下。

图四—4　林氏墓葬区

（二）道路交通

高略村通向村外的道路有通村土公路和林间、田间普通土路二种。村中日常走的水泥路以及林间、田间土路这两种道路纵横交错，可与通村土公路相连。

2008至2009年高略村各寨分别进行施工，用三个多月的时间合力修筑通村土公路，土公路可通行汽车，其宽度可允许两个方向的车交会。该路可由榕江经岑最到高略，往西北经过高帮，继续往北有条岔路可到两福，再往西北走可到高新，最后通朗洞。

村民日常行走的、可通往附近村寨的林间、田间普通土路，路面相对较窄，汽车无法通行，多为村民步行使用。不过，通往高帮与两福的小路现在仅能行一人，挑担者无法行走。这类通向外村的道路有三条：村东南部，通向岑最，约十里；村西南部，通向孖略、高便，约八里；村西北部，通向高帮十二里，两福十八里（图四—5）。

图四—5　田间、林间古道

土公路与土路行走的时间有所差异，现今寨中村民与各村或向外联系多用走路的方式前往，所以村民利用通向岑最、孖略、高便土路的几率仍较高。

村外向南较远处有溪流，但调查时天气干涸无水。无水路与山寨相通。

（三）村外特殊的活动位置及情况

每年农历五月的过新节和七月初一的七月节，高略村的年轻男女固定会到村外的情人坡登高谈情说爱。

情人坡属于高略村八寨的公共区域，亦是八寨的游方场，在高略以西，乌棒以东。情人坡面积不大，仅五十平方米左右，上有固定剖木长凳六张。坡上视野开阔，往东可远眺大、小寨，往西可见乌棒、乌守的一隅。青年男女过节时往往来此约会，也是平时男女约会游玩的最佳地点（图四—6）。

图四—6　情人坡

高略村西北方山区有一个天池，属于公共区域，当地人多称为天塘[①]，是高略村中的圣地，也是自来水的水源地，每年都会有人祭拜天塘。修公路的时候要从天塘穿过，有老人前往反对，所以天塘才能保留至今，不过公路仍然破坏了天塘的三分之一。天塘常年有水，据村民介绍天塘风景秀丽，满池荷花，不过因为许久未下雨，天气太过干燥，调查组到达现场时发现天塘有些干旱，不复村民形容（图四—7）。

图四—7　天塘

① 天塘，又作天堂，当地人习用同音异字。

（四）与周边村寨的关系及交流

高略与周边村寨和自然寨之间的联系紧密，可分为宗教信仰、婚姻和亲属关系、日常交往和商业交易往来几类。

1. 宗教信仰

风水先生、鬼师是村民信仰中很重要的一部分。高略大、小寨中有十多位鬼师、两位风水先生，塘腊有一个。通常村民请鬼师时，大多是大寨请大寨鬼师，小寨请小寨鬼师，至于自然寨与其他缺少鬼师的自然寨，都会到大、小寨请自家信任的鬼师。但是村民普遍认为塘腊的风水先生比较厉害，所以大多会去找他。

2. 婚姻和亲属关系

婚姻关系是高略村与外村往来比较频繁的一种关系。很多高略村的媳妇是从外村嫁过来的，也有高略的姑娘嫁到外村去。在这种婚姻关系基础上建立的亲属关系，也是本村与外村联系的主要内容。高略村与外村的婚姻关系很多，不过嫁娶范围都在贵州省内，一般都是在本村、高帮、高便、岑最、两福和黎平县，目前没有外省人嫁入。如林慧的母亲就是由两福嫁进小寨，而两个姐姐则嫁到两福，逢年过节或是闲时都经常往来探望。

高略几个寨之间的村民常互相走亲戚，保持正常来往。过春节、苗年的时候高略的各个自然村不会集中到同一个地方一起过，但是寨与寨之间的亲戚会互相邀请，有时一个寨的全体村民会到另一个寨去吹芦笙一起过节，而邀请的范围并不限于高略行政村内。

3. 日常交往

高略村内部8个自然寨之间交流频繁，村民彼此熟识。而高略村腹地大，自然村寨分布广，核心区的地理位置又决定了高略村大、小寨与外村的日常交往多。高略与其他村寨日常交流大多集中于逢年过节、婚丧喜事、经验交流会等事项。

4. 商业交易

近年来随着公路的开通，高略村与周边村寨的商业交易密集，与岑最等村寨之间既有婚姻亲戚往来，亦有商业交易往来。村民赶集的地点原来主要是在朗洞镇（星期日赶集），近年来由于交通日益便利，1982年在岑最出现市集（星期六赶集），2006年宰牙也新兴一个市集（星期五赶集），赶集地点大为增加，村民生活物资补给更加便利，各村寨的货物交流也更为频繁。此外，村外有人到高略村收购药材、木材、牲畜等商品，高略村民很少把这些特产运出村销售。通公路后亦有流动售货车到村中摆摊，在调查期间，有来自湖南的衣服商贩开货车到高略村摆摊售衣。

（五）中心与边缘

高略村以大、小寨为中心，向四周发散分布发展形成自然寨。大、小寨又以村委会所在地为中心区。该中心区不仅是高略村的政治中心，也是文化中心。这里有村委会、村卫生院、高略小学、节庆聚会场地。中心区也是附近自然寨的商业中心，平常自然寨村民都要到大、小寨的小商店购买生活物资。大、小寨为高略村居住地较为集中的地区，村民最多。

在高略以外，是高帮、岑最、高便、两福、卡寨等其他村落。本村村民都知道这些村落的方位和名字以及各村落大致状况，与这些村落都有交流。

五、村寨的内部结构

（一）村落布局及功能分区

大寨、小寨空间以居住区为主，中间夹杂着村委会、组委会、小卖部、芦笙场、小学、斗牛坪等商业、文化、公共区域，村委会附近集中了几家小卖部以及卫生院、篮球场、小学等公共建筑（图五—1）。

1. 居住区

高略大、小寨区域形状大致呈两个一大一小不规则的椭圆形，东北、东南、西北三面环山，东邻塘告，北邻塘腊，西邻乌棒，南邻孖略、高便。大、小寨以村委会为分界点，两寨中心由田地划分成两块住宅区。大寨地势由西北向东南倾斜，小寨由西南向东北倾斜，大致形成两个地带。大、小寨的民居非常密集，高略村一半多的村民都居住在这一带。民居之间小路纵横，山坡地上交错着种植果树，房屋周围养殖鸡鸭。

村东南部小寨范围公路东侧山坡上的村民较少，房屋散落于山顶上，民居与枫树林交错分布，均为小块，分散在略平坦的树林地区，这些村民都是1984年以后才搬到此地居住的。

目前大寨西南侧的风雨桥以西居住有十几户人家。这十几户人家原先的房屋都较为陈旧破陋，因此纷纷搬离地势陡峭的大寨核心区域，搬到地势较平、适合建房的风雨桥附近居住。

小寨在20世纪60年代时约有三四十户人家，70年代约五十户，80年代在七十户左右。小寨大体由西向东，由山下向山上发展。1998—1999年，小寨开始大规模扩张，那时村中的木匠师傅们组织了修房队，每年修新房一两套。2008—2009年，因为公路修通，新房数量激增，每年新增三四套。2010、2011年每年可达到七至八套。大寨新房数量的增加不如小寨迅猛，但发展的时间序列与小寨相当。

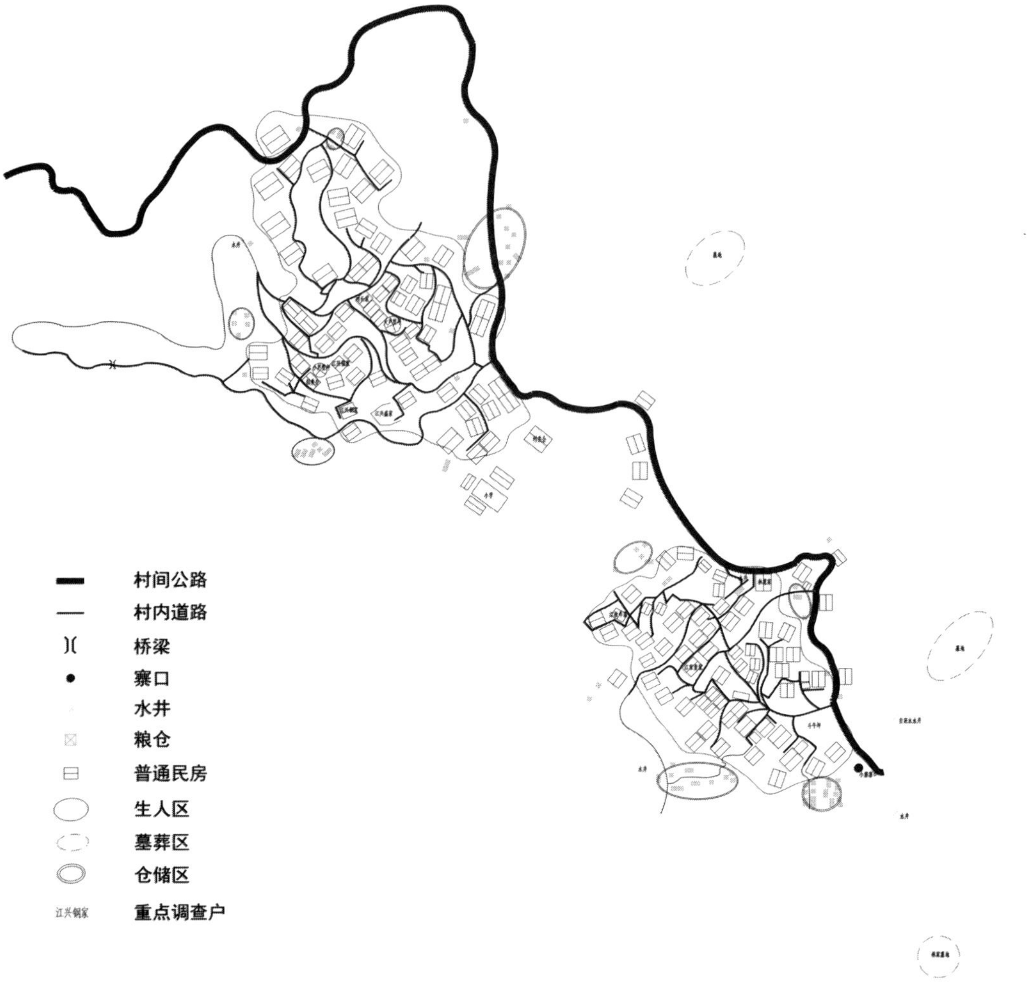

图五—1 高略（大、小寨）村落分布图

自然寨位于村庄林地的外缘，有部分村民居住在山坡上，与大、小寨相同，居住地集中，自然寨间错分布在高略行政划分的林区与耕地间。

2. 仓储区

高略村村民的粮食不储存在屋内。由于担心木质的屋子起火烧到粮食，因此村民在屋外另建谷仓。粮仓集中建于寨外的适当地点，现大寨粮仓位在寨外东、西、西南各一处，小寨粮仓则位在寨外北、西、南各一处，紧邻村寨边缘。近年来由于村落的发展，粮仓与居住空间多有交接（图五—2）。

3. 公共区

芦笙堂或芦笙坪是苗族人吹奏、练习芦笙的地方。大寨有两个芦笙坪，小寨有一个。全村的芦笙坪位于小学篮球场。每逢春节和苗历新年，会吹奏芦笙的人们都要在那里一展绝技。

大寨一组的芦笙坪位于组委会附近（图五—3），三组的芦笙坪位于上寨的核心部位，面积约五十平方米。小寨的芦笙坪位于小寨中央，该处正在改建为组委会的房子，小寨的两组村民将在这里练习吹奏芦笙。

新中国建立前的大寨、小寨常常遭受土匪团伙的侵扰，村民们为保护家园，将寨门建在大、小寨的路口，用石头砌成城墙，墙头摞上有刺的树枝进行防御。大寨有三个寨口，分别位于通往高帮的公路口、去高帮的小路上以及大寨正南方向风雨桥旁。小寨有一个寨口，位于小寨东南，紧邻通往岑最的公路。新中国建立后治安好转，寨门被拆除，仅留下护寨林附近的一堆乱石。

护寨林位于小寨寨口的一个土坡上（图五—4），上面长有一棵树干周长约三米半的枫树。枫树被视为大、小寨的保护树，被很多人当作自己的保爷。

村中的斗牛坪位于护寨林中，但由于这里已经十多年不斗牛，护寨林中堆满了村民用来建房的木料。

村中的篮球场修在小学中，是村中青年人的游乐场所。午后或傍晚，常常有三五成群的年轻男性在此打球、游戏或聊天。高略村的村民大会一般也在篮球场举行，篮球场也作为整个高略村的芦笙坪使用。

（二）公共建筑

1. 村委会、组委会

村委会位于大、小寨分界处，为三层建筑，一层尚未利用，二层为村卫生院，三层为村委会办公及开会地点。村委会前有一大片空地，空地前有几棵百年以上的古树，其

图五—2 大寨谷仓

图五—3 一组芦笙坪

图五—4 护寨林

中最粗大的马尾杉树周长达6.8米。

大寨、小寨每个生产小组分别设有组委会，供组员开会、娱乐使用，小寨的组委会还兼有芦笙坪的功能。

2. 小学

高略小学位于村委会西南方向。20世纪90年代初，高略小学校址位于现村委会前水池附近，后来搬到了村委会南面。现在的教学楼以前是坟地，当时坟墓数约五十个；操场以前是一片田地，原来是收割后用来当芦笙坪的地方。刚搬迁的时候学校占地面积比现在小，房屋也矮小。后来美国“燃灯基金会”支持学校扩建，捐资2.5万元人民币。改建小学的时候村委会、村支部动员村民捐献柱子、枋和地基，最终由村民合力完成改建，2.5元万主要用来购买黑板和装潢内部。燃灯基金会资助后学校改名为“国嘉小学”，但高略村民一般仍称其为“高略小学”。

图五—5　大寨南侧风雨桥

3. 风雨桥

风雨桥是可以供路人暂时躲避风雨的桥，桥上两面出檐。大寨有两座风雨桥，西侧的风雨桥名叫酒单桥，2011年刚刚修建好，桥头建有一个土地神龛；南侧的风雨桥修建时间较长（图五—5、—6）。

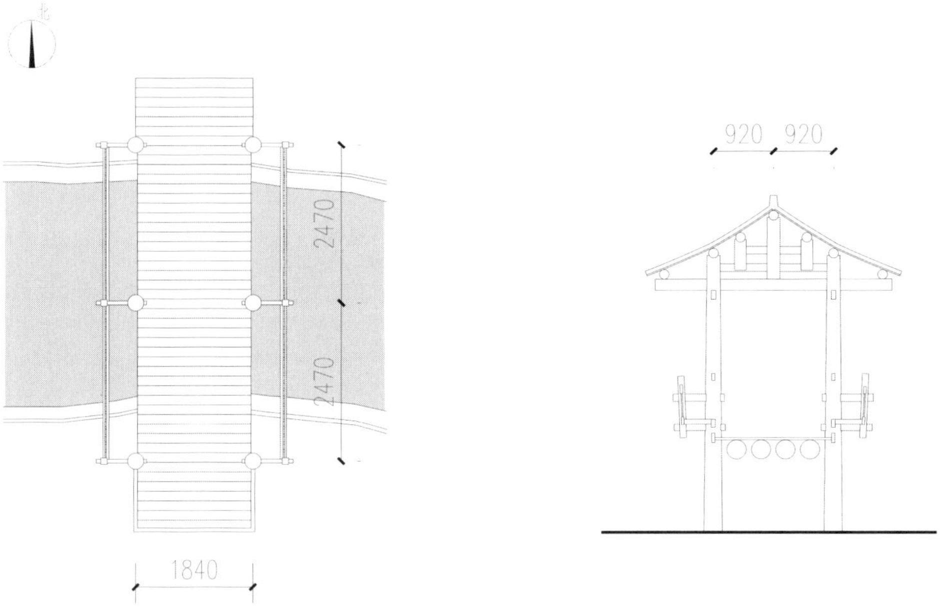

图五—6　大寨南侧风雨桥平面图　横剖面图

（三）道路体系

高略村村内的道路是在房屋先行的情况下，由人们惯常的足迹踏出的。道路和建筑物之间有厕所、猪圈、排水沟等作为缓冲区域。村内道路体系基本沿等高线起伏而变化，建筑也顺着等高线呈梯级排列。整个道路网络由平行等高线的横向道路、垂直等高线的纵向道路以及为减缓道路坡度与等高线任意斜交的道路组成，“其主要街道多为弯曲的带状空间，曲率大致与等高线一致，没有显著的高程变化；巷道与等高线垂直，高程变化显著，并经常和排水沟结合在一起”①。在坡度较大路段，为减缓道路坡度采用了“之”字形的折线道路。

村内道路可分为三种，分别是可通车的公路、村内连接各家房屋的水泥路和尚未铺设水泥的山间土路。公路为2008年修通，主要是土石路，可容两车交错，在高略村中沿东南—西北方向伸展，东南端通岑最，西北端通高帮、两福。水泥路为近几年修建，水泥路较林间与田间普通土路宽，可允许两辆机动车交会。这些道路连接着寨中各处以及村民家。大寨中的水泥路相对于小寨略微宽敞且铺设水泥的地方多。尚未通水泥路的地方仍以土路为主，土路较为狭窄，遇雨天极为湿滑。

大寨内主要通道有三条，分别绕向北侧、西侧、西北侧，比其他小径宽阔，亦为主要干道。其中绕向北侧和西北侧的两条最终相交。小寨道路更为窄小和错综复杂，最宽的路段不到1.5米。

（四）给水排水

高略村于2004年建成人工引水工程，利用山区高差引水。农田灌溉用水都是从山上引下来，因为新修的公路旁有排水系统，为了防止塌方影响水源，以石头叠起水道，将水引至公路下方保水（图五—7）。至于村民日常用水有两种，一种是自来水，水源主要是天池，天池常年有水，村民于比天池略低的山坡上修建多个蓄水池，储存雨水待泥沙沉淀后使用。另一种是井水，干旱季节，高处水源不足，村民无法直接取水使用，仍需到村中水井挑水。村中共有五口水井，分别位于大寨西北部、小

图五—7　水源保护渠

① 彭一刚：《传统村寨聚落景观分析》，中国建筑工业出版社，1992年，第57页。

寨林慧家附近、小寨西南部和小寨寨口。小寨寨口附近有两口井，其中一口因水质恶劣无法使用，另一口建于1991年，水质甘甜清冽，可直接饮用。几口井都按相似形制建造，形状类似一个半米高的门龛，有侧柱、门楣，门上均刻有纹饰，门内为方形水池，水略微溢出。井有两侧壁，壁上一般会记载建造日期以及捐款人姓名等信息。根据侧壁记载的年代，林慧家附近的井始建于光绪三十二年。大寨西北部的井曾被泥石流埋住，后经村民合力挖出，井上文字已看不清楚，但据说这是一口有着三百多年历史的老井，从前井上还刻有高略祖先江文秀的名字，今已漫漶（图五—8、9）。

图五—8　300年古井

图五—9　古井纹饰

村中的排水系统为依地势自然形成，但据村长介绍，近一两年会做排水系统的规划。

起初寨中每隔几户人家都有用来防火的蓄水池，后来全部被拆除。现在防火用具主要为防火枪和水袋，但在天气干旱、水池干涸的时候仍无法使用。高略在今后一两年打算将防火列入“一事一议”工程，由上级拨款做统一防火规划。大寨中的上、下两寨，由一条东南—西北向的斜向的小路作为火线。

六、村寨的构成单元

（一）家庭住房布局

高略村大、小寨的房屋依山而建，因此没有院落，但有时屋前或两厦间的平地亦可作为院落使用，用于晾晒禾谷。有些民居会在房屋两厦间另搭一间小棚作为厨房、圈栏，扩大使用面积。

吊脚楼中的厨房一般位于堂屋一角，以铁皮管做烟囱将油烟引向屋外。冬天时村民也会在屋内火塘中烹饪，火塘一般高于地面（图六—1），嵌于平铺木板之中，可以用来烧水、取暖、照明以及烹饪，也是一家人欢聚、谈天的场所。但火塘的煤烟难以排放，不够安全、卫生，新房一般不设火塘。地面式建筑多将厨房设在屋外搭建的棚子中。

图六—1 火塘

传统民居即吊脚楼的圈栏多位于房屋一层或二层的角落，随着生活水平的提高，越来越多的人家因讲求卫生及避免异味而择地另建圈栏。地面式建筑中，一层直接设计为接待客人的地方及卧室，养殖的圈栏多设在两厦。圈栏是以三片薄木板和竹子互相穿插而成，面积约五平方米。猪圈顶为防水的坡顶，顶部盖树皮，圈顶与梁架之间常常堆放背小猪的竹篓。圈栏中既圈养猪、牛等大型牲畜，也会圈养鸡、鸭等禽类。鸡、鸭白天一般散养在村中，晚上它们自行回到院落的巢中。

出于卫生考虑，村中房屋一般不修建厕所，而是把厕所设在屋外较远处。厕所主要是木结构，低矮狭小，下方常放木箱、木桶盛放排泄物，会定期取出肥田。也有一些直接设计成斜坡，直接通向田地。厕所可公用，但所得粪肥归修建厕所者。由于水源短缺，自来水引水困难，村中至今没有冲水马桶。

（二）房屋结构

高略村大部分住宅建筑属吊脚楼，这种住宅多建在坡度较大的斜坡上，使用“错层型”结构，凭借坡面开成上下两级屋基，上级屋基竖柱较短，使前面半间的楼板与后半间的地基平行，形成“半边楼”①。为稳定屋基，也会在基柱下垫较平的石块，使下层基柱具有一定的承重能力，而且可以防潮、防水。

高略村房屋立柱直径多在十八厘米左右。有时为扩大屋内空间，也用减柱造，将中间的立柱改为较短的瓜。柱与柱之间靠枋连接形成梁架，枋的截面呈矩形，枋分为大、小枋，包楼枋，大枋位于小枋之上，形成较为稳定的结构。出水枋在檐下出挑，支撑檐檩。楼板枕位于楼板下方，截面多为矩形，起支撑楼板的作用。

---

① 龚敏：《贵州苗族民居建筑与规划》，《文艺争鸣·艺术地理》2011年第1期，第119—120页。

屋面做法相对简单，在檩条上直接钉宽约十厘米，厚约两厘米的椽皮，铺树皮或小青瓦即成。椽皮承重后，会自然弯曲，形成两道弧线的屋顶，需要有经验的架梁师傅掌握瓜和立柱尺寸的微妙变化。屋脊部分由两边向中间铺瓦，为了使两边对称的瓦压住屋顶，屋顶中间会做一个小花状的图案。村内建筑屋顶形式有悬山、歇山、重檐、山面披檐等多种形式，并有一面悬山、一面歇山的特殊设计。

（三）住宅内部布局

传统建筑的室内空间，根据不同的用途及其重要性，可划分为四类：礼仪空间，包括火塘和堂屋，在室内布局中有重要的精神功能；生活空间，包括廊道、卧室和起居室，为日常生活起居的主要使用场所；辅助空间，包括圈栏、储藏室和厕所，是日常生活的辅助空间；交通空间，主要是楼梯，它主导着进出住宅和住宅内部的垂直交通。

高略村的住宅建筑与本次调查的其他村寨相似，但年代相对久远。主要有吊脚式和地面式两种基本类型。吊脚式住宅和地面式住宅在平面形式、居住方式、构造方式上都有差别。

吊脚式住宅是村中的传统建筑样式，一般为三层。一层不铺设地板，用于堆放农具、柴火、饲养猪、鸡、鸭等家畜家禽。二层一般用于舂米以及做饭烧水、堆放杂物和生产工具，有时也可待客、居住。三层为堂屋、主人的居住空间等。顶棚层即三层的屋顶，也会铺设木板，做成阁楼，用于堆放木材或杂物，为储存空间。近年来新建的建筑则多为地面式建筑，一般为二层，一层做生活居家使用，为堂屋、卧室，二层为储藏空间和客房。很多在一层也铺设木地板，将养殖、做饭空间转移至屋外，从而扩大使用面积。

（四）房屋材料做法

1. 建筑做法

房屋的营建一般包括以下几个程序：确定建房规模，准备建筑材料，聘请架梁师傅设计住宅，整理宅基，下料，排扇，起架上梁，安装室内外壁板，制作门窗等室内设备（图六—2）。其过程大致如下：

房屋选址后，架梁师傅要根据房主需要和屋基选址设计房屋的内部结构，包括内部开间、进深等。装修师傅根据架梁师傅的设计下料制作，下料时使用一根长木竹片标记木料的长宽和位置。起架的头一天，众人按照架梁师傅的指挥，把各个构建摆放在相应位置，然后用枋将屋柱和瓜串联起来形成一排屋架。再将屋架竖起，用枋连接，完成整个房屋的主体构架。之后装壁板、楼板、隔出房间，一般隔出房间后屋主即搬入新居，余下的部分边居住边完善。

2. **建筑材料**

房屋建材主要以杉木、瓦为主。村中林地面积大，林业资源丰富。因此，村中的建房基本上都是就地取材，利用自家林地的杉树修建房屋。建一栋全新的房子大约需要80—100根木头。

云杉树的特点是木质较软，刚刚伐下的杉木需要数月时间晒晾。刚建好或翻新过的房子，木板会呈亮橙色，但经历日晒木板颜色会变暗变深，经历二十多年的房屋会变成深褐色。旧房屋拆下的木板经过刨光加工还可以重装，因此可以通过刨光木板的方式翻新旧房屋。

图六—2　妇女们在平整土地

从前建房时村中请师傅到村中瓦厂做瓦，做瓦需要凑数，总数达到一定数量（一般在五六十万片）时，可以请师傅上山来做一次，后来村中两个瓦厂逐渐废弃。现在由于村中通公路，一般村民建房会从山下买瓦。由于烧制工艺问题，瓦片有些呈青灰色，有些呈橙红色。屋顶瓦片三至五年要翻新一次。

有些家庭没钱买瓦，只能用树皮代替瓦铺设屋顶，上以细长木条固定。下大雨时树皮屋顶有时会漏雨，也有些家庭会先铺一半瓦，另一半以树皮代替，等有钱后再全部换成瓦。村中也有极少数房屋屋顶铺设石棉瓦和琉璃瓦。

（五）房屋装修

高略村房屋的内外部装修都较为简洁。少数民居一层的门扇、窗户部分会有雕镂装饰。有时门楣上会安装门簪或门花，上面雕有一些简单的纹饰，纹饰有时和八卦、风水有关。

少数民居在堂屋外设置有“美人靠”，苗语称“斗安息”，意为供人休息的凳子和靠背（图六—3）。美人靠栏杆的设置也很讲究，它由几十个向外隆出的弯月形小木条等距离排列组成，木条上方固定在一根长长的方形横木上，下方固定在突出椅面的枋上。

高略旧式民居的窗户是木窗，直接嵌入窗框凹槽，像现代的塑钢窗一样，可以平行推拉，卧室一般不安窗，或只安很小的窗户。现在很多建筑都使用可以向外推开的木质窗框的玻璃

图六—3 美人靠

窗，还有些新式建筑用上了塑钢窗。

为了挡风遮雨，现在修建的新房屋常常在下级基柱旁补建砖石结构墙面，但不起承重作用。

（六）粮仓形态和特点

高略村粮仓体积较小，多集中分布，下部用木柱架空取平，以保持粮食的干燥。粮仓一般为6柱，为节省材料，有时数个谷仓连在一起修成一排，中间用隔板分开。粮仓一般会和地面隔出一段距离，因此需要使用梯子。一户人家一般有一间粮仓。

（七）典型人家

1. 江故年宅

江故年家的住宅是小寨房子中最古老的，约有二百年历史，住过七代人，至今没有翻新过，是林家最早来到高略的时候修建的。房屋位于小寨西北部寨脚，因此在小寨所历五次火灾中得以幸存（图六—4、5、6）。

江故年今年六十岁。四十年前，江故年嫁到林家，住进了这套房子，婚后不久丈夫就过世了。现在江故年的大儿子结婚后分家另建新房，二儿子常常在外务工，回家后和母亲住在一起。

房屋是吊脚楼，共有三层，面积约125平方米。一层用于饲养禽畜。二层未架空部分经过改建，改变了入口方向，扩大了房屋的使用面积，新搭了养鸡的棚屋，目前二层用于养殖和储藏。三层是居住部分，从楼梯间上来以后是一间较大的堂屋，堂屋有两扇可推拉的大窗户，下

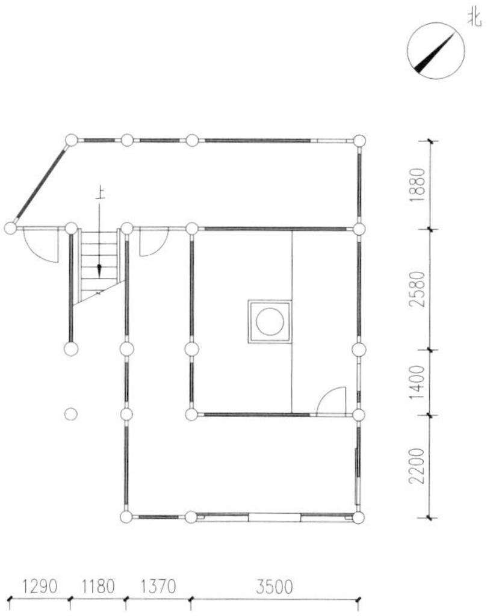

图六—4　江故年家二层平面图

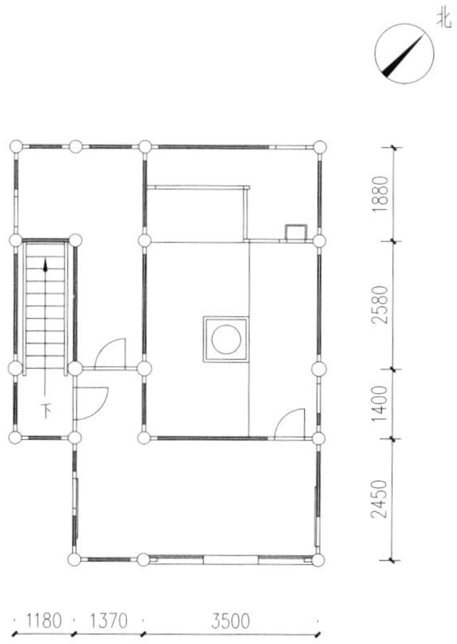

图六—5　江故年家三层平面图

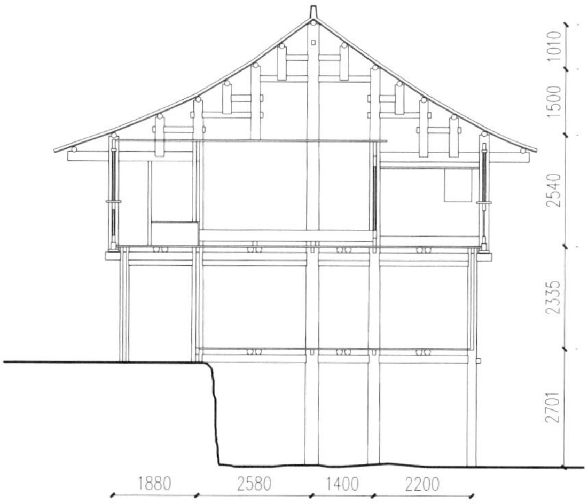

图六—6　江故年家横剖面图

设凭栏，分别朝向西南和东南。这里采光较足，江故年一般在这里会客和做针线活。堂屋后有两间卧室，分别属于江故年和二儿子林顺席，二儿子的房间内有火塘，里面还有一间储藏间。

2. 江兴福宅

江兴福家的房屋是江兴福的父亲于1964年从村中的老支书手中买下的，老支书后来搬到党京，去年过世。之前，这栋房屋在老支书家已经传了三代。因此可推测这栋房屋建于1900年左右，到现在已有一百多年历史。现在这一房屋中住五口人，三代同堂，屋主江兴福、其妻、其父和儿子、女儿（图六—7、8、9、10、11）。

房屋位于大寨中间位置，一组芦笙坪东侧，是很有特色的连檐吊脚建筑。但因年久失修，被划为危楼。从外部观察，屋体已经严重倾斜。据江兴福的弟弟江兴盛说，原来屋中二层是有

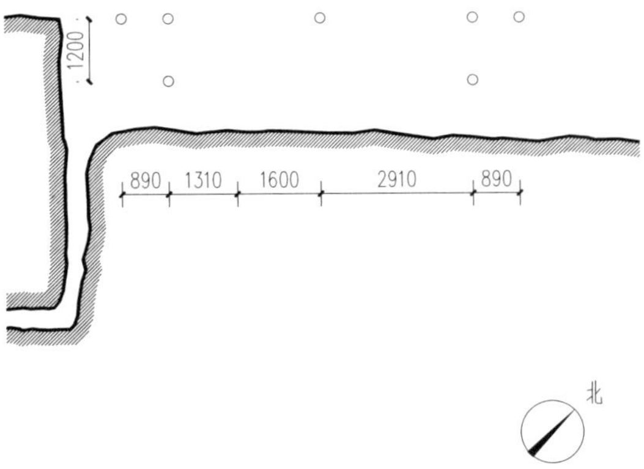

图六—7　江兴福家一层平面图

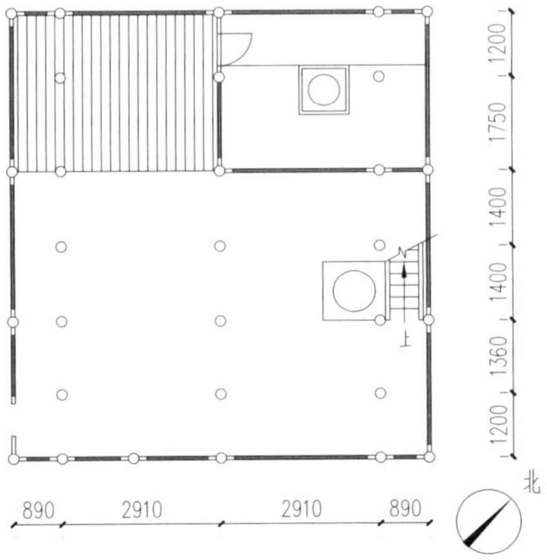

图六—8　江兴福家二层平面图

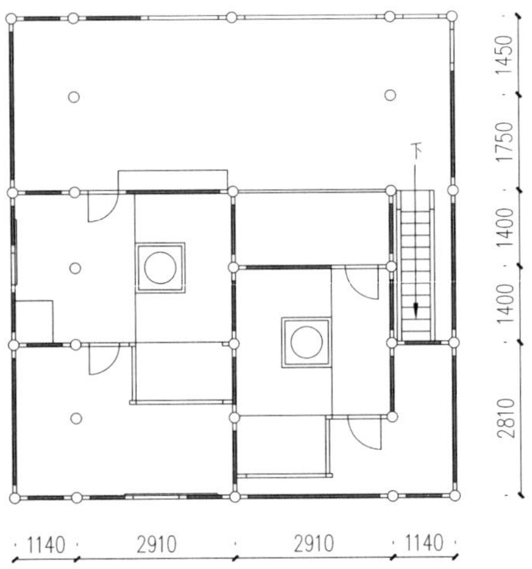

图六—9　江兴福家三层平面图

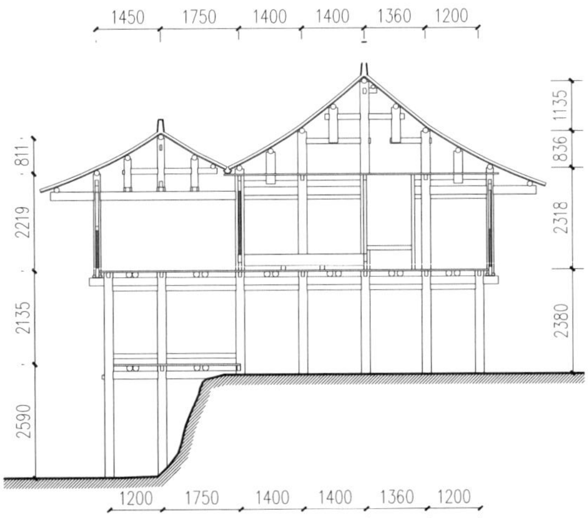

图六—10　江兴福家横剖面图

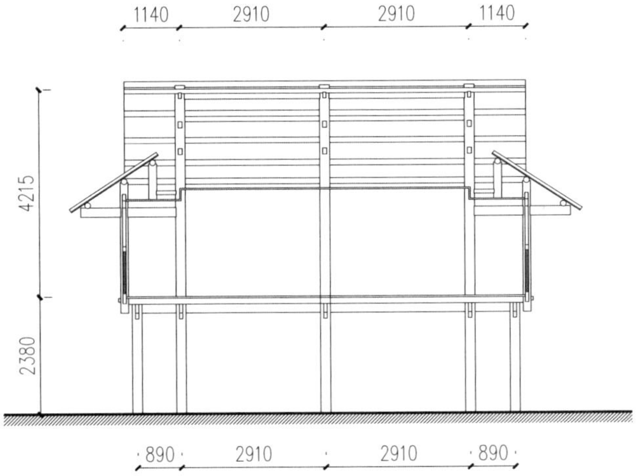

图六—11　江兴福家纵剖面图

地板的，但不知为何后来被拆除。

房屋面积约160平方米。一层饲养牲畜，二层进门位置摆有舂碓、鸡笼以及一些生产工具。楼梯间旁有灶，一般在这里煮食全家的饭菜。堂屋位置是被垫高的地板，西北面设有敞开的大窗，屋主的妻子和其他妇女经常在这里缝制衣物。堂屋旁设通向卧室的门，卧室内设有灶台，此门经常上锁。三层堂屋内东南面墙设有大窗和凭栏，堂屋较宽敞，窗对面有两扇门，分别通往两间卧室，卧室内都设有火塘，冬天天气寒冷时可以烤火。卧室内还有门可以通向储藏间，储藏间内有床，但未询问居住者。

3. 林慧宅

林慧家的住宅属于小寨内较新的地面式建筑，于2008年改建，但二层尚未完工，中间还堆有大量木板等建材。林慧家共居住有三口人，林慧、妻子杨昌美、女儿林仙。林慧的母亲不习惯住新房，还住在距离不远的平房内（图六—12、13）。

林慧家位于小寨北侧的公路旁，地基平整，是大、小寨少数建于平地的二层房屋，面积约220平方米，养殖和做饭都在屋外东侧空地的棚屋中。

房屋一层竖了砖石墙，铺设了木地板，进门前需要把鞋脱在门前的空地上。林慧家以经营小卖摊为副业，因此房前完全是敞开式的，方便顾客浏览、购买商品，歇业时拉下铁制的卷帘门。小卖摊和堂屋之间有一道隔墙，保证了内部空间的私密性，堂屋西侧有门，开门时可以弥补采光的不足，还能欣赏远处的山色。堂屋通向储藏间和主人卧室，目前孩子还小，因此一家三口睡在同一间卧室内。二层有三个储藏间和一个客卧，中间的堂屋尚未装修，堆满了木板。

总体来说，林慧家比起传统建筑更加重视采光等功能的设计。厨房设在屋外，避免了炉灰、煤烟对房子的污损。屋主常常拖地，屋中的地板很干净，可以直接坐卧，十分舒适。村中的老建筑门口一般没有防盗措施，因此只能将储藏室设在卧室内部，保证粮食、蔬菜和重要的生产工具不失窃。而新式房屋则较少采取这种设计，林慧家的防盗措施是卷帘门，一些家庭还使用了防盗门。

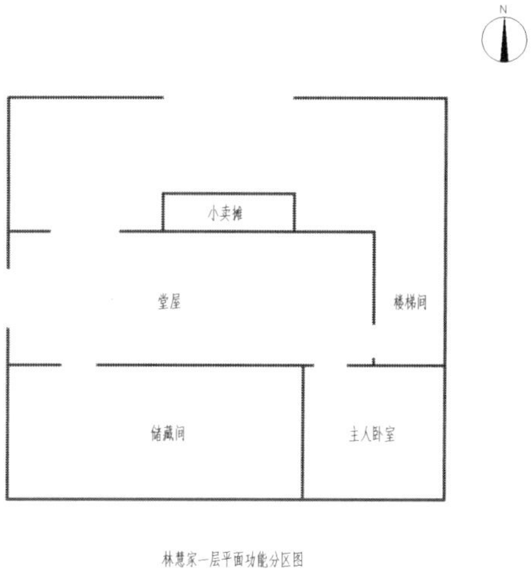

图六—12 林慧家一层平面图

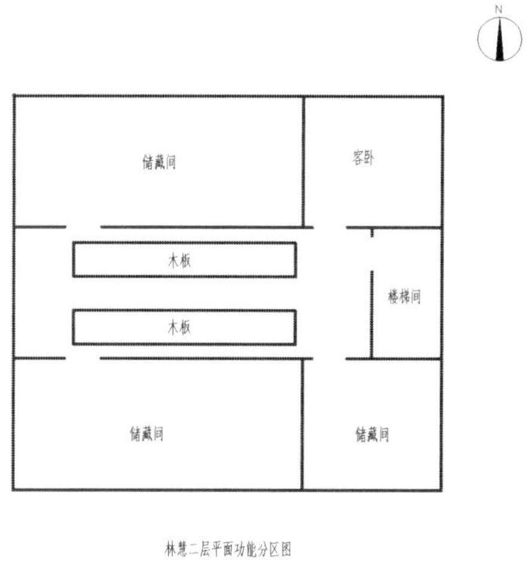

图六—13 林慧家二层平面图

七、人群与社会组织

（一）家族姓氏

村中大姓主要有江、杨、林、李、谢等。八个寨的村民大部分姓江，大寨绝大部分都姓江，只有两三家姓谢；小寨江、杨、林姓各占三分之一，姓李的只有三四家；党京全部姓江；孖略五分之四姓江、五分之一姓杨；塘腊全部姓江；塘告二分之一姓江、二分之一姓杨；乌守全部姓江；乌棒全部姓江。

各自然寨中的姓氏比例如下表：

地区	户数	江姓	杨姓	林姓	李姓	谢姓
大寨	88户	98%	x	x	x	2%
小寨	94户	32%	32%	32%	4%	x
党京	30户	100%	x	x	x	x
孖略	66户	80%	20%	x	x	x
塘腊	33户	100%	x	x	x	x
塘告	19户	50%	50%	x	x	x
乌守	20户	100%	x	x	x	x
乌棒	18户	100%	x	x	x	x
总数	368户					

村寨中没有文书族谱只有口传族谱。家族群体之间保有良好关系，有事情都会互相帮忙。例如：临时没时间喂牛，其他家会帮忙。每个家族都有一个族长。譬如第3组，房主有七八个，其中有一个是房长，管挂清（即扫墓）。

一般兄弟分家时会修建新房，村寨里女孩在家中没有继承权，所以嫁人不会修新房。兄弟中有能力建新房的一般结婚后都会搬出去住，没有能力建新房的则有可能兄弟合住，或住父母的老房子，像江家学现在仍与弟弟及父母同住。

（二）家庭单元

一般家庭三代人住在一起，最多五代人住在一起，一户人家一般有4—6人。家庭中男性主要负责经济事务，女性操持家务。

父母亲一般随幼子生活，亦可根据各个子女的经济情况调整。分家后父母财产儿子均分，女儿不分。分家时一般会有分灶灰的仪式。

（三）婚姻生育

村中一直都是一夫一妻制，堂兄妹不可结婚，表兄妹可以结婚，但三代亲内绝不可以结婚，而且八个自然寨之间也有特别的开亲规定。塘腊、乌守、大寨为一组，杨姓从前是投靠江姓，与江姓是结拜兄弟，寨中江姓、杨姓之间均不能开亲。孖略、党京、乌帮、塘告和小寨为一组，寨中江姓、林姓、李姓是结拜兄弟，不能开亲，但可以和杨姓开亲。两组之间任意姓氏都可以开亲。一般情况下，小学六年级以上的孩子就明白寨中开亲规定，所以谈恋爱时会注意选择伴侣。

村中目前以自由恋爱为主，还有媒婆，但是数量已经不多。

村寨中男性偏多，全村男女比2：1，2010年男女出生比甚至达到7：1，致使这两年寨中将近二分之一的青年男子娶不到妻子。另一个原因是寨中许多女性外出务工，直接嫁到打工地。

根据政府规定，允许村中每对夫妇生两个小孩，三个属于超生。据林慧介绍，当地村民婚后一般生两胎，亦有多生；若头胎为女儿，一定会生第二胎。

（四）教育卫生

1. 文化教育

据原高略小学的林世贵老师介绍，1991年他到高略教书时学校还在村委会前面，他记不清搬到村委会下的坟地和田地上是在哪一年，不过当时的建筑比较小、比较矮。五六年后，美国燃灯基金会资助2.5万元人民币改建（图七—1、2）。

图七—1　高略小学之一

图七—2　高略小学之二

虽然自从2009年以后，高略小学统招本科教师，但目前仍缺乏教授英语的教师。林世贵没调走时有8位老师，因为学生人数少，所以不再补进新老师，他调走后就剩7位，其中5位为公办教师，每月工资2000元，2位为民办教师，每月工资800元。老师一般没时间种田。高略小学教师的学历大部分都是大专，多为语文和数学专业毕业；3位老师为高略人，4位非朗洞人，他们为了教学方便，一般上课日都住在村中的教师宿舍。教学上，老师可以交叉上课，能够教授多种课程。

目前小学有一百多位学生，每个年级一个班，一个年级有二十多位学生。课程以语文、数学、英语、科学为主科，还有音乐、美术、体育、思想品德、健康教育等。正常上课时间每天上午8点至11点，14点至16点半，五六年级老师加班增设19点到20点的夜自习。

对于优秀学生、三好学生、优秀干部、进步学生等，学校都会颁发奖状鼓励。学生们都较听话，但因为语言的关系，学生日常都用苗语交流，对汉语教学不太适应，所以成绩不是很好。

1991年之前，有学生人数不够的原因，也有父母不重视等原因，五、六年级都是断断续续开设。1991年以后确认开设六个年级，家长逐渐重视学习，对老师很尊重，逢年过节会请老师吃饭。1991年正式开学时，之前没上过六年级的村中青年，即前往小学读书，有些学生的年龄比老师都大。

2000年以前，小学的经费以学生学费为主。当时存在辍学的现象，但教学质量较其他地方好，有岑最、孖略等外村学生来上学；现在没有辍学生，但岑最的小学开设了六年级，交通较为便利，其他村的学生多到岑最读小学，所以过去到现在，学校的学生数量变化不大。

村中学生读初中要到朗洞镇，高中在榕江县。2000年以后，实现了100%升初中，之前升初中需要考试，有没考上的学生，也有很多考上没办法念的学生。目前义务教育入学率100%。

目前小学生每学期只要交15元本子费，20元保险费即可，教材都是新书。1996年时，初中的学费是125元/学期，现在无学费。中学每学期交150元，其中包含白米饭钱，另有40元本子费，菜费由政府补贴，女生不需交住宿费，男生住宿费一学期15元。一般每周的零用钱为30到50元。学生一般每周都会花2.5—3小时走24里路回家，不回家者宿舍仍供应饭菜。村中目前有8个高中生，2个大学生。高中生每学期学费1200—1500元，生活费一周大约要100元，供养一个高中生一年要1.2万元左右，村中很多家庭无法负担，所以考上高中的学生50%因为经济原因不去念。不过，一般初中成绩不好，便不上高中。大学生一周的生活费要300—500元，多在贵州省内大学念书。

目前寨中的教育程度：50岁以上是文盲者有400人左右，40岁以下没有文盲。

2. 医疗卫生

高略村卫生院2008年才建造，原先县政府拨7万元建独立卫生院，但是村委员会开会后将医院与村委会建在同一栋建筑中（图七—3）。

卫生院中唯一的医师姜世元毕业于贵州医学院，学习中西医全科医疗，经常要回去培训，可以考医师执照。工资是按时薪计算，由县卫生局拨款，药品要自行负担，收入主要来自收取的药费，一个月大约三千元。

图七—3　卫生院与村委会

卫生院实行24小时留守制，随时有医生待命，有需要随时都可以找到医生。医生也会出诊。高略村的村民4—5月、8—9月生病率较高，主要是带婴儿来看病，大部分是看感冒、胃肠不适、腹泻、腹痛，还有妇女疾病、高血压、胃病、风湿等，高血压病例一年约四五人，风湿一年约五六十人。当地人在到卫生院看病就医的同时也会找鬼师用鬼，前几年大都还是相信鬼师用鬼，近年来才较相信医学，但仍然相信鬼神力量。

2007年开始实行医保改革，村民2008年每人每年交10元，到了2009、2010年每人每年交20元，2011年开始每人每年交30元，可享受医保。本地医药费报销60%，住院、看病可报销70%，但在外地开药报销上限是40%，凭发票才可以报销。

产妇都到县医院生产，国家会补贴，医药费100%报销，无论是从事生产时受的外伤还是不小心中毒皆可报销。但自行造成的伤害、购买营养品、输血均不能报销。

本村的卫生院能够住院，共有2个病床。通常有重病患者时医生会出诊。村卫生院根据国家规定对0—16岁适龄儿童接种乙肝、麻疹、白百破、麻伤风、甲肝、流脑、脊灰、糖丸口服、卡介苗疫苗，出生6个月内打卡介苗、乙肝，每两个月打一次脊灰，糖丸口服可吃到4岁，白百破每8个月打一针，2岁时加强一次即可，乙脑等都是6个月打一次到2岁加强，以上疫苗全都免费。村中每个小孩出生时的记录都在县医院，到时卫生院门旁的公布栏、村长以及各组组长都会通知村民前往接种疫苗。现在因为村卫生院已经配有冰箱，随时可以打预防针。牙齿、眼睛等疾病，卫生院可以看诊，蛔虫则可以直接开药解决，但不会组织统一的检查和治疗。学校有时配合组织打疫苗，如麻疹等，但是健康检查都要到医院。

村中另有中医师五六人，最有名的医师是既通中医又通西医的杨昌全。中医师没有医师执照、证书，因此很难买药。杨医生的西药是请人从柳州买回，再出售给病人，明码标价。所用中药为上山采集，治疗跌打损伤、断骨扭脚均用中药，中药费用取决于病人的支付能力。杨医生可看的病症很多，包括麻疹、水痘、流感等，还可以治疗蛇毒、食物中毒等。除此以外，中医师还可治疗村中的鸡、鸭瘟疫，给家畜打疫苗。中医师月收入两千元左右。

一般办理了新农村合作医疗的村民倾向于找姜医生，没有办理的人倾向于找杨医生。

山中有很多珍稀特产草药，例如散血飞，可止血；仙恶草，可治肚子疼；仙人架桥可治中暑、眼前发黑。

（五）村寨组织与管理

高略村中的管理工作由村委会进行，村委会负责行政和村中群众各方面的生产生活，主要起模范带头作用，并维持村中稳定。村委会由支部委员会和民部委员会组成，支部委员会有5人，1个支书、1个副支书、3个委员，由全村37个党员召开支部会议选举，主要负责党的事务。

民部委员会有5—7人，1个村长、2个副村长、4个委员，由18岁以上有选举权的村民，在五个投票点投票选出。村委会成员一般要同时包含大寨、小寨的村民，很少出现一边倒的情况。支部与民部委员会一起工作，除非涉及党的事务，否则村中大小事务都由村长管理。村干部每月有500—600元工资（图七—4）。

村中已没有寨老团，基本上60岁以上的男性村民都可以当寨老，现在村中有80多个寨老。村委会如有事需要寨老参加，会找一些有威望、有专精技术、做事精通的寨老参加。例如，节日是由村委会组织懂得看日子的寨老选日期，根据寨老的建议，再由村委会决定。村委会目前在村民生活中扮演重要角色。

图七—4　高略村长在村委会

八、生业与经济结构

（一）农业、林业

农业是高略村经济活动的主体。据村长与村民林慧介绍，本村主要种植的粮食作物有稻米、玉米、红薯等，蔬菜水果包括大豆、青菜、土豆、辣椒、黄瓜、梨子、桃子等。稻米种植于山谷坡地，开辟成梯田，运用坡度落差引水灌溉；玉米、大豆、青菜、土豆、红薯、辣椒、黄瓜等种植于向阳坡地或墓地旁，种植区域较为错落（图八—1）；至于水果多种植于自家门前或屋前空地。种植的作物通常都不作为买卖之用，仅供自家食用。另外玉米、红薯、土豆除了作为人的主食外，还可作为牲畜的饲料。

改革开放前，还未引进杂交水稻，村中主要种植四川白谷与珍珠矮等品种的水稻，产量较低，一亩地仅可收七八百斤，每年3—5月时，粮食会短缺，村民只好到邻近村寨从事短期工作换取些许粮食或者讨些粮食。引进杂交水稻后，每亩地的收成约增加一倍，一亩地可收粮食1300—1400斤左右，现今的粮食产量基本已可供应一家人。

寨中虽然使用现代化肥，但是使用的人较少，大部分村民仍使用天然有机肥。耕作主要是人工耕种，仅20%的田地使用机器犁田，机械化程度低，主要是受地形限制，机器耕耘不方便，所以高略村每户最少会养一头牛，最多会养六七头。

至于经济作物，主要来源于山林种植的林木，如杉木、楠竹、油桐、杨梅。杉木一般都是

图八—1　种植情况

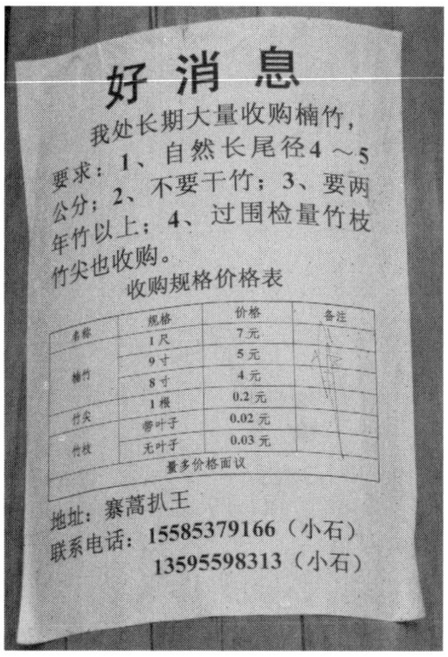

图八—2　收购广告单

外地人定期进村收购；楠竹则有两种买卖方式，一种是村民不定期运送竹笋到城里卖，另一种是专人定期进村收购或张贴收购广告单（图八—2）；油桐籽与杨梅则是不定期收购，一般油桐籽收购价为1—2.2元一斤，杨梅是20元一斤。因为村寨位于天然的山林间，所以林中生长有至少一百种中药材，甚至有价格不菲的灵芝菌、独角莲，不定期会有外地人进村收购。药材价格良好，例如手掌大小的野生灵芝菌，一株可卖一百元左右。

（二）养殖业

村寨内的养殖业大都以散养为主，大、小寨中没有专门从事养殖业的农户，仅孖略有两户专门养羊。村中养殖的牲畜多为鸡、鸭、猪、黄牛、鹅等。牛养殖于耕地旁，用于农作，虽然每户至少养一头牛，但是有生意的人家一般不长期饲养牛，大多是到4月份耕种时节时，买来养殖一段时间，等耕种完毕后再出售。猪饲养于屋后或是于屋旁建猪圈，每日农户会用大铁锅煮杂粮、草、馊食喂养，每户至少饲养两三头，多的有四五头，主要都是到县城出售赚钱，经常会有村外商人到各家收购一百多斤的大猪。鸡、鸭饲养于可自由进出的笼子，每天仅于饲养处洒些饲料，以放养的方式让鸡、鸭于山间自由觅食，所以村路两旁随处可见村民们养的鸡、鸭。至于鹅，多养在水沟旁，每天定时喂菜叶，因为幼鹅的单价高，所以村中养鹅的人十分稀少，养殖的数量一户最多三只（图八—3）。

除了卖猪仔的商人一个月会上山三四次外，很少有商人上山贩卖牲畜幼崽，所以村民大多会到朗洞镇或者等到岑最赶集时，下山购买猪、牛、鸭、鸡幼崽回家饲养。

村里有一位专门负责给各家牲畜看病的兽医江兴盛，通常牲畜生病，兽医都会出诊到村民家施打疫苗。牲畜医疗，国家会补给药钱。

图八—3　家庭养殖场

（三）商业及其他经济来源

1. 商业

高略村的主要商业活动是小卖部经营，村中陆续开关了几间小卖部。现今村中共有7家小卖部，大寨3家，小寨4家，大多坐落在小学附近及新开辟的公路旁，主要卖零食以及一些日常用品。

至于其他的商业情况，大多属于临时短期性买卖，比如卖画眉鸟、野兰花。高略村与附近村寨都有斗鸟的风气，而且在附近的定向村有斗鸟场，村民有时也抓小鸟养并出售，一只画眉鸟普通的几十元，有些可以卖到上万元。村长告诉我们，2010年曾有一只画眉鸟卖到一万零八十元。山林中的野兰花，最贵可以卖到几十万元，不过十分稀有，非常难找，村长说他找了三年只找到几棵能卖几千元的兰花。

2009年开通公路后，村中较容易从事商业活动，常有人进山收购牲畜、木材、药材等，村中物资流动率提高，村民们向外买卖方便，能赚取些微金钱补贴家用。比如，编织的篮子、鸡笼常常拿到集市上卖。村外流动性小贩来往的频率也提高，让村中生活更加便利，例如卖包子馒头的一星期来两次，卖衣服的一个月来一两次。

2. 外出务工

据村长介绍，村民如果想要让家庭经济状况更好，外出务工是一个较容易的途径，因此村中许多年轻人选择外出务工补贴家用。外出务工者的年龄集中于20—45岁，其中以20—30岁者居多，大约120人，占全村壮劳力的十分之一，其中女性占四分之一。一般去广东、福建打工，多从事建筑以及劳力工作。很少回家，一般仅在过年时回家一次，而且外出务工的男性很少偕同妻子。

综合而言，高略村的经济来源还是以农业、外出务工为主。村中各类收入相加，每户平均每年可收入两万元，平均每人每年大约赚三四千元左右，主要体现于物质财富，而非金钱数量。

（四）贫富差距

高略村存在一定程度的贫富差距，造成差距的原因主要是做生意以及家遇灾难。存款多的有七八万，欠款多的也有七八万。当然也和个人勤劳程度及家庭人数有关。以前的负担主要是基本生存，现在则有一些闲钱改善生活状况。不过村中建设公共设施需要筹资筹工时，仍有一些家庭会负担不起相应的经济支出。

（五）储蓄贷款

高略村村民一般在朗洞镇的农村信用社开有账户，平均不超过两万元。信用社给予村中的贷款总量有限，虽然贷款的村民少，但是所贷金额大，所以村民平均的贷款额数约八千元左右，主要用于盖房和做生意，利息是千分之七。目前新的财政政策“农村小额贷款”，如果个人信用度高，村内有一定地位者，比如村长、支书，最高贷款可达10万元，一般其他的村民最高可贷3—5万元。

九、生活方式和风俗

（一）服饰发式

高略村的民族传统服饰一般以橙色为主色调，基本图案由对称平铺的菱形格子和环绕四周的鲜艳彩条组成。女性上衣一般为左衽或对襟，衣服外面还会系绑缚在腰间的饰带，苗语称为 ga ziang，身后部分缝较多装饰。男性服装都是对襟，配普通的深色裤装。小孩的衣服装饰有闪亮的铃铛，走路时丁当作响（图版三、四）。

女性一般下装为黑色百褶裙，这种百褶裙没有缝制腰身，只是简单地掖在腰间。百褶裙外一般衬有当地特色的苗族围裙。围裙由两片长方形的布组成，分前后绑缚在腰间，裙子的前襟一般衬一片方形的黑色绒布。女性有时还会穿绑腿，绑腿外系脚绳。大部分中年妇女会带银质的G字形大耳环（图九—1）。四五十岁的老妇人一般不再穿颜色鲜艳、做工精致的裙子，代之以简单绣线装饰的黑色裙子。天气炎热的夏季，妇女们只穿民族服饰的裙子和绑腿部分，上衣代以方便活动的T恤，只有重大节庆活动才会穿传统上衣、戴银质风冠。男性一般只在重大民族节庆时才穿着传统服装。

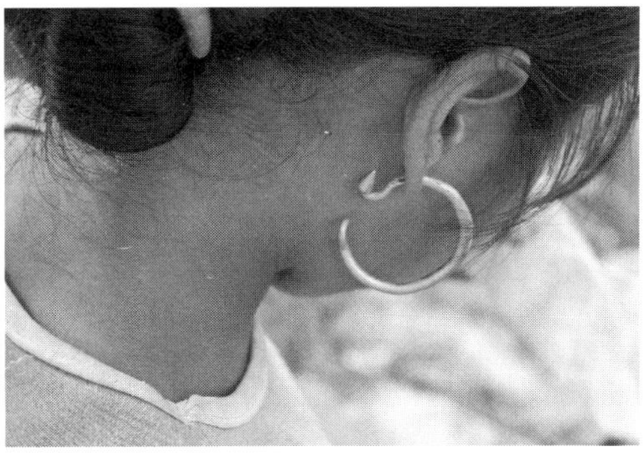

图九—1　G字形耳环

少数家庭还会自己缠线、织布，衣服上面的十字绣菱格纹饰是妇女们亲自缝制的，环绕四周的彩色条布基本上都是购自集市，再组合缝在衣服上。菱格纹饰的花色式样并无固定要求，很多都由妇女亲手设计。一般一个苗族妇女一生中会有四套左右全套的苗族服饰。妇女负责缝制所有家庭成员的衣服，十几岁的女孩子从小学习缝制这样的服饰。

女孩子从很小就开始留头发，之后很少剪发，一般会将头发盘起来，发后插一只簪子或梳子，盘发的方式极为多样。女孩一般会在三岁左右打耳洞，不戴饰品，只戴简单的彩线。母亲的银饰有时传给女儿，有时传给儿媳妇。

（二）作息及饮食

1. 作息习惯

高略人的生活习惯是早上6点起床，约10点吃早饭，晚上8—9点吃晚饭，一日两餐。一般人晚上约10—12点睡觉。年轻人也会相邀出游，到半夜一两点才睡。

一般人白天的工作是种地、放牛、割猪草、砍柴等，近年来外出务工人数逐年增加。一年中大、小寨共会修缮、重建10—15栋房屋，因此农闲时间很多人都在修地基、做木工。

2. 饮食

由于高略村主要作物为水稻，因此主食基本为米食，米质不黏。但很多节日家中都会将米捣碎，打成粑粑吃，象征生活的幸福美好。肉食以猪肉、鸡肉为主，逢年过节会吃牛肉，用辣椒、茴香、酱油腌制的生牛肉是礼遇客人的佳肴。蔬菜常吃辣椒、木耳、番茄和一些野菜。菜的味道以酸辣为主，汤中不放盐，较为清淡。

苗家人爱喝酒，常喝自酿的杨梅酒和米酒，偶尔喝啤酒。米酒较淡，约10度，杨梅酒呈鲜红色，约50度，闻起来有杨梅酸鲜之气，后劲强。

（三）婚姻

年轻人一般在18岁以上谈恋爱，恋爱一般在村内结合比较多。以前男方追求女方，会来到女方家门口，和两三个朋友一起打哨子①、唱歌。或是男男女女一起坐在火坑旁聊天，有时候七八个男性会一起追一个姑娘，姑娘对谁感兴趣就可以在夜里让他留下深谈。

村中现在实行自由恋爱，因此几乎没有私奔的情况。一般男方会比女方大一两岁。家中一般丈夫做主，女性主要负责家务事，也可以管钱，一群人吃饭的时候女性可以上桌。

订婚时男方会给女方一定数量的礼金，但女方有权利在订婚后变心，礼金一般不退回。

订婚后，有“挑鸡”习俗，即男方首先选择单数鸡挑到女方家中，女方再将相同数量的鸡作为回礼挑回。如果在路上遇见和女方谈过恋爱的人，用鸡和米饭打发这些旧情人，也可把这些分给有威望的老人。有些女方的旧情人太多，鸡和米饭不够，还要回家再取。有时还需要挑鸭和禾苗，禾苗、鸡、鸭数量配对有一定规矩，如7挑禾苗要配9只鸡、2只鸭。

很多人在苗历年之前的十月结婚，家庭经济条件好的话会请鬼师、寨老等懂得苗家历史的人念经，经书内容共一两百字，一共分为三部分。第一部分讲述苗家历史，讲述苗家如何从江西到湖南到贵州的迁徙过程；第二部分是鬼师对两家人的调解，如果两家以前有吵架、偷窃、互为冤家等情况，则需鬼师劝导两家人把仇怨全部去掉；第三部分是鬼师对新人的祝福，保护新人人生平安、发财致富。

结婚时，有钱的男方还会抬一头猪送给女方家，没钱的可抬一个猪头。伴娘和选中的新郎代表会在去新娘家的路上放一张桌子，将猪尾巴、猪心、两个肾放在路上。

村中很少有人离婚，但有时丈夫会打妻子。离婚仪式需要寨老在场，寨老会听取双方的理由，无理的一方应对另一方有所赔偿。离婚的依据是拿一根拇指粗、约三十厘米长的竹子，用刀将竹子横截面剖开，离婚双方一人拿一边，放在家中保密的地方，以作凭证。

（四）丧葬

高略村的埋葬方式为土葬，凡身高一米五以上的逝者均有棺木，小孩子夭折则以木板稍稍加工成箱子即可。家中老人到六十岁即可开始准备棺木，一般会放在家里或谷仓脚下。埋葬逝者的地点要由风水师占算挑选。下葬时无随葬品或仅随葬少量衣物。凡遇意外身亡、凶死、产死等外伤见血死亡者均被视为不祥，家人也不认领，遗体要火化扬灰，不得入墓地。而且在清

① 打哨子是青年男女交友的方式，男性结伴到女性家聊天唱歌，有时候会有数个男性到一位女性家打哨子。

明到农历八月间不能火化，要把遗体装棺安放在野外，待八月过后方能火化。在此期间不能火化的原因，是因为该时期是农作物生长最重要的阶段，而火化所生的烟是不洁的，且会影响到庄稼。

人过世后，一般应该第六天或第七天下葬，但具体日子需要看逝者的八字，如果八字要求当天下葬，也要立刻下葬。葬礼需要请鬼师，而且必须是经验丰富的。一般葬礼要举行一整天，众人吹着八仙，鬼师时而念咒时而停顿。鬼师念的咒语，村民一般听不懂，目的是要把保爷引进来，去除邪鬼，方才可以下葬。下葬前鬼师再次作法。若挖墓坑时挖到前人的墓，且无人认领，就把前人的骨骸稍挪一下，再埋下去，或直接叠上去亦可。

立碑是近百年以来才有的习俗，以前均不立碑。立碑后，大多数石碑皆不刻字或仅刻姓氏，也有以小石块作标志或仅刻姓氏者，此多为小童墓，既立碑亦刻字者多为五十岁以上的老人的墓葬（图九—2）。在不立碑的年代，祭拜扫墓都要老人陪同才能找到自己的家族墓，到后来为祭拜之便才立石为碑。

图九—2　墓碑

（五）社会风俗

1. 拦路酒

镇级以上的领导干部下村，村中会组织拦路酒。一般会在学校门口挂对联迎接，待领导车到后请领导喝酒，每人喝半斤，最后喝的一个人喝三个牛角杯的酒，相当于一斤酒。喝完酒后每人吃一口生牛肉，仪式结束。

婚宴时，要把拦路酒摆在男女双方家门口，跟随新郎来新娘家的人都要用牛角喝酒，每人喝半斤左右。

2. 建房仪式

先请房主自己选择吉祥日子起架上梁。起架前要杀一只鸡，起架师傅念一些吉祥话，再在每根柱脚洒一些鸡血，之后用斧头敲第一排中间的柱子三下，放铁炮。铁炮一响众人马上起架，帮忙的人一般不少于三十人。

上梁时要杀一只鸡，用鸡血遍洒整栋房子，辟邪祈福。梁上钉一块红布，然后放鞭炮。起架和上梁是同一个师傅。上梁时，师傅找梯子爬上梁的位置，上一步念一句吉祥话。还要找舅家的人，上梁时师傅在梁架中间，两头是自己和舅家的人，先要喝一些酒，在梁上撒一两百张一元纸币和粑粑糖，象征发财，众人哄抢。

造房时的二排二柱要用自家林地种的树做成，一般选取位于东方（日出方向）的三叉树木，在一个吉祥日子砍下树枝的一叉做柱子。此柱一般在房屋中居中放置，逢节日会对此柱子烧香。过年的时候，用三块瓦靠着柱子，搭成屋状，在瓦片内烧纸，可以保佑家畜平安。

3. 招献龙

以前村里有一个集会叫做“招献龙”，后来慢慢消失。寨老择吉祥日子组织村中的男性排成一队，绕村慢慢走一天，同时吹芦笙，直到村子中心，也就是现在的村委会所在地。当日村中还会杀猪庆祝。该仪式象征着山上的龙可以保护山寨不受洪水侵犯。

（六）节日

1. 大年

即春节。由于现在村中有很多人外出务工，很难在苗历年回家和家人团聚，因此春节逐渐变成了村中最为隆重的家庭团聚的节日。

2. 清明节

农历二月二，也称爷子节，过节时不请客人，只是家里人团聚、扫墓。扫墓准备的祭品按家庭经济状况而定，经济条件好的家庭可以将食物带到墓地野炊，经济条件差的家庭杀一只鸡祭拜，或简单清理墓葬周围的野草，收拾过后回家吃饭。

3. 春耕节

农历三月份，寨老排定黄道吉日，人们挑粪、拉牛，开始一年的耕种。

4. 端午节

农历四月份，由寨老挑选好日子（不必和其他村统一），每家杀一只鸭子，包粽粑。粽子中只有米，没有馅儿。当日人人不下田，是休息日。

5. **新节**

农历五月份，寨老定日子。当天家家户户吃鱼。年轻男女会登上情人坡，谈情说爱。当天没有登山的人还要工作。因为现在的年轻人都要上学，所以这一传统逐渐变淡。

6. **破新节**

农历六月份，由寨老定日子。当天把田里的鱼苗、禾苗、蚱蜢用水烫过后食用。吃这些东西代表吃掉一年来的新兴作物，从而可以让老鼠少糟蹋粮食。

7. **七月节**

农历七月初一，该节最主要是祈雨，也叫阎王节。在这个节日，家家都要杀鸡求阎王下雨；要准备酒、糯米粑粑、纸钱、三炷香，到村外或村内祭拜自家保爷或木桥板凳（图九—3）。还要做一个大粑粑剪着吃。如果家中不打粑粑，就要用筷子或勺子在饭碗里碾几下米，简单表示。年轻男女也会到游方场上约会。

图九—3　祭祀

8. **农历九月九**

家家户户要打粑粑，象征着粑粑会堵住蛇洞、老鼠洞，希望禾苗健康成长，粮食丰收。

9. **苗历大年**

农历十月份，由寨老在十月初一到十五之间定日子，以前可能会过5—9天，现在只过一天。该日，村中人聚集起来，唱歌、跳舞、吹芦笙。还会给大树、桥梁等保爷进贡。过年（春节、苗年）的时候村与村之间可以互相邀请，一个寨全体成员会到另一个寨去吹芦笙，邀请的范围也不限高略一个行政村。

10. 鼓藏节

村中一般买一头水牛七年后才能杀，所以规定七年开一次鼓藏节，但由于耗时耗钱，鼓藏节在近十余年停办。

以前鼓藏头指主持鼓藏节的人，目前鼓藏头被看作是牛头。原先村中很多生产方面的事情要鼓藏头牵头，鼓藏头要带头挑粪、插秧。鼓藏头在村中历史最悠久的大寨上寨第三组的村民中推选。

鼓藏节一般持续七天，一般安排在苗年前。第一天，鼓藏头和十多个穿长袍的老人牵着一头水牛，后面跟着组里二三十人组成的芦笙队，芦笙有三五根长芦笙，还有中芦笙、短芦笙若干根。组里的男女老少跟在芦笙队后面，然后再跟着下一组的牛和芦笙队，一共七组七头牛（当时只有七个生产组）。队伍需要绕大寨、小寨转三圈，再把牛拉到村中的田里，把田中的泥抹在牛背上。第二天、第三天吹芦笙，第三天晚上杀水牛，第四天、第五天吃牛肉。一般鼓藏节的牛不够吃，因为客人很多。第五天要破水牛头，组里的村民悄悄到其他组接水牛头的那一家——即牛主头家放铁炮，然后那一组的人追放铁炮的人，追到了要强迫放铁炮的人喝酒，追不到则没法喝。但如果追的人不小心超过组界，会被别组的人逮住喝酒。第六天被灌酒的人会报仇，也是用强迫别人喝酒的方式。第七天村里要办结束仪式，全体村民按照规定时间一组接一组地吹奏芦笙。

苗年紧接在鼓藏节的后面，如果没有鼓藏节，苗年过5—7天，若有鼓藏节，只过3天。

（七）文化娱乐活动

高略村停办斗牛活动已经十五六年了，之前一般五个月在村内斗一次牛，半年去高帮斗一次牛。活动由村里组织，提前十多天开会商量用哪头牛来斗，由村里决定派两个人挑选实力相当的对手，若一方不同意，便不成立。一般一共十一二头牛，若都成立就是六对牛捉对厮杀。参赛的牛逃跑或是不斗都算输。比赛不设奖金，只是普通的娱乐活动。胜者可以放炮、请吃饭。最后的胜者会在高帮参与两福、高帮、色同、高略四个村的斗牛。

村中有三台马机，村民们空闲时间打牌、打麻将、打马机。一般赌注在一千元范围内，近五六年外出务工的人多了，有时候赌注会升到一两万元。

村村通工程之后，村中家家户户几乎都看上了电视，流行的电视剧成了男女老少的消遣娱乐。

苗歌用较为古老的苗语唱，因此年轻人经常听不懂老人的苗歌。苗歌可分为三种：爱情类，唱歌时不能换气；传说类，只有男性老人会唱；酒令类，可以换气，婚丧时的歌与酒令歌类同。村中的老人和中年人会唱苗歌，但年轻人很多不会。村中民居内经常播放节奏感强的流行音乐。

十、宗教信仰和禁忌

（一）信仰崇拜

高略村苗寨内，主要信奉的是一套以阎王爷为核心的信仰系统。阎王爷是世间万物的主宰，四季枯荣以至人间生死都由阎王爷安排。阎王爷住在天上，手下众多，有夫人叫礼仙，阎王爷也会霸占别的神的妻房。阎王爷又称王师傅，当人们向阎王爷求救时，阎王爷派遣他的部下去查看，要是合理的便会施予帮助，若是多行不义的，阎王爷也会把人的魂招回去，减弱其生命力。但一般凡人不能直接与阎王爷沟通，需要有一个中介代向阎王爷传话，即村民所说的“保爷”。保爷是阎王爷的部属，在民间听取百姓疾苦并向阎王爷禀报，待阎王爷作出适当的裁夺。因此，在村内所见，基本上家家户户都有自己的保爷。

保爷的安奉一般以个人、家庭或全村为单位，因应不同的需求，如久病不愈、运气不济、村里大灾祸等，均可找鬼师安放保爷。而保爷的表现形式也各不相同，有以石垒龛，有搭桥过路、修板作凳，也有简单的以奇石、古树和水井作保爷的。但均必须找鬼师算出最合适的立保爷的方式和地点。其中以奇石作保爷最为常见，几乎每家每户门外都立，依观察所得，奇石多为石英岩，通体雪白，据说保爷选石须色白且互击有火花（图十—1）。奇石的选用要先由鬼师占算方位，再由立保者自行上山寻找，觅得合适者后再由鬼师作法。而以古树作保爷一般选择村中有上百年历史的大树，村委会门前有一棵参天水杉（图十—2），树干上贴满纸钱。据村长介绍，巨杉为村中的“保爷”，就是保村里平安的。凡具有数百年历史的巨树均可成为保爷，贴纸钱也是祈求保家宅平安，护荫子孙。另外，村内的四口水井也都是村中的保爷，其中一口有纪年的为光绪三十四年修，但实际年份应更为久远（图十—3）。而搭桥或板凳者，一般与石龛相配而立，桥有两种，即风雨桥和小木板桥，一般一桥或一凳配一龛，龛开于桥一端（图十—4）。也有单独修桥或凳者，但少见（图十—5、6）。另外也有人家以家中的柱子作保爷的，目前仅见一例（图十—8）①。

立保爷后，每逢过年过节，都需要向保爷祭拜，一般准备肉、米饭、香和纸钱等基本材料即可。调查期间，途中不时遇到村民祭拜保爷，准备的祭品有一碗茶叶、一碗酒，在桥上贴符纸，然后烧香，最后将酒和茶叶倒掉。而到每年七月初的阎王节，每家要杀一只鸡，经济状况允许的家庭会杀一头牛或猪，且按传统每家都会用糯米打粑粑吃，但条件不许可的，也可以用

① 该户人家所奉的柱子，就是前文提及的建房前要特意取自东方的杉木的那根核心柱。

图十—1　选作保爷的奇石

图十—2　选作保爷的古树

图十—3　选作保爷的古井

图十—4　石龛

图十—5　木桥

图十—6　木凳

图十—7　菩萨庙及剪纸

图十—8　选作保爷的柱子

碗装上糯米以筷子槌捣示意捣粑粑。这个节日主要是通过保爷向阎王祈雨。

据村中的寨老兼鬼师江饮龙介绍，选保爷时也要请地理先生，不能随意敬保爷，要经过一定的程序。首先请鬼师到家里，去坡上找三棵草，用叶子来算，祭拜这个石头或者树，是否能够保住人身安全，如果不能，则不能祭拜，必须继续再找，直到找到合适的地方和物品为止。开始祭拜时要举行一定的仪式，要杀一只童子鸡来祭拜，杀鸡时还要念一些咒语，咒语内容如下（苗语翻成汉语）：“子鸡子鸡（公的童子鸡），足路子鸡；车在关笼（白上叫）；黄采波罗盖，黄采波罗地；一二羊羊抱小鸡；大公鸡，小公鸡；早上晨明鸡上叫；晚上西门鸡上停；请天又请地请山又请水；五方五路请，五方五路来；别人请来无用处；我师傅请来就杀鸡；鸡子一出血，凶山凶水出又出；凶神无鬼远远退位；富贵发财归主人。”此后，还要用白纸剪成人形，粘贴到树或石头等立保之物上，鬼师念咒后，边烧香，边烧纸钱，将家里准备的饭、肉、酒倒在纸灰上面，仪式完成，即可一同回家用膳，然后把鬼师送出家门，祭拜保爷仪式才告结束。

大寨北边的风雨桥，桥的一端修有一座菩萨庙，此桥是2010年发大水冲垮旧桥后重建的，通过桥即可见菩萨庙。菩萨庙是在山壁上凿一平台建造庙宇，以木为材，庙下方的石头上贴有4张红纸以及3个团状符纸，由右至左分别为：“左右抢沙中吉桥”，间隔两团符纸，“辛苦创新桥路遥知马力”，“欲求升富贵先向苦中求”，间隔一团符纸，“高山长岭启佳城”。庙前方左右插挂有符纸，中有三处插香的位置，庙门上有一对联右：“易养成人曾富贵”，左：“佟心添命创路遥”，上书“帝都祠”。供奉的菩萨为三块画上龇牙状人脸的石块，顶盖红布。菩萨后方与左右各有剪纸。据支书介绍，庙中所有的剪纸必须由鬼师制作（图十—7）。

村民对鬼和神没有明确的区分，他们认为神与鬼属同类，都必须要敬而远之，远神避鬼，不同于我们一般所认为的要媚神驱鬼。

（二）祖先崇拜

村民家中不安放祖先灵位。每年除了几个祭祖的节日以外，也不会有任何拜祖先的活动。如农历二月初二的爷仔节，主要是家族聚会以及清扫祖坟，当天家族内成员一同前往墓地扫墓。另外在国家法定的清明节时，村民也会祭祖和扫墓，具体做法与汉族无异。

图十—9　由两块牛鄂骨和牙齿以麻绳绑成的小挂件

虽说村内不流行拜祖先，但他们仍会以另一种不同的方式来纪念祖先。如在村长家中门柱上就挂有一个由两块牛鄂骨和牙齿以麻绳绑成的小挂件（图十—9）。据村长介绍，如果家中有五十岁以上的老人过世，家中儿女需宰牛，并将牛骨挂件悬于房子外，以资悼念，直至其自然腐朽掉落为止。

（三）鬼师

高略村大、小寨内目前约有鬼师十多人，大多身兼寨老的角色。据当地村民介绍，经验最丰富的鬼师目前住在塘腊。鬼师主要司掌治病、驱鬼、招魂、丧葬、婚嫁以及祈福等各种事务。鬼师平日种田，只有在受邀时才会履行鬼师职责。

在鬼师传承方面，据鬼师兼寨老江饮龙介绍，找徒弟需要缘分。一般鬼师会组织活动来培养学徒，那些感兴趣的学生会去听鬼师讲座和作法，鬼师会向众人泼药水，有鬼师天分者，若沾上药水，双脚会不由自主地跳动，而且跳动的频率会与鬼师念咒的频率保持一致。有一种说法是，在人还没有出生以前，如果阎王爷分给你一匹马来到阳间，才能当上鬼师，如果阎王爷没有把马分配给你，再如何努力也只是徒劳。阳间往阴间的路，要经过几个寨才能到阎王那里，板凳相当于马，两只脚也相当于马步。最终是否能够成为鬼师，除了要有天分，还要看用鬼灵不灵，要到社会上实践，经过反反复复的实践才可以达到鬼师的水平。

据鬼师李帮朝介绍，他在36岁时才被发现有做鬼师的天分，便开始学习当鬼师，经过14年左右的学习后才出师成为鬼师。一般村民必须成家之后才能开始学习，最小二十五六岁可以开始学，学习时间少则五六年，多则十几年，出师时备礼物给其师傅即可，并无特别的出师仪式。拜师有一定的程序，需要鬼师与拜师者谈心，拜师者备糯米饭、杀鸡鸭，拿学费到师傅家拜师。李帮朝属于中等级别的鬼师，可作法的有保爷、招魂、驱鬼等。只有大师级别的鬼师才可以从事丧葬礼仪，大师级别的鬼师年龄一般在六七十岁左右。

鬼师的禁忌是不可以吃狗肉，只要稍微占一些狗肉，马上生病，或觉得身体不适。必须请别的鬼师来用鬼，到阴间去向阎王爷认罪。

村中用鬼比较频繁。村民的生老病死、修路盖房、日常生活中的各种事情，都要去找鬼师看病驱鬼、风水先生卜卦算命。据当地的公办医生姜世元介绍，当地村民生病时仍有“用鬼”的习惯，用鬼就是人们生病时，认为是鬼在人身上附着或病者的魂丢失了，必须请鬼师把中邪者身上的鬼请走或把魂找回来。早年村民还是不太愿意接受西药治疗，即便是年轻一辈也会用鬼。用鬼时，鬼师要先看米（约半斤），看看病人身上哪里出状况，再按不同的看米结果施以不同的咒语和动作。

8月5日上午，我们有幸能从旁记录了一场鬼师招魂仪式。江家贵父亲之前因身体不适，精神不佳，故家人给他请来了鬼师，想要把他丢掉的魂找回来。首先鬼师在纺线机上缠黑线、掷茭杯卜卦。招魂者家中准备供品，放供品前鬼师先将纺线机纺轮朝向窗户，跪在纺线机后方的窗户旁，手拿一条黑色丝线，口中念念有词，边念边将黑线缠绕在纺针上，掷木制茭杯。家里准备了一竹篓子的祭品，有香烛、饭、贝壳、动物皮毛、鸡蛋、布袋（用刷牙杯装着）、纸钱、三条鱼（死的）和一把稻穗（图十一10）。随后把稻穗点着小火，仪式开始，江家贵按鬼师早前已占卜好的大致方向到山上找父亲的魂，用香看方向。走到出了小寨寨口不远处停下来，在山边摘了一些草叶，把祭品放到叶子上，江家贵把祭品中泡着鱼的水倒在三只贝壳中盛着。然后鬼师把纸钱撕成小条挂到山边树丫上，并开始不断念咒和用竹片占卦。竹片由一根细竹子开半削尖，用途类似于茭杯，把竹片往外抛，掉到地上时，若两片竹子向外翻即表示阎王爷答应了鬼师的请求，向内表示不答应，一边向内一边向外即还在犹豫（图十一11）。占了约十次左右。在算出了方向以后，江家贵用布袋套住杯子，往鬼师所卜到的方向寻找小生物，江家贵父亲的魂就附在小生物身上。之后把盛有鱼水的贝壳向下翻，再占卦。接着江家贵开始烧纸钱。鬼师则把稻穗折开点上大火，把稻穗烧成灰。再卜卦，然后把火踩熄。把鱼水倒于纸钱灰和香烛上。至此，仪式完成。祭拜过的贡品也可以拿回家吃。回到家中后，鬼师在房间中继续向江家贵的父亲念咒。不一会鬼师和江家贵父亲从房间出来，鬼师手上一直拿着黑线和茭杯。之后鬼师让江家贵父亲脚踩柴刀（希望鬼以后不能再上他身）（图十一12），鬼师用黑绳绑着他的左脚。一边念咒一边卜卦。绑完脚后，再念咒和卜卦。接下来在左手绑绳，绑完后再念咒和卜卦。然后拿着香向手绳和脚绳念咒，并把绳子剩余的部分用香烧断，然后把烧下来的绳子放到衣柜里。

图十—10　祭品

图十—11　竹片

图十—12　脚踩柴刀

（四）民间传说与禁忌

1. 民间传说

据江家贵介绍，大寨西北山上有一个天池，传说某年干旱严重，天池的池水干涸，村民发现一条十多斤重的黄鱼，下水捕鱼，刚准备抓它时，突然开始打雷，村民心生恐惧，因此将鱼放了，从此对天池心生敬畏。另外村民江草林曾经听他舅舅说，传说每次只要三五个人结伴到天池游泳，不一会便会打雷、下大雨，还会发大水，甚至会把天池中的鱼冲下来，甚至有人说看见龙冲往天池里。天池在寨子中是一个神圣的地方，不过是否有其他传说，连现在的老人也不太清楚。

在小寨近寨口处有一棵百年大枫树，江家贵说这里是高略村的圣地，村民不可在树下任意挖掘。传说大树底下有一个鬼师埋下的大坛，里面装有施过咒的巫术药水，鬼师会定期更换坛中的物品，或是村中发生大事时才会临时挖出来。江家贵说他从来没看过更换。

据鬼师李帮朝介绍，人从阎王处出生，死了以后所有的亡灵会回到太阳的旁边，发生变异，化成好鬼和坏鬼，晚上会变成人形回到阳间活动，只是一般的人都看不见，只有鬼师才能看得到。即鬼是从太阳的旁边出来的，正因如此，鬼师看到的鬼都是红色的。鬼的种类很多，有好坏之分，一般来说正常死亡者会成为好的鬼，护荫生者，守寨护村；而出血死亡者（非正常死亡者），则会化成坏的鬼，祸害生人。好鬼和坏鬼之间会有争斗。如果没有好鬼的保护，人类无法生存。

在高略村村民的生死观中，人是不能死而复生的，而且没有轮回投胎的概念，人死了都往太阳的方向去。

2. 禁忌

关于村里的禁忌，但凡家中有人病故，久病不愈或孕妇不适时，村民会请鬼师“打表”，以去神驱鬼。门口打表，是指在门口上钉上符咒、一束草和一些红绳棍子（图十—13）。当门上打表的草还是青色的时候（约12个小时左右）是不能进去的。但要注意的是，这种打表与六月初六和过年时打的表不一样，过年时打的表是不忌人的。忌人和不忌人的表在位置上有区别，忌人的表一般会吊一根绳子来挡人。

图十—13　打表

鬼师李帮朝说，一般家里找鬼师用鬼以后的三天之内，家中不得花任何钱，要是有必需的购置，只能先赊账。

不能在距离保爷五到六米的范围内便溺，否则会在一两天内得灾病。

（五）其他宗教的影响

由于高略村地处与外界相对阻隔的环境，同时村民们也有自己的一套信仰系统，因此，主流宗教对高略村的影响极其微弱。但如果要说到影响最大的宗教，那必定是道教。首先，据我们在村内十天的观察，几乎每家每户门上都会挂镜子、剪刀、八卦以及太极图案的挂件（图十—14），甚至有人家为了房子有好的朝向，把大门位置向内挪动。

家住村委会对面的村民江能，建了村中第一座水泥房子，他家门外悬挂着两个八卦和一面镜子。据他说，门外所挂的八卦是在凯里买的，而挂八卦是在朗洞看风水时风水先生建议的，

图十—14 门户上的镜子、剪刀、八卦等挂件

风水先生是凯里人，是当年修公路时修路师傅推荐的。因为他家房子的西北面陷进去了一片（即面向村委会的左侧），因此必须把它挡回去，他说八卦能起“凶水化吉水，凶山化吉山”之效。江能不信鬼神，但对风水有一定程度的迷信，相信改山水能转运。

风水之于高略村，具有极其重要的影响。村民中有不信鬼神者，却都信风水，从建房时大门的朝向、起架上梁的仪式到下葬地点的选定，以至婚嫁日子的挑选，都必须由风水先生负责。风水于高略苗寨的重要性可见一斑。

苗人的风水观念或与我们所理解的道家风水不尽相同。但从八卦、太极等图像的使用上推知，两者之间定必有一定的内在联系和渊源。

（六）民间信仰的变化

在未有西医和信息不流通的时代，民智未开，村民对鬼神的相信度要远较现在高。在解放前后，村民的信仰本质上变化不大。即使是在解放后，由于地理环境的相对阻隔，受“文化大革命”的影响也相对较少。

随着村内与外界日益频繁的交往，村民外出务工和电子信息交换的便捷给村内的信仰格局带来了一场无法避免的革命。我们曾有意拜访塘腊的鬼师，但得悉鬼师亦已出外务工。

目前村民们对宗教信仰大概抱持着一种亦信亦疑的态度。大体可分为且信亦疑和不信且留两派。信鬼神者，一般还是按传统祭拜和用鬼，但对于鬼神也不全信，在患病用鬼未果后，仍然会去寻求西药治疗。同时，他们也是抱有例行公事的心态。我们不难发现信仰崇拜在村内已渐渐淡化为一种理所当然的例行公事。这里所说的理所当然，想要表达的是一种空洞的习惯，即他们不了解也无意去了解他们崇拜行为的个中意义，而是更多地抱有一种求福避祸的目的。而不信鬼神者，大多持有经验主义的倾向，据他们所说，不信鬼神的理由绝大部分是因为他们从没见到过。但即便如此，依观察和访谈所得，即使是在采访时遇到的坚称不信鬼神的受访者，事实上仍会在一定情况下用鬼，按他们所说“只能少用，是不可能完全不用的”①。

十一、调查者后记

（一）思考

西南民族村寨是中国文化遗产的重要组成部分，其价值引起了广泛的重视。位于黔东南榕江县朗洞镇的高略村，2008年未修土公路以前，与外界沟通不畅，相对闭塞，而正因如此，村寨本身保留了大量原生态的苗族特色，无论是村民的行为方式、生活习惯、宗教礼仪，还是村寨的建筑模式、聚落形态，都保留了相当的原真性，因此具有较高的调查价值和研究价值。然而我们看到，在一条坎坷不平的土路通车后，村寨获得了相对便利的交通条件，短短三年的时间里，村民的行为方式以及村寨的形态都迅速发生了改变：从单纯的农业生产到频繁的商业交换、打工潮流，从完全的木结构建筑到砖的广泛使用，传统的生活方式无力阻挡现代文明的诱惑，亦难以阻挡村民改善自身生活的强烈渴望和追求。

在这种情况下，我们所预期的村寨保护或许陷入了困惑与矛盾中。所谓民族文化遗产，究竟归属于高略村民，还是归属于更广泛的国民——或者全人类？如果仅仅归属于高略村民，那么村民对其本身的文化遗产本当有着自决的权力——是否需要保留祖祖辈辈遗留下来的传统生活方式和居住方式？是否要将现代文明全盘引入村寨，从而改善村民的生活？这些问题本不需要“外人”的决策。

毫无疑问，现代文明对于仍停留在农业主导的社会组织形式下的高略村民来说，是极具吸引力的。但已经经历过近现代剧变的山寨之外的人们却会感到困惑，这样一个高速发展的时代，生活变化得过于迅猛，令人难以评价它的好坏。现代化发展提高了和改变了物质生活的面貌，却也使人们的组织结构变得千篇一律，让大大小小的城市聚落形态变得单一，可能的危机是，在这种现代化一统天下的局面之下，让我们在丧失自我历史传统的同时，亦丧失了对自我的认知和认同，为他者的文化所奴役。而在生存与生活问题尚未得到充分解决的情况下，人或许更易为他者的文化所动摇。现代文明强大的势力和侵蚀性，是处于相对弱势的少数民族文化

① 这里的“用”，按村民的解释是指“示神用鬼”的意思。

无从抵御的。弱势文明毫无准备地被裹挟入现代文明中，其可能的道路或者是邯郸学步，或者是逐渐消亡。这些都是现代化浪潮带给我们的问题。但问题是，从未经历过这些的高略村民可能还难以深切地感受这种外界裹挟下的发展所带来的矛盾与痛苦。

身为外界的调查者和研究者，与高略的村民相比，我们或许能对这种矛盾稍有体会，或许亦能有机会整合观察更多元的民族文化。通过比较，我们可以了解高略地区民族文化独一无二的珍惜性，并希望保护它的原真性。但是作为旁观者，我们所不能体会的是，如果通过外界力量让这种生活方式停滞，贯彻我们所谓的活态保护理念，那么对于同样有着对美好生活追求，对现代文明有着渴望和想象的高略村民来说是否公平？即使我们已经体会到了现代生活的弊端，出于善意，我们建议高略维系在桃源般的山野风情之中，那么我们的这种善意是否也无形中剥夺了高略村民体味和发现现代文明的权利？在我们呼吁保护文化遗产的时候，我们是否打断了一种文化本身自然发展的进程？我们是否把一种仍具有生命力的文化当作了一种死亡的化石和遗产来进行保护，从而提前终止了它的生命？如果文化本身并未死亡，那么在这种情况下，文化“遗产”这一概念或许值得重新商榷。而一种具有活跃生命力的文化，为什么又需要外界的保护呢？我们由此对自身的行为产生怀疑：究竟我们在多大程度上去影响或者引导村民保护文化遗产才是一个不干扰其正常生活发展轨迹的度量？

而这种矛盾的临界点，具体到高略村来说，在于村中通往外界土公路的修建与完善，一个或许本可以从缓思考的问题，因为交通条件的改善而显得迫在眉睫。而在这一临界时刻进行的此次初步调查研究，或许能够让我们为高略村寨的保护与开发，提供一些基础数据和浅显的思考。

（二）建议

1.“走进来”与“走出去”

从我们的调查结果来看，高略村与外界的联系实际上还相当被动，村民会主动出村打工，但打工是寻找被雇佣的机会，仍然是一种被动的关系，而对于村寨所拥有的有形和无形资源，则几乎没有主动开发的行为。一棵可供采伐的红豆杉，如果在村中交易，价格在10—20万之间，而如果运出村寻找销售渠道，则价值可达百万，如果再稍微投入一些技艺，将红豆杉制成家具出售，所获利润会更高。但是高略村的商业行为仍停留在村中原始材料交易的阶段，多数村民有木材或药材出售之时，都是在村中被动等待收购者上门，而原材料在原产地的价格是最低的，是彻底的买方市场。村民希望改善生活，提高收入，但却在改善生活的大路上坐等别人的发现，坐等别人“走进来”，殊不知“走进来”的过程本身就是侵略和掠夺的过程。如果村民们想要提高生活水平，让苗族文化积极参与到外面的世界中接受洗礼，所需要做的是目的明确的“走出去”，并不是走出去为别人的事业打工，而是走出去为自己的村寨寻找合适的商业沟通渠道；在走出去的同时，积极了解外部世界，将自身的资源与外界的需要合理地结合在一起。而政府作为强有力的支持力量，与其授之以鱼，不如授之以渔，可以提供相应的指导和技术支持，但是归根结底还是要依靠村民本身的主观能动性，让他们自己选择自己的发展道路。政府的这种指导不仅应该体现在科技、经济、理念的层面，还应当体现在文化层面，使村民意识到作为多元文化一支的珍稀性，使村民意识到成为“自己”的重要性，避免在迅速的经济发展中迷途。

2. 村民参与，村寨联合

文化遗产保护工作往往涉及到文化遗产保护地村民的日常生活，仅仅将一种文明定位于“文化遗产”，并对文明中的个体生活进行干涉和改变，在我们看来，并没有给予当地村民充分的尊重；而任何一种文明的发展方向可能会受到各种环境因素的影响，也并不是人力所能预测的；而且外来的文化遗产保护者，也不能充分体会当地文化遗产对于当地村民生活的意义。基于以上原因，我们认为，外来的文化遗产保护工作者，更多地应当充任一种引导者的角色，通过引导，让村民能够对于自身的文明有“自我意识”的觉醒，亦能够对外界文明有较为清醒的认识，从而积极思考村寨文明的保护与发展。

而我们看到，我们所调查的多个村寨之间，规模较小，彼此联系较为密切，且文化传统也较为相近，因此在进行保护工作时，可将某个区域的村寨群体视为整体，进行相应的保护和发展规划，使村寨之间既有相应的竞争，又可以互帮互助。

3. 取其精华，去其糟粕，在变化中寻保护

如前所述，我们所观察的村寨文明，仍保留着其本身的生命力，而并非不再改变的木乃伊。因此，在引导村民进行保护时，不应挫伤村寨文化本身发展的内在动力。村寨中的生活方式有其精华，亦有其糟粕。譬如木质厕所，虽然很有特色，但使用起来既不卫生，亦不方便；譬如完全的木质房屋，如果没有砖石结构，实际上很难处理灶台、火塘等易燃空间，而仅仅为了保护“文化遗产”，为村民的生活留下安全隐患，是不合适的。

无论是由被动等待“走进来”到积极主动“走出去”的理念的根本转变，还是让村民积极参与、村寨联合发展，或是取其精华去其糟粕，归根结底都有赖于村寨自身人才的培养，归根结底都在于村寨教育事业的发展。要让村寨中的年轻人“走出去”开眼看世界，再带着村寨一起“走出去”，投入到多元化的人类文明之中，给自己的村寨文明以合适的定位。而当地的教育资源仍处在较为匮乏的阶段。加强教育投入，培养村寨自己的人才，应当是村寨长期发展规划中永远的重头戏。

附录：主要访问对象

1. 江　远，村长，36岁

2. 江兴刚，村支书，40岁

3. 姜世元，卫生院医生，28岁

4. 江饮龙，大寨寨老，江远之父，83岁

5. 江家学，副村长，30岁

6. 李朝帮，鬼师，62岁

7. 林　慧，小寨村民，29岁

8. 林昌海，小寨寨老，48岁

9. 林世贵，小学教师，1972年出生。毕业于贵州省中等师范学校，1991年开始在高略小学教书，2009年考上特考教师，调至八开乡，在高略小学任教19年，主要教授语文课程，亦教授数学

10. 杨昌全，中西医师，62岁

11. 江芝秀，小学生，12岁

12. 江家贵，大学生，24岁

13. 江开丰，小卖部女主人，35岁左右

14. 江兴盛，高略村村民，38岁

15. 江草雄，木匠、小卖部主人，39岁

调查组成员：丁　雨（组长）、闫金强、柳闻雨、陈羿锜、梁敏枝

调查日记记录：丁　雨、柳闻雨、陈羿锜、梁敏枝

图纸资料整理：闫金强

调查报告初稿执笔：丁　雨（第一、二、十一节）、梁敏枝（第三、十节）、陈羿锜（第四、七、八节）、柳闻雨（第五、六、九节）

第一次统稿：陈　筱、韩　爽

第二次统稿：陈元棪、温筑婷

第三次统稿：冯　妍、陈　筱

第四篇
贵州榕江县高帮村调查简报

一、概　述

高帮村是贵州省黔东南苗族侗族自治州榕江县朗洞镇的一个苗族村寨，位于距离朗洞镇政府东南约十公里的山坡之上。整个村寨依山而建，坐东朝西，四面均为延绵的山峦，沿公路向北上山可至两福，再下山可至朗洞镇，向南下山可相继至高略、岑最。高帮村由一个自然村组成，其中下部的寨子较老，后因火灾部分居民逐渐向上迁移盖新房形成上寨（图版一、二）。

高帮村现有人口597人，共133户，男性323人，女性274人。全村分三个小组，分别有40户、42户、51户。村民绝大多数为苗族，为黑苗，另有5户汉族。当地通行苗语，但受过一定教育的人也懂汉话。

由于地处偏僻、交通不便，高帮村受到外界影响较少，未曾发展商业和旅游业，保存了较多的苗族传统建筑和民族风俗习惯，村中建筑除了卫生室以外全部为木构建筑，大多数妇女着传统服饰，保留较多传统节日。村寨依山而建，风景秀美，气候适宜。很长时间以来，高帮村是高坡四寨（高帮、高略、两福和色同）的活动中心，过去是四寨寨老商议重大节庆和事件聚集的场所，也是这块山区最早有人定居的村寨，保留了较多高坡四寨的共同记忆，村内有他们共同尊为“母亲树”的老枫树、举行传统娱乐活动——水牛打架的场所牛打坪等。但是随着社会的发展，高帮村不断地受到外界影响，村里的人通过外出读书、务工等途径走出大山，将外界的新鲜事物带回来，而过去传统的文化却渐行渐远：鼓藏节在近二十年未曾举办，苗年已经让位于春节，年轻人更热衷于现代舞，五角星刻在了水牛崇拜的石柱上。时间的细沙不断地打磨着这片土地，这里从来不是世外桃源，也从来没有一成不变，在这个不断变动的社会里，这里的一切注定沾染着这个时代的色彩。如何看待高帮村的历史与现状？如何认识苗族传统文化与现代文明的碰撞与裂痕？如何在我们对于异族文化的浪漫想象和苗族自身对于未来生活的憧憬之中做出权衡，进而有所作为？如何将发展与保护相结合，既实现高帮村的建设开发，提高村民生活质量；又保护该村的传统文化、宗教信仰、风俗习惯、文物古迹等，使其不被破坏乃至消失？这些都成为迫在眉睫的问题。

本次调查采用的方法以参与式观察为主，了解了当地的民居等建筑物、道路交通、村落环境、节庆服饰等，辅之以非结构访谈，通过与当地居民的交流了解村史、宗教、风俗、教育等状况。并通过纸笔记录、录音录像、建筑绘图等方式力图真实记录高帮的现状。

本次调查从2011年7月29日开始，至2011年8月9日结束，调查人员有刘精卫（北京大学社会学系硕士研究生）、郭维智（台湾台南艺术大学博物馆学与古物维护研究所博物馆学硕士研究生）、龚琳雅（台湾云林科技大学文化资产维护系硕士研究生）、李志胜（贵州省抽调文物干部）。在调查结束后，于2011年8月11日至14日，以调查的第一手资料为主，结合榕江县志等基础数据，撰写了这份报告。

二、地理环境和资源

黔东南苗族侗族自治州位于贵州省东南，东邻湖南省怀化地区，南接广西壮族自治区柳州、河池地区，西联黔南布依族苗族自治州，北抵遵义、铜仁地区。全州地势西高东低，自西部向北、东、南三面倾斜，海拔最高2178米，最低137米，境内沟壑纵横，山峦绵延。

榕江县位于黔东南苗族侗族自治州南部，介于东经108° 04′ —108° 44′ ，北纬25° 26′ —26° 28′ 之间，地跨珠江和长江流域，亦跨月亮山和雷公山。榕江县地处云贵高原向广西丘陵过渡的边缘地带，地势自西北向东南倾斜，河流深切，中间地势低落，山地特色明显。气候温和，雨量充沛。居民以侗、苗、水、瑶等少数民族为主。榕江县民族文化底蕴丰厚，民族风情原始古朴，文物古迹保存完好，享有“风情浓郁、璞玉浑金、无迹不古、山水独秀”的美称。

朗洞镇位于榕江县城东北80公里处，介于东经108° 29′ —108° 35′ ，北纬26° 16′ —26° 27′ 之间。总面积242.07平方公里，驻地朗洞为县境北部边陲政治、经济、文化中心。据《古州厅志》记载：“朗洞四周崇山峻岭，为中心谷地，平坦开朗，河流自南而北，直贯其中，两岸皆田畴，俨如洞中之天地。”“朗洞”之名由此而来。境内地势极不规则，以高蒿卡为界，向东为珠江流域即寨蒿河头，河谷幽深，坡面陡峻，气候较温和；西为长江流域，坡度略缓，呈现朗洞盆地。境内属亚热带地区，居长江流域部分气候四季分明，年均温16.4℃，年降水量1300毫米，无霜期282天①。

高帮村地理位置较高，交通不便，土地和林地人均占有量较多，主要农作物是水稻、马铃薯，种植辣椒、西红柿、茄子等，林木以杉木、松树为主，另外也种有桐油树、漆树等。村内有古树一百多棵，包括三十多棵珍贵的红豆杉（图二—1）。

图二—1　高帮全景

全村有耕地525.42亩，其中田399.24亩，土126亩，人均耕地0.91亩。全村有林地6648亩，人均林地7—8亩。森林覆盖率达98%。

高帮水资源较为匮乏。过去生活用水主要依靠降水和附近的溪水，村内的三口井是主要的饮用水。现在已通自来水。自来水来自高处山上，水流很小，干旱季节也会经常断水。

由于村内多为木构建筑，极易发生火灾。高帮村曾在1983、1992年发生火灾，火势蔓延较大，村里许多建筑都因此而烧毁。2006年村里修建了六个消防蓄水池，由于2011年夏季干旱，有几个蓄水池已经干枯。另外，由于村际公路是盘山而建，在大雨时节会发生坍塌、泥石流等灾害。

① 贵州省榕江县地方志编纂委员会编：《榕江县志》，贵州人民出版社，1999年，第13—14页。

三、传说和村寨历史

（一）传说

1. 创始传说

高帮的苗语称“纠棒”，意为河头的高坡[①]，也有村民认为是“苗民”的意思。据村中老人介绍，在牛打坪旁边的坡上立有一块记载村子起源历史的石碑，是村中一位爱好雕刻的杨师傅所刻，石碑内容是他根据从老人那里听来的故事编写的。

相传大约九百年前，一支苗族由江西、福建经过千山万水来到广西，贵州凯里、北武下司、杨柳塘，一部分又来到下江黎平剑河，又到达朗洞。居住在朗洞范围内的苗族有十五个姓氏，分成了十四个自然村寨：上半寨包括高帮、两福、高略、八九、色同、寨邦、九董，下半寨包括高便[②]、岑最、色边、定向、宰牙、岑向、岑门。

由于朗洞的苗族人数较少，这里的苗民会同较远的村寨通婚，东至对盟、榕嘴、岑德、岑埂、美对，西至凯里、北武下司、杨柳塘，南至下江、高文、高武、八开，北至剑河等地。雍正年间（约1742年），高表大弯党告龙计寨[③]的二位姑娘张仰敬寿和李东计生出嫁到黎平岑德寨，一日，两位姑娘一同回娘家，途经乃弄凉桥，便在此休息用餐，惨遭一伙“无凉的野心”（无良之徒）杀害。此地距她们的夫家及娘家都很远，夫家以为姑娘已到娘家，娘家人则相信她们在岑德，因此没人来收尸。最后是当地岑扛的居民发现她们的尸体。这件事在当地引起极大的反应，人人畏惧。从此，这支苗族不再与远方的亲戚来往通婚，各寨派代表到朗洞某寨杀白水牛规定：只有“乱姓不乱房”，在朗洞范围内通婚。从此这支苗族更改了服装，形成了自己的民族风情，十月过苗年吹芦笙、踩堂跳芦笙舞成为传统的娱乐活动。

2. 族源传说

新中国建立前，高帮村全部都是苗族，他们自己都认为是很久之前（约1000年）由江西、福建迁徙而来的。

新中国建立以后，通过行政手段迁移来两家汉族：邱家和王家，他们都由朗洞镇迁来。其中，邱家的丈夫在解放前是国民党的官员，解放后入狱死亡，妻子带着两个女儿和一个儿子被

---

① 榕江县人民政府编：《贵州省榕江县地名志》，黔东南州内部期刊登记第59号，1987年，第91页。

② 据我们的调查，高便是以侗族居民为主的村寨，为何它又在高帮村民认定为苗民族村寨，其原委尚不知。

③ 高表位于朗洞镇南边的八平乡，下辖大堡、小堡、塘底下3个自然村。榕江县人民政府编：《贵州省榕江县地名志》，黔东南州内部期刊登记第59号，1987年，第110页。“大弯党告龙计寨”不详。

下放到高帮村，被村民收留并靠着村民接济维生，随后跟着全村吃着大锅饭生活。王家的丈夫1949年左右在各个寨子走街串巷卖些生活用品如油、盐等。后来政府将其迁入高帮做小生意，以满足本村村民的生活需求。两家的后代逐渐融入苗家生活，均会苗语，但他们并没有与本村的苗族通婚。

3. 英雄传说

在记载村史的碑刻旁边有一尊人头雕像，是高帮村草寇英雄杨报年，他的故事在附近的村子都有流传。这也是杨师傅所雕，他向我们讲述了杨报年的故事。

很久以前，杨报年还只是一个普通人，一天他在湖边面向东方抽烟，有两个老奶奶领着一个七八岁的小妹妹在对面挖地。到了晌午那个小妹妹看着空中飘下来几张大白纸，落在他面前，非常惊异，还向奶奶说：有大白纸落在那个爷爷面前。当晚，杨报年对妻子说拿一萝谷子倒在楼角（笔者按：大概是白天天上落的白纸有所指示）。半夜，天上的仙人骑马下来钻进老人的楼角，并唱起了苗歌，杨的妻子听到。第二天妻子去看，谷子已被吃光了，而地上被马踩得很乱（笔者按：大概从此杨报年便拥有了奇异的本领，为本村的人所忌恨）。过了几天，附近的人将他抓起来。两福有个六十多岁的老人有一天去地里插秧，在那儿烧东西（笔者按：大约是诅咒害人），杨报年在家里发觉了，说你要害我是害不了的。这一带的人想把他抓住，召集了二十多个英雄将他的房子包围，他发现无路可走便爬上屋梁，这边打一枪那边打一枪，还跳到对门的树上，人们也抓不住他。后来人们想出办法，杀了大狗用狗血拌饭给他吃，控制住了他。过了一年，张秀眉①在雷公坪召集部队起义，杨报年投奔张秀眉，成为草寇。张秀眉在历史上有所记载，虽然这些记载中并没有杨报年，但附近的人都知道他。

4. 民间传说

流传在村民间的传说故事较多，调查组记录了以下主要的五则：

第一则是流传在高帮及周边村寨中一个与舅家亲事②有关的传说故事。苗家有个美丽的姑娘在一次节日庆祝活动中被一名小伙子“看中”，被其“偷走”；但同时姑娘的舅家也看上了她，让她嫁给舅家表哥，否则要赔钱给舅家。但她没有钱，被逼无奈跑到县城将舅家告了。县令也看上了姑娘，对她说：这个案子我也没法解决，即使你不嫁舅家别家也不敢要你，不如你嫁到我家来。后来姑娘就嫁给了县长的儿子。这个故事也成为一首苗家歌曲的内容。

传说之二：从前有一个美丽的苗族姑娘，有两个苗族小伙子喜欢他，其中一个家境很好，另一个相貌英俊，姑娘两个人都喜欢，但是下不了决心究竟选哪一个。她的哥哥出了个主意，

---

① 咸丰五年(1855)，贵州苗族农民在太平天国起义的影响下，由苗族农民领袖张秀眉领导，又爆发了大规模反清起义。

② 根据当地传统，姑娘出嫁挑选婆家时，一般都需优先舅家，即只有舅家男孩不登对时，才可另择佳偶。

把她带到上坡上，假装用枪打死了姑娘。一个人回来后对那两个小伙子说，我妹妹已经死了，你们如果谁有心思把她埋了吧！家境好的小伙子心想已经死了便离去，但相貌英俊的小伙子决定上山去埋姑娘。等他到了山上发现姑娘竟然还活着。后来两个人结婚了。

传说之三：从前，有一个叫老山令的人在高帮附近的渠里开方田，没有工具，用牛角打井，后来打不通，来到寨上借斧子，但寨上的人不肯借给他。老山令有两个女儿，他用药水将自己的女儿毒死，诬陷寨上那个不肯借他斧子名叫姜浪谷的人害死的他女儿。县里将姜浪谷锁到县里去坐牢，一直到白头。后来上级特派调查，把姑娘的骨头拿来化验，查出来是陷害。姜浪谷才得以脱牢。

传说之四：一天，两个小孩在水塘旁玩水，有两个鸭子在水里。后来塘里水没了，鸭子也上岸了。小孩看到了很大一只羊钻进艾良洞①去了。晚上他们告诉父母，父母却不信。隔年三月份天降暴雨并涨水，父亲看洪水的时候看到了那只龙羊②，才知道孩子没有骗人。现在，水塘已被新修的公路盖住。2007年4月间，又是大暴雨，但是在高帮这一片一直到高便的山坡上都没有雨。同年4月18日，高便有个姑娘，她和母亲去地里取秧，看到了龙羊在塘里。这时来了个老人家，姑娘告其所见，并问他是什么。老人要她不要看那东西，那不是好东西。然后，龙羊慢慢落到水里，消失不见了。

传说之五：村里人相信，如果患病的老人听到狗或猫头鹰的叫声，表示这位老人不久将告别人世，因为狗或猫头鹰正是看到了他的灵魂离开才叫。

（二）地方史志

高帮村乃至朗洞镇都没有自己的地方志，关于其历史，仅能从1999年出版的由贵州省榕江县地方志编纂委员会编写的《榕江县志》等相关数据中窥得一些模糊的线索。

榕江昔称古州，历代虽有建制记载，皆是外古州，榕江属里古州。光绪《古州厅志》说："古州有里外之分，唐宋至元明，建寨、州，设长官司，皆外古州也。而里古州历代俱为化外生苗，雍正七年始开辟而版籍之，以隶府属。"据县志，雍正七年（1729），贵州巡抚张广泗统兵剿抚古州。雍正八年冬，筑土城于诸葛营，该年兵部议复云贵广西总督鄂尔泰奏疏，古州始置厅，隶黎平府；置古州镇，开泰县丞移驻古州，古州厅始于车寨等地兴办义学。雍正九年，清军剿抚上下两江及东北诸路苗寨，划定571寨为古州厅辖。民国二年（1913），改古州厅为榕江县，1930年，红七军攻克县城，后回师广西；1950年，榕江县人民政府成立，隶独山专

① "艾良洞"一词，为调查组根据访谈录音整理，不知其确切意义。

② 一种半龙半羊的神兽。

区，下设5区1镇16乡；1951年废保甲制，由村民委员会取而代之；1952年，隶属于都匀专区；1953年，缩小乡镇规模，将区划调整为6区54乡3镇；1955年调整为7区3镇55乡；1956年7月划入黔东南苗族侗族自治州，全县辖6区30乡；1958年设5区1镇17公社；1959年，榕江、从江并县，建榕江县；1961年，从江、榕江两县分设；此后榕江县区进行过多次区划调整。到1984年，废除人民公社建制，恢复乡镇村设置，3月，忠诚、寨蒿、平永、乐里和朗洞建乡级镇，7月，料里、仁里乡改置水族乡，8月塔石乡改置瑶族水族乡，同时恢复乔来、定威、水尾和兴华水族乡设置。经过此次调整，全县共置5区6镇31乡260个行政村和7个街道居民委员会，形成今天榕江县建制的雏形。

乾隆二年（1737），开泰县丞从古州移驻朗洞，改成朗洞县丞，隶属黎平府，区域内包括88寨，其中就有高帮村。到宣统元年（1909），朗洞县丞拨归古州厅，朗洞城内外并治。1914年，废朗洞县丞，置朗洞一等分县，隶榕江县。1936年，撤销朗洞分县，所属乡镇直隶于县。1953年置朗洞乡。1961年建立朗洞公社。1984年改公社为朗洞镇①。

高帮村隶属朗洞镇，是由一个自然村组成的行政村，2005年7月1日，高帮、两福、高略合并成立了高帮中心村，办公中心设在高帮。2006年2月底撤中心村，恢复为原来的三个行政村。

（三）碑刻

（1）芦笙坪纪念碑（图三—1）

现在的芦笙坪是1988年从老芦笙坪迁过来的，老芦笙坪因为村中通公路被占用，村民将老芦笙坪的一捧土带到新芦笙坪，并在中央立了石柱，在芦笙坪东边立了这块纪念碑，纪念芦笙坪的新建。

碑文是高帮现任支书的父亲、原榕江县副县长姜家远所拟，内容是鼓励村民相亲互爱，纪念芦笙坪和中央石柱的建造，祈求吉祥，保佑民众，赞扬党和政府。

（2）关于婚姻规定的碑刻（图三—2）

这块碑刻的内容是由高坡四寨（高帮、两福、高略和色同）的寨老共同拟定的。据姜支书介绍，在清朝即有这块碑，主要针对苗寨传统的一些婚姻规定如娘舅的婚姻优先权（详情见后文）所造成的婚姻悲剧而筑立。后来老碑被毁，1980年后人根据老人们的记忆重新树立了此碑。

碑文规定了婚姻自由、离婚条件、礼金数目、娘舅权利限制等。

（3）村史碑刻（图三—3）

记载村史的碑刻立于2008年。内容详见前文“创始传说”。

---

① 贵州省榕江县地方志编纂委员会编：《榕江县志》，贵州人民出版社，1999年，第1—27页。

图三—1　芦笙堂纪念碑

图三—2　关于婚姻规定的碑刻

图三—3　村史碑刻

图三—4　指路碑之一

（4）指路碑（图三—4、5）

指路碑苗族又称“挡箭碑”，一般是在孩子出生后，父母为了给孩子积功德而做的善事；或是由于其他原因而做善事在山上岔路口所立，以帮助路人识别各条道路所向。

内容主要是指出哪条路通往哪里，如“左走高帮，右走高便，上走高略”，但究竟是面对指路碑指路还是背对指路碑指路并没有成例，这两种情况在高帮都有。此外，指路碑上一般还刻着“挡箭碑”、“弓开弦断”等字样。

图三—5　指路碑之二

四、村寨的外部空间

（一）村落及周边田地

高帮村整座村落依山而建，村寨上方是树林、竹林，左侧、右侧及下方都是梯田，清水江沿着村落所在的山边由上而下流经两座山，这两座山上也有高帮村的梯田，在梯田上方是村里的树林，田地主要分布于村落四周（图四—1）。梯田主要种植水稻，在梯田周围偶有一些地种植辣椒、西红柿、茄子等（图四—2）。

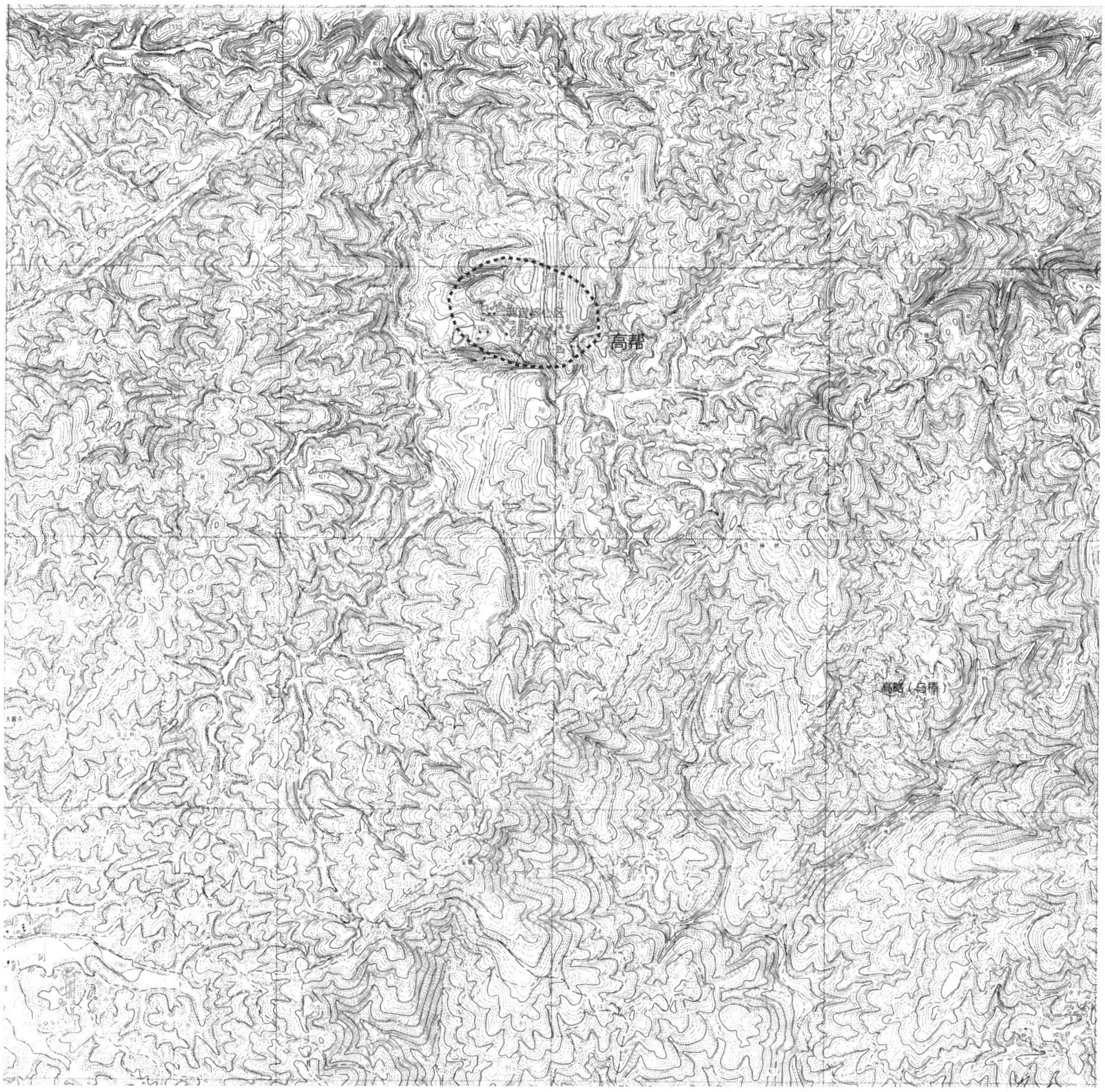

图四—1　高帮村地形图

图四—2　种植水稻的梯田

高帮村的山林分散在村落四周的山上，村里的树林分为自留林及村委会的责任林。每户人家在1983年“山林三定”的规划下，各有自己的“自留林”，自留林的树种主要以杉树、松树为主，另外也种有桐油树、漆树等。栽种桐油树主要是为了自家建房时用桐油涂刷木料，漆树是取漆需要，松树、杉树也是为了取油到镇上出售。自留林是属于自家的树林，村民拥有林权证（林木所有权以及土地使用权），责任林的林权证是村委会的，但是村民可以向村委会承包，一次承包期限是七十年，这七十年间可以拥有林木所有权（图四—3）。

村中的土地和林地都是1983年开始实行土地承包制时按照人口均分的，近30年来从未重新分配，所以由于每家人口变动情况不同，每户的土地和林地面积有很大的差异。

图四—3　林地及木材

（二）道路交通

高帮村现在有一条连接朗洞及岑最村的公路（被村民戏称为“高速公路”），这条公路最初是由所经过村子的村民们共同铺筑的，2001年开工时，联合了两福、高帮、高兴三个寨子一起修朗洞到高帮的公路，总长7.5公里，按各寨人口数目分段，炸药、钢筋都是去县里要的，村民们自己出工修，三个月共修2.5公里，路宽4米，2004年由政府补助作建设时扩增为8米宽。但是2006年大暴雨将公路冲毁，2007年下半年由政府复修。2008年正式通车。2004年由政府补助作建设时，将工程外包给一个广西的商人，一公里的价格是25500元人民币。2005年开发的路段是朗洞到高帮，2006到2008

图四—4 通村石子路

年开发路段是高略到岑最。由于路面尚未硬化，现仍为石子路，行车颠簸，只有吉普车之类底盘较高的车辆可以通行（图四—4）。

（三）与周边村寨的关系及交流

当地村民认为，朗洞镇在这一区块的村子分为河边四寨与高坡四寨等，河边四寨分别是定向、岑最、卡寨、宰岑，以定向村为中心；高坡四寨是高帮、高略、色同、两福，以高帮村为中心。原则上，高坡四寨之间的相互往来较多，例如通婚、春节或是各村寨老要一起开会解决山林纠纷等大型事务，都会到高帮村来开会。

高帮村从前有五个寨门，其中三个通往高略、高便、两福、色同，还有两个通往村里梯田坡上。随着公路的开通，从2009年开始，逐渐每家每户都有一辆摩托车作为上下山的基本交通工具，使得村落之间的距离变得更近，相互间的往来也更为密切。

河边四寨及高坡四寨的村民会相互通婚，但是村内同姓氏之间不开亲。以订婚式的结婚为例，从结婚当天开始要连续往返女方家里及男方家里三次，以前没有公路时，走路可能天没亮就要出发了，现在走公路比较便捷。

五、村寨的内部结构

（一）村寨布局及功能分区

高帮村的居住区呈椭圆形布局，住宅基本围绕着芦笙堂而建，并以芦笙堂为中心分为上寨与下寨。但是2008年公路通车之后，也有一些人家靠着公路建房。居住区以外是竹林、稻田，再外围是山林。

下寨的房屋相对较老，上寨则是近来逐渐发展起来的。目前村中的建筑大多是1983年以后所建。1983年以前，高帮村民主要在下寨居住，当年村中发生火灾，烧毁了四十多户人家，村民们逐渐在上寨新建房屋。因而，下寨的房屋较老，上寨是近来逐渐发展起来的。

为了防止发生火灾时烧毁粮仓，一般将粮仓盖在村寨的外围，并且不会离家太远，也有一些粮仓修建在村落内部，但位于远离住房的小土坡之上。

（二）道路体系

前述北去通往两福，南去通向高略的通村公路从高帮村口分作两支，分别绕居住区东西两侧，连通为一个贯穿村寨的环线道路。2004年，这条环线已铺筑为水泥硬化路面，现今已是村内主干道。村内次级道路有数十条，一般是绕民居建筑组群蜿蜒修筑而成。部分次级道路也在2004年加铺了水泥硬化覆面。总的说来，高帮村的道路体系构架完善，层级清晰，路面整洁，村民交通往来十分方便（图五—1）。

（三）给水排水

高帮村西侧山上有一条“清水江”流经，溪水从高帮村东边高山源起，经高帮村后流向高略、岑最方向。2001年，村里利用这条清水溪的水源开发自来水，由政府投资塑料管和水泥，村民们自己出工，2008年又进行了改造，现在家家户户都有自来水可以用，并且不交水费，只需每个月交管理费两元。溪水也用于灌溉农田，梯田由高而低分布，村民将竹子剖半作为架高引水设施，溪水自然沿着山势顺流而下灌溉稻田（图五—2）。2011年干旱，村里也用自来水灌溉，几乎每天晚上村民都会往稻田里放水。平常年份，村民们还会到溪旁洗澡、洗衣服。

高帮村内有三口古井，分别位在村边通往色同、高略、两福的小路上，水井的水并不特别丰沛，但是大多清澈并且一年四季都不会枯竭。村民通常会到水井挑水回家煮开后才饮用。三个水井都有用石头堆砌而成的梁柱式井洞以保护井池，井洞平均高约一米半米，其上有一些雕刻纹饰，侧柱上镌有对联，横梁中部刻有水井的名称（图五—3、4、5、6）。

村里每家每户房前屋后建有阴阳沟排水，也修建了全村的排水沟。

1983、1986年，村里的东边及西边先后发生过火灾，许多建筑都因这两次大火而烧毁。2006年，村里修建了六个防火蓄水池（图五—7），分散在村落各处，蓄水池的水源来自清水江，居民现在也在蓄水池里养田里抓回来的鱼。

图五—1 高帮平面图

图五—2　用于灌溉梯田的竹架

图五—3　水井之一

图五—4　水井之二

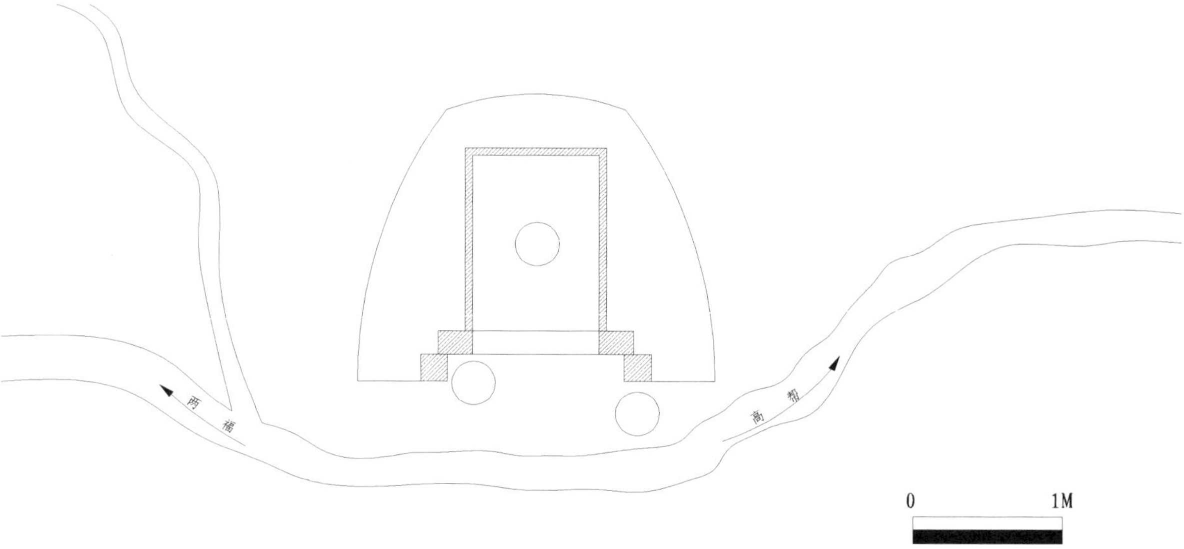

图五—5　水井平面示意图

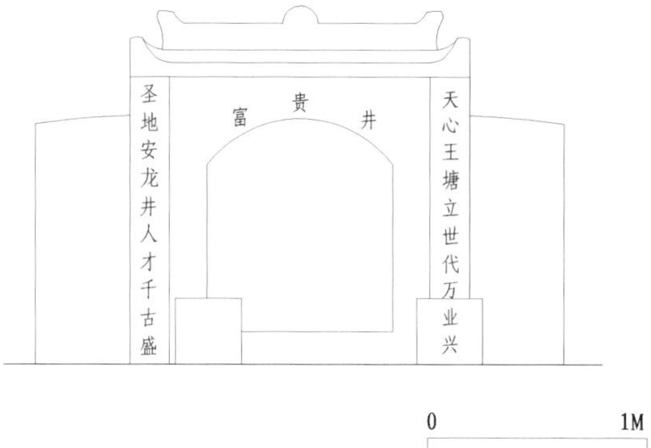

图五—6　水井立面示意图

图五—7　防火蓄水池

（四）公共广场

1. 芦笙堂

芦笙堂（图五—8）是高坡四寨的中心，是一个集会的场所，苗年、春节等节庆活动都会在芦笙堂举行，平时晚上也是老人们聚在一起聊农事、谈天的地方。

图五—8　芦笙堂

芦笙堂广场中央有一根石柱（图五—9），高2.7米，塔座是一八角形柱体，塔身截面为长方形，四面分别刻有不同图案以及文字，最上面牛角下方：福禄寿喜；东面上部左侧：芳贤才万代，右侧：王堂建山村；下部左侧：前辈创业重千古，右侧：子孙永念幸福堂；西面从上而下：月圆华。该塔始建于1988年，使用至今。最初，石柱周边的地面铺装石板，2004年部分地面加覆水泥。过节时人们围着芦笙堂吹芦笙、跳芦笙舞（图五—10）。

图五—9　芦笙堂石柱

2002年在广场边又增建防火蓄水池一座。

2. 牛打坪

牛打坪（图五—11）在高帮村的位置为中心偏北，在小学的南侧，天然分成两部分，一边是湿地常年湿润，另

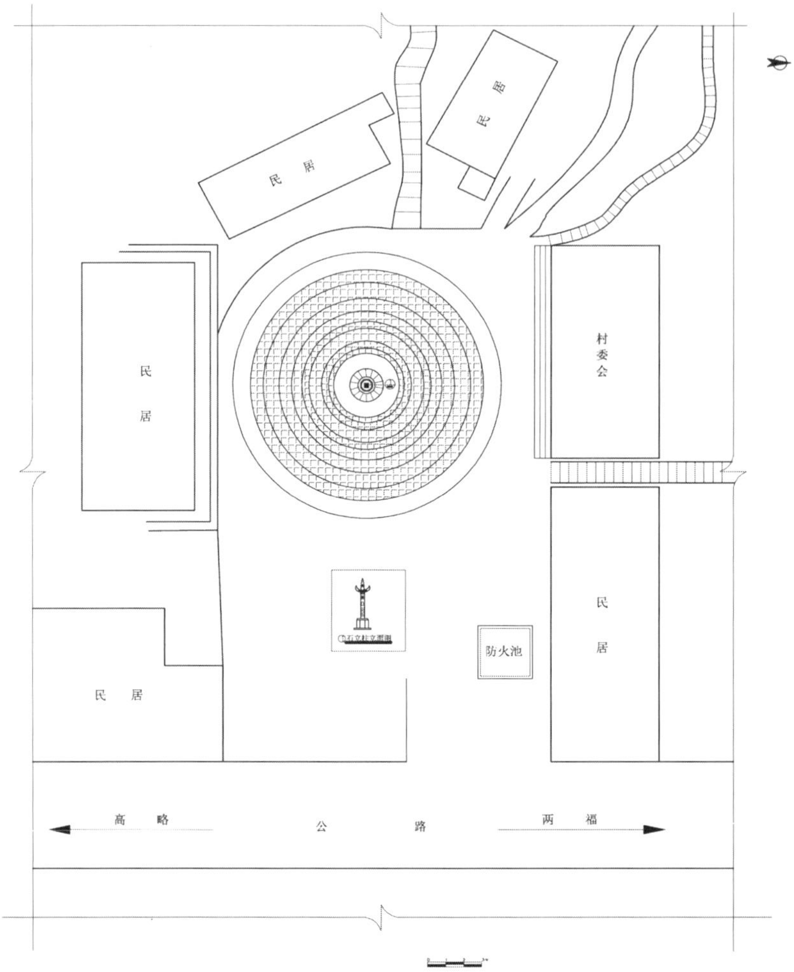

图五—10　芦笙堂平面图

图五—11　牛打坪

一边为干地常年干涸。牛打坪主要是牛打架的场所，过苗年时有水牛打架、黄牛打架。黄牛打架一年有四场，每三个月一次，每个寨子的村民都可以来参加。

（五）公共建筑

1. 学校

高帮小学的屋舍（图五—12）刚兴建时政府出钱盖了一个房架，却没有钱继续建下去。1996年开始盖架子。1997年时法国的伯乐思教授资助5000元人民币做学校的内部整修并购入一些设备。2000年小学的建筑正式建好，当时学生有十几个，共有四个年级。2002年增建了学校前面的篮球场。学校的教学楼建筑呈ㄇ字型，是一个全木结构的建筑，共两层，内部左右各有一个楼梯。学校中心有一个升旗台，学校正面写有“勤学苦练立志未来”，右方写有“扎根山乡献身教育”，左侧写有“教育改革势在必行知识改变命运”（图五—13、14）。

2. 村委会

2006年村委会屋舍完工，是两层楼的木构建筑（图五—15）。一层用作会议厅，开会时使用，过节时的节目彩排也在这里进行，里面有电视机、会议桌。二层是办公室，有村长室、支书室、计划生育人口室各一间。村内的广播系统也在村委会里，大约一个月有三四次广播，内容多是一些政策的推动或是村内公共事情的发布。

3. 卫生室

卫生室是村里唯一一栋现代风格的楼房，砖混结构，红色波形瓦顶。

图五—12　高帮小学

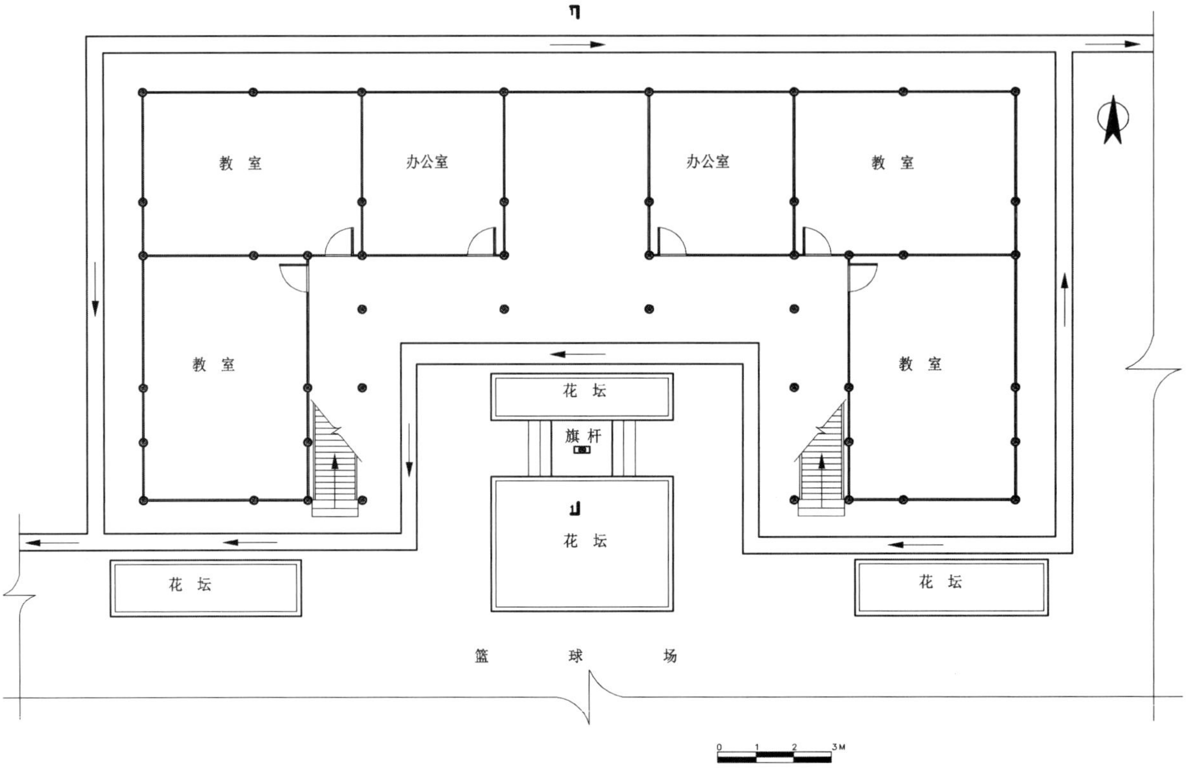

图五—13　高帮小学首层平面图

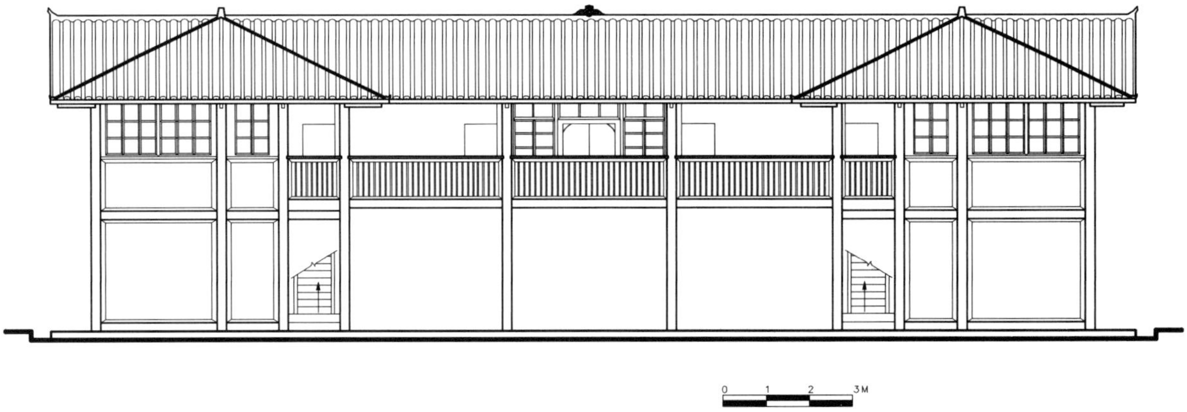

图五—14　高帮小学立面图

图五—15　村委会

六、村寨的构成单元

（一）家庭住房布局

高帮村以吊脚楼式的建筑居多，在房子前面或一层有一个小院落（图六—1），下午天气炎热时或是晚上吃完饭，村民们会在院落中乘凉。院落也用于晒谷子。大部分村民都把自来水龙头设在院落中。

圈栏一般设置于房屋首层，利用简易的木柱、木板搭建而成，屋顶用树皮覆盖，每三四年必须更换一次，所以村民会在院落旁堆晾树皮（图六—2）。

在传统苗族建筑里，人的生活起居室设在二层，所以在旧式建筑中，厨房是设置在二层的。后来，受到汉族的影响，在一层的部分位置增设了楼板，使一层也有了一些室内空间，多作为厨房、储藏室、饭厅使用，还有一些没加上楼板的空间则用作厕所以及堆放木材等材料的空间。有些在有厨房的房间里设置一间小小的储藏室，在二层房间里的厨房通常地板会架高，并利用架高的空间放置一些食物。

厨房的炉灶多是两个大锅两个小锅。一般而言，做饭做菜用桶装煤气，烤酒、煮猪食使用柴火，但也有的村民一律使用柴火（图六—3）。在传统民宅的厨房中，会在炉灶取一出口，用砖砌成一排烟口，并在这排烟砖上刻上制作时间以及花样。

图六—1　民居院落

图六—2　圈房

苗族传统建筑的卧室设在二层，汉族则是把卧室设在一层，卧室内有床、衣柜。因为受到村落里汉式建筑的影响，现在大部分苗族建筑多也增设了一层楼板，也渐渐有一些苗族新建房屋把卧室设在一层。比较特别的是，高帮村因为夏天热，冬天冷，多会设一有暖炉的卧室（大部分都设于二层厨房旁的另一房间），冬天冷了就在这里煮东西吃（图六—4），并有烟囱将烟排出室外。

图六—3 木柴

图六—4 有火塘的房间

（二）住宅内部布局

高帮村的建筑为穿斗式木结构，大多保持着苗族的传统木制建筑风格，以吊脚楼为主。高度平均为八米、三开间，三层楼，楼板厚约五厘米。传统的吊脚楼都是一层为圈栏（圈养的动物有牛、马、猪、鸡、鸭、鹅）；二层为主要起居空间，厨房及堂屋、饭厅、卧室都设在二层；三层当地居民称为天楼，妇女会到天楼织布，天楼同时也是一个储藏空间，用于储藏食物或不常用的器具，如芦笙等。通常二层会有四间以上的卧室，其中一间卧房多附有厨房，代表原本的生活起居室在二层，一层楼板是新建的。

吊脚楼形式的传统建筑，二层突出处多作为建筑物的走廊或是堂屋的座椅。

（三）房屋材料作法

高帮村的建筑多是木结构，木料大部分都取自二十年以上的杉木，是家里自留林经过申请取得的。做法上，都是穿斗式建筑，穿斗式建筑面阔多为三开间，也有五开间以上或两开间的案例。屋顶一般使用购自镇上的灰瓦。

通常村里有人要盖房子，都是自己家里的人盖，也有一些请师傅来盖，村里其他人也会来帮忙。一栋房子从准备材料开始，差不多需要一年时间才能盖好，盖好后现在一般都可以住二三十年。村里盖房子所使用的木材裁切大部分都还是靠人工，一般至少要有两个人才能作业

图六—5　裁切木材

图六—6　典型粮仓

（图六—5）。如果要建新房会把旧房拆除，并且保留木材，质量很好的木材会留着继续使用，但也有全部换新的案例。质量不好的木材仍会留着并找一地方堆放以备他用。

一些面对路口或是大树的民居建筑，村民会使用石敢当或是将房子的门口改向，这些做法多是风水先生告知的。

（四）房屋装修

目前村里的所有住宅都是木结构建筑，木头都上了桐油防水，一般没有太过繁复的室内外装修。较有特点的做法是，内部装修在较老的木房内天花板及墙壁四周会披上一层塑料布，是因为木头房子老了怕有碎屑。

每间卧室至少会有一个窗洞。旧式房屋多用木板推拉窗，新式房屋几乎全部都用的是玻璃窗。新式窗扇的形制可分两种，其一由两扇窗扇构成，它们可以分别向外推开，另一种则是由三扇窗扇组合而成，左右两片可向外推，中间一扇可沿中轴旋转九十度。

（五）粮仓形态和特点

粮仓是村民放置谷物的地方（图五—6、7、8、9、10），主体木结构，瓦顶或树皮屋盖，楼板的厚度一般比民居的厚一些。粮仓规模不一，小的是一层一户，大的有两层四户。粮仓的天花板较为特别，有一层是防尘的，在防尘的天花板上面还有一层屋顶，村民会在天花板以及屋顶之间放置一些晒谷子的工具。粮仓都使用最传统的锁锁住。粮仓旁边有梯子，有些会放置晒谷子的竹席。要是家里有超过六十岁的老人，家人会为其预备好棺材，棺材做好后就放在粮仓下面。

村里的粮仓常在外面木板上喷写一些政策推行的标语，如“初中不毕业，打工去不得”、

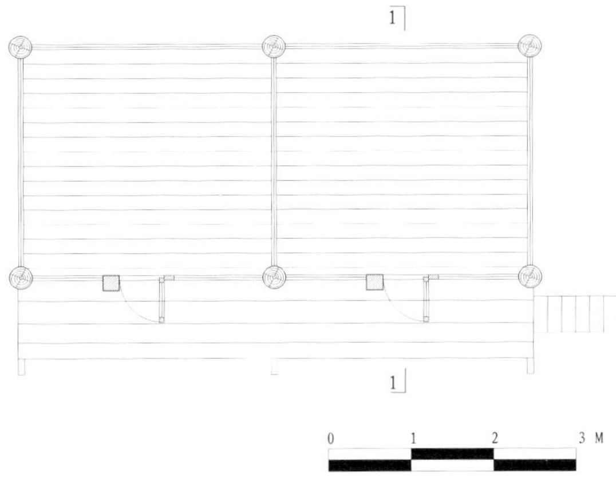

图六—7　粮仓平面示意图

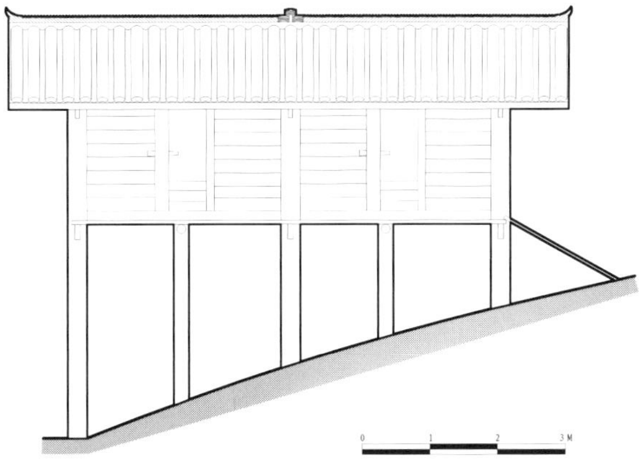

图六—8　粮仓立面示意图

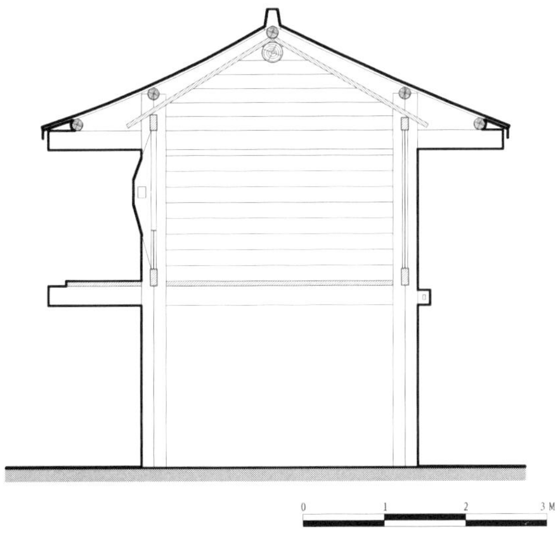

图六—9　粮仓剖面示意图

图六—10　粮仓的门锁

“为了子孙后代的生存，我们必须搞好计划生育”、“农村计生两户，国家政策来帮助”、“百年大计，教育为本”、“计划生育是我国的一项基本国策”。

（六）典型人家

1. 姜文武宅

姜文武宅（图六—11、12、13、14）位于高帮村中心偏右，公路入口处的一个高坡之上。家里共六口人。住宅建筑整体是木结构吊脚楼形式，屋顶为两面坡，建于1976年。主要起居空

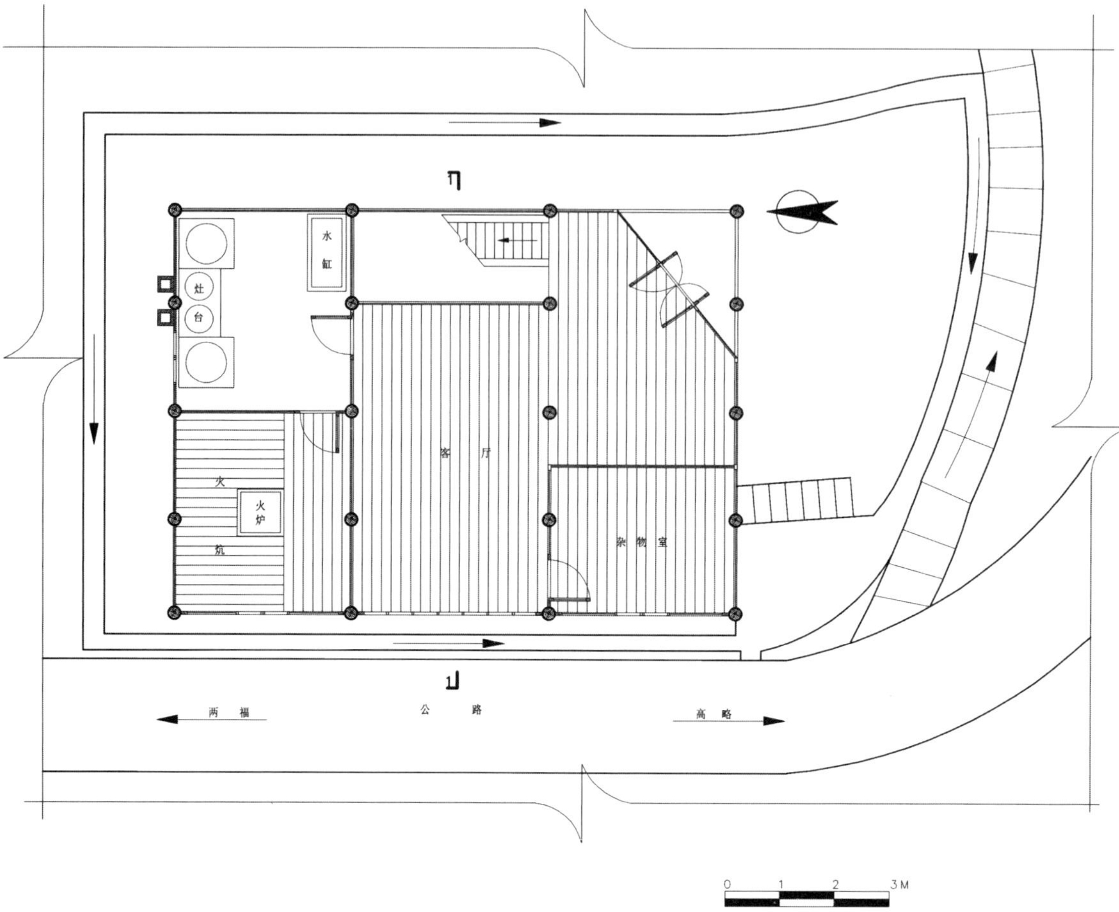

图六—11 姜文武宅一层平面图

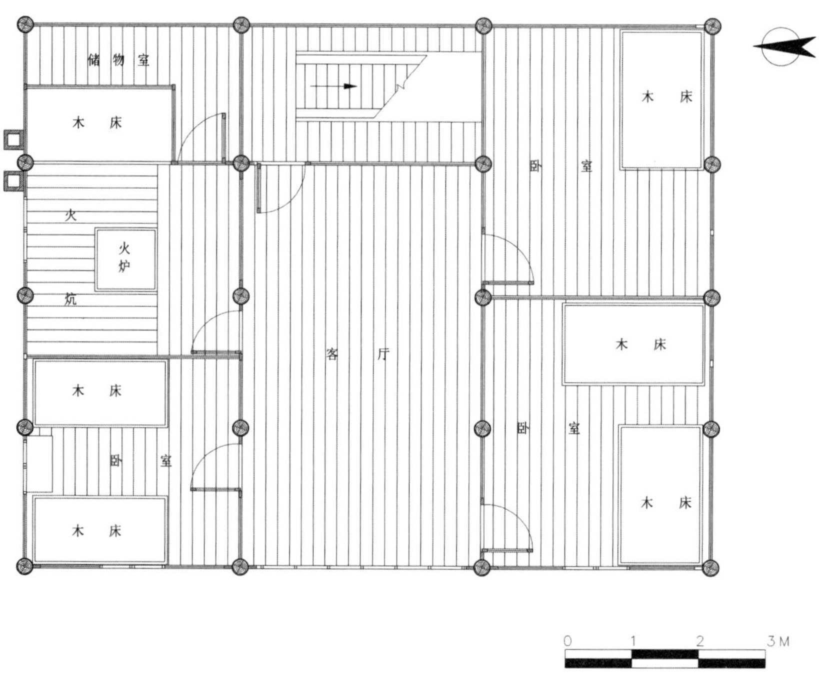

图六—12 姜文武宅二层平面图

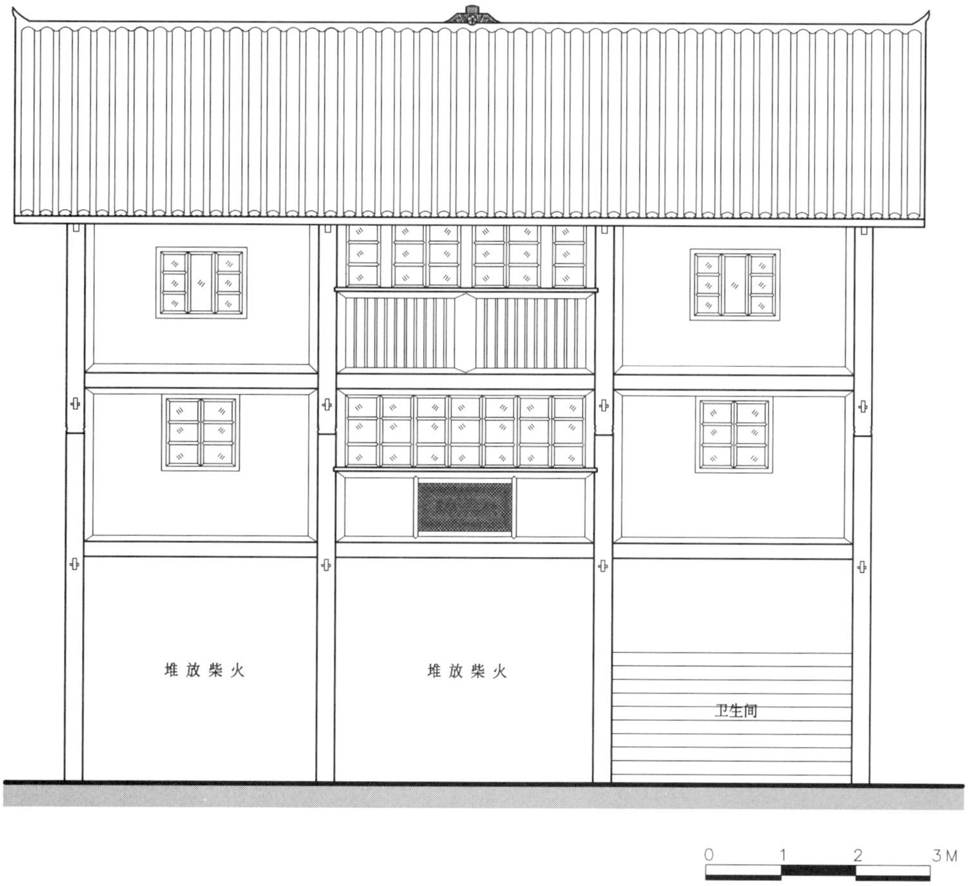

图六—13　姜文武宅正立面图

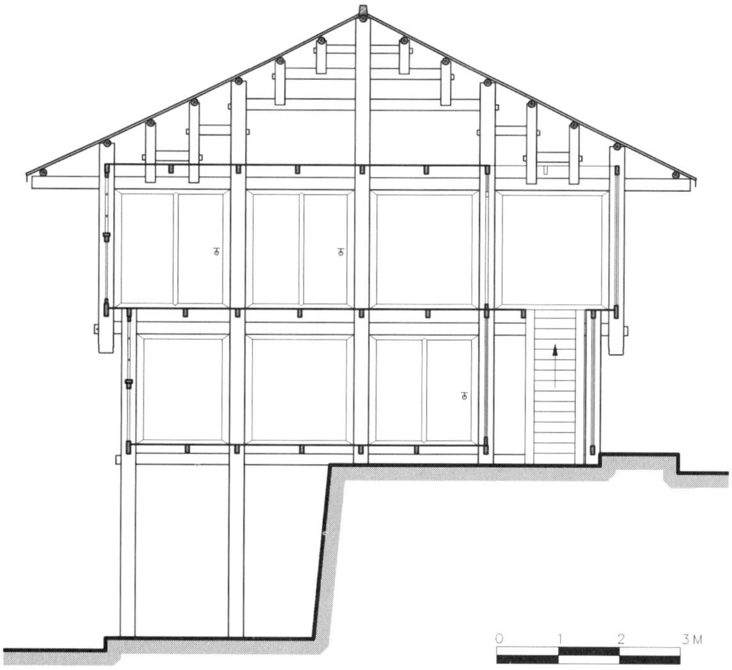

图六—14　姜文武宅剖面图

间在二层，渐受汉化影响于1986到1988年间增加了一层楼板，现堂屋及厨房设于一层，二层为一小堂屋及四间卧室，东北角的卧室内有一小储藏间，放置一些马铃薯以及腌菜，并利用木板架高的空间放置一些食材如地瓜等。

1986年曾因大火于建筑东面做整修，现在仍可看见大火遗留的焦黑部分。

2. 杨光华宅

原为普通苗民的住房（图六—15、16、17、18），因住户迁入新居，目前已废弃。位于村里中央偏左，屋前有一座小型蓄水池，前面有一片空地，散落着一些坟墓。建筑主体是木结构吊脚楼形式，屋顶为歇山式样。房屋建于1984年，主要起居空间为两层，一层是圈栏以及厨房。由于经济条件的好转，同时考虑到对交通便利的需求，杨光华全家在2010年搬入位于村东公路边的新居中生活，新宅仍旧为全木结构房屋。

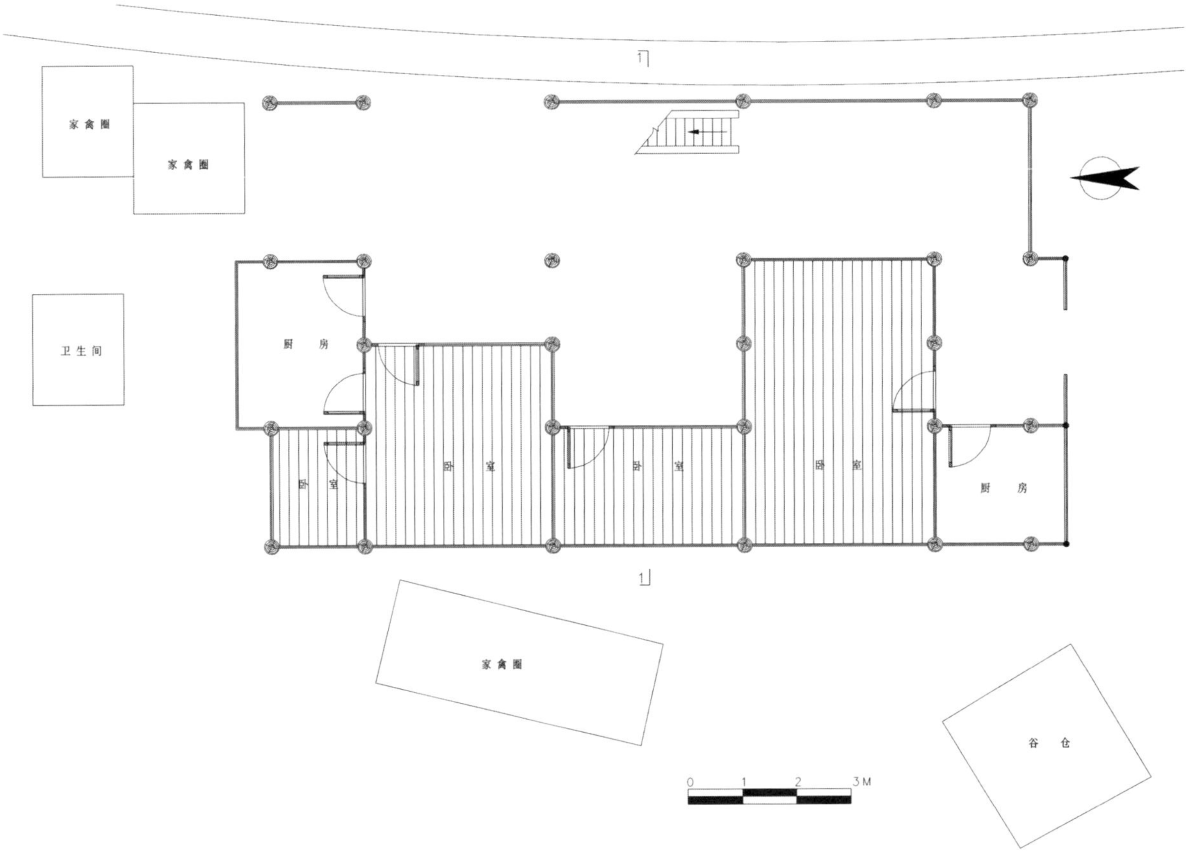

图六—15 杨光华宅一层平面图

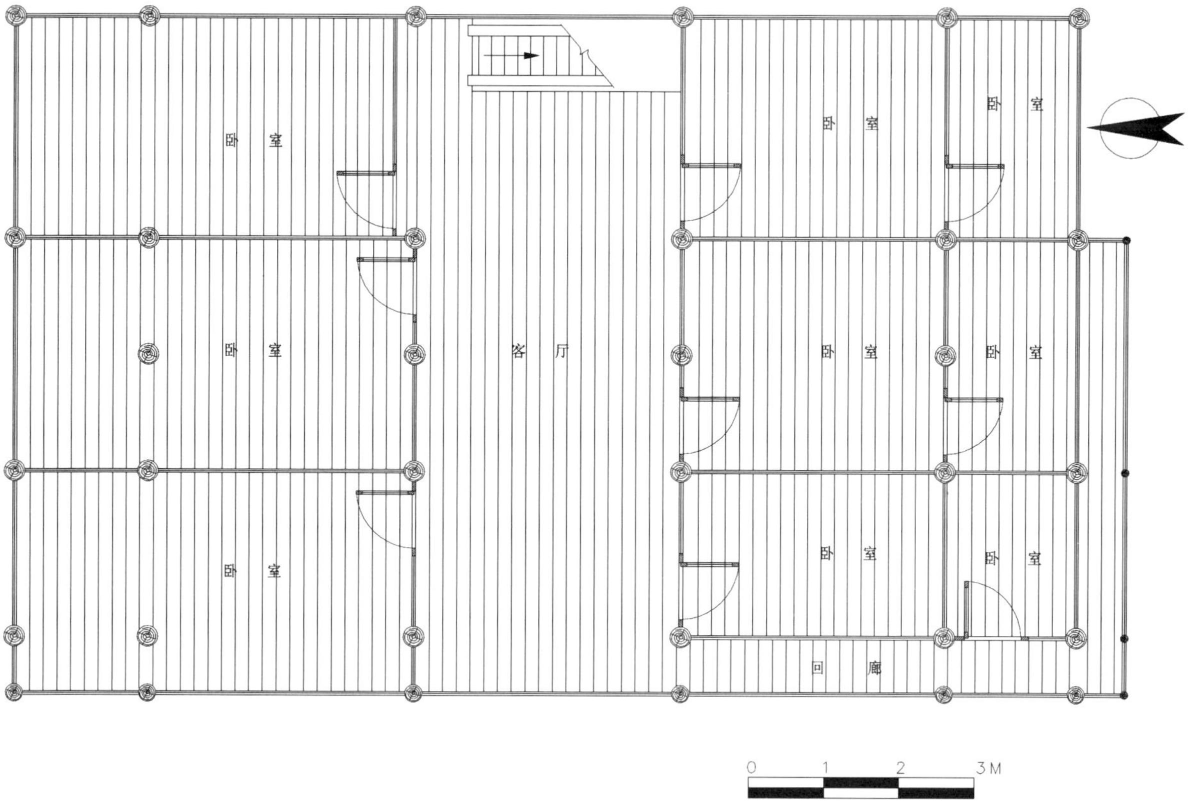

图六—16 杨光华宅二层平面图

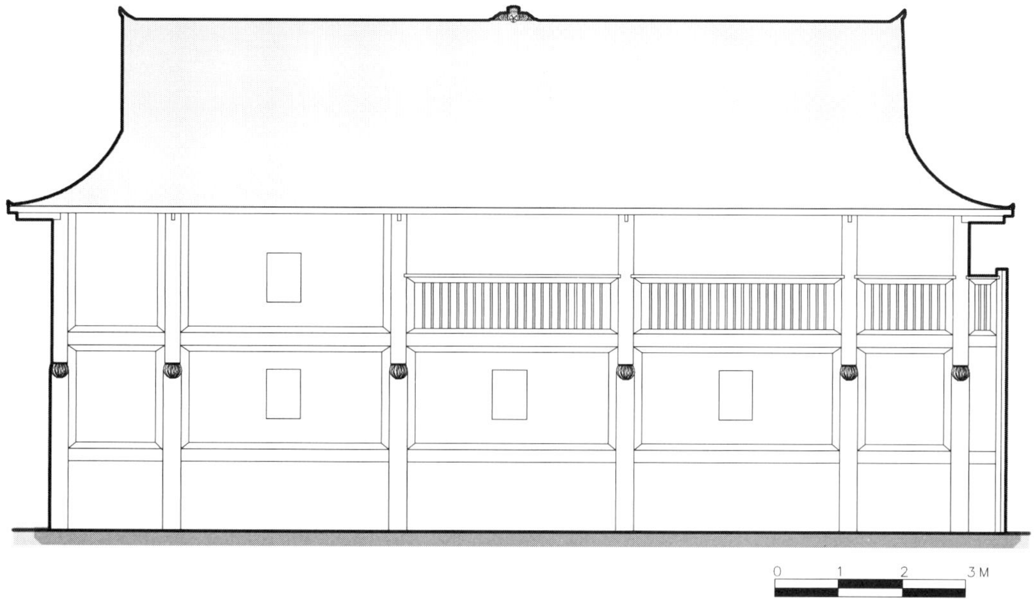

图六—17 杨光华宅正立面示意图

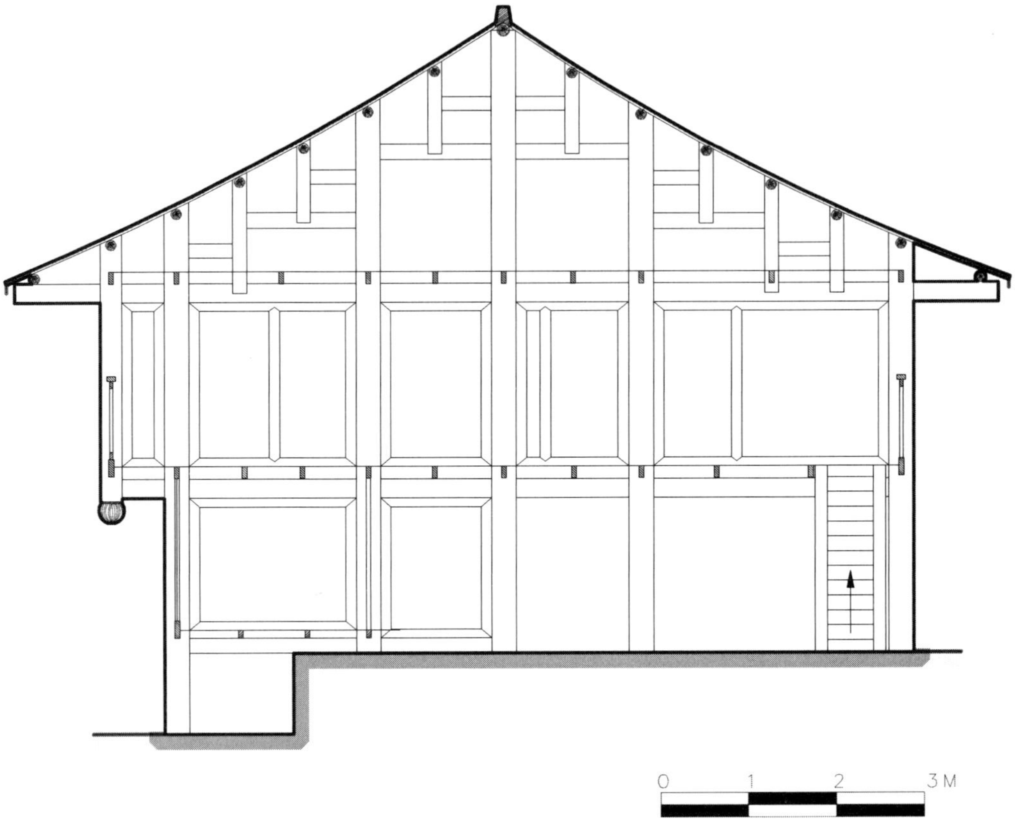

图六—18　杨光华宅剖面图

3. 邱锦华宅

这是一户汉族的住宅（图六—19、20、21），建于1984年，当时仍依照汉族的住屋习惯，并融合当地苗族的房屋风格，建成两层楼的木构建筑，并在一层的中央设置大门。

这种两层楼都可以生活的建筑形式在当时是很新颖的，不同于苗族的吊脚楼只有一层楼的生活空间。由于使用空间加大，后来高帮村的新建房屋受到影响，纷纷改成这种汉苗融合的建筑风格，所以苗族传统的吊脚楼在今天的高帮村已不多见，只留下少数几间没有受到1983年和1986年火灾波及的房子，例如姜支书家和旁边那间老吊脚楼。

邱家房屋主体为木结构，屋顶是两面坡型式，这栋房屋的平面布局及室内空间的使用方式对整个村寨的影响非常深远。主要起居空间设于一层，包括厅堂、堂屋、饭厅以及四间卧房，由于邱家已没有单栋粮仓，其中一间用来储存粮食。此外，由于厅堂摆有“天地君亲师”牌位，逢每月初一、十五都要烧香烧纸，一层又增建了一小平房作为饭厅及厨房。

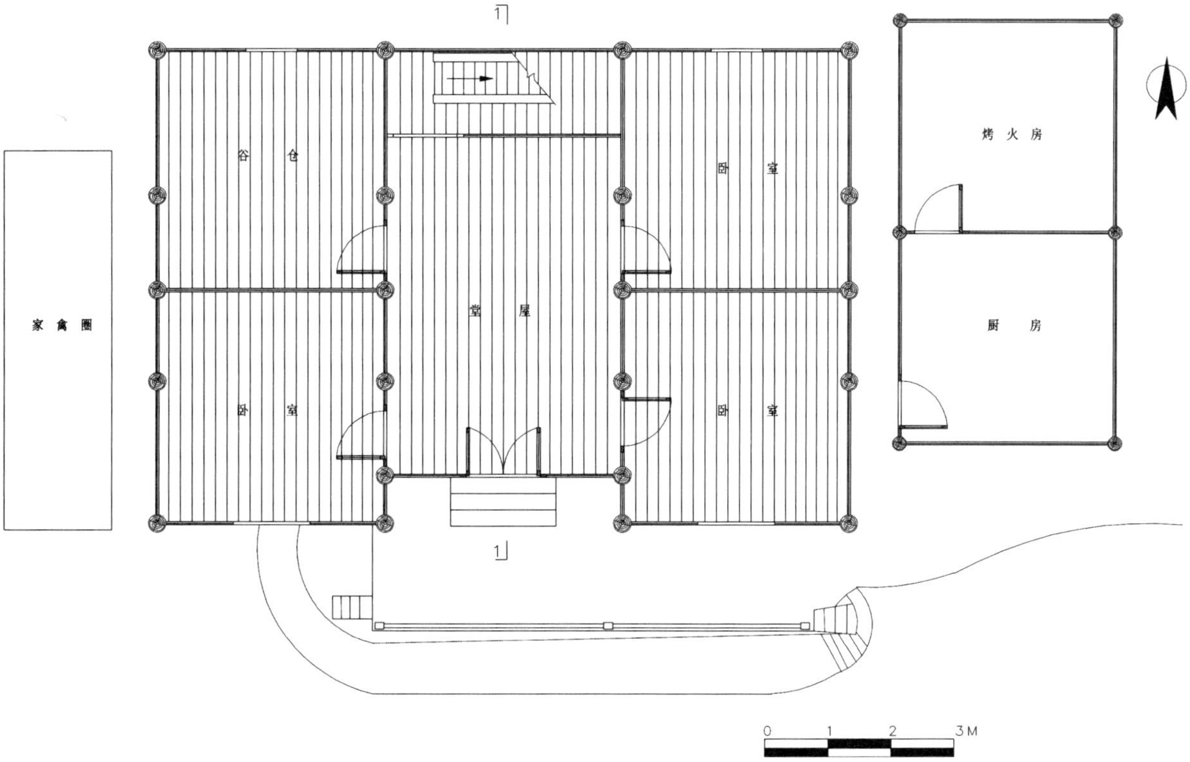

图六—19 邱锦华宅一层平面图

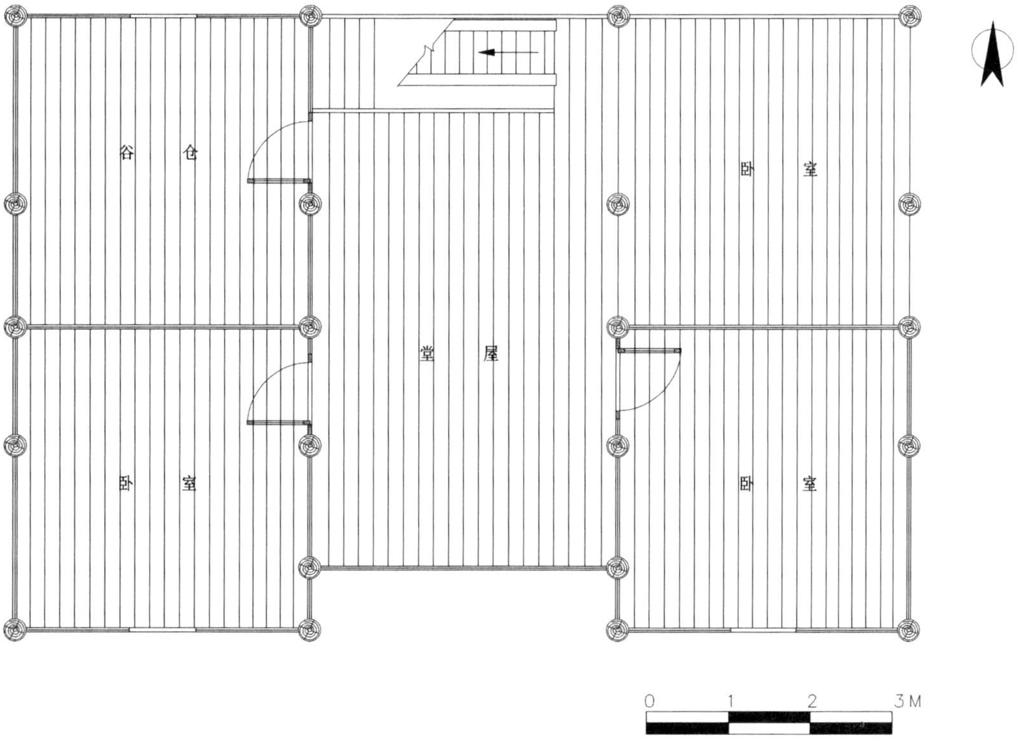

图六—20 邱锦华宅二层平面图

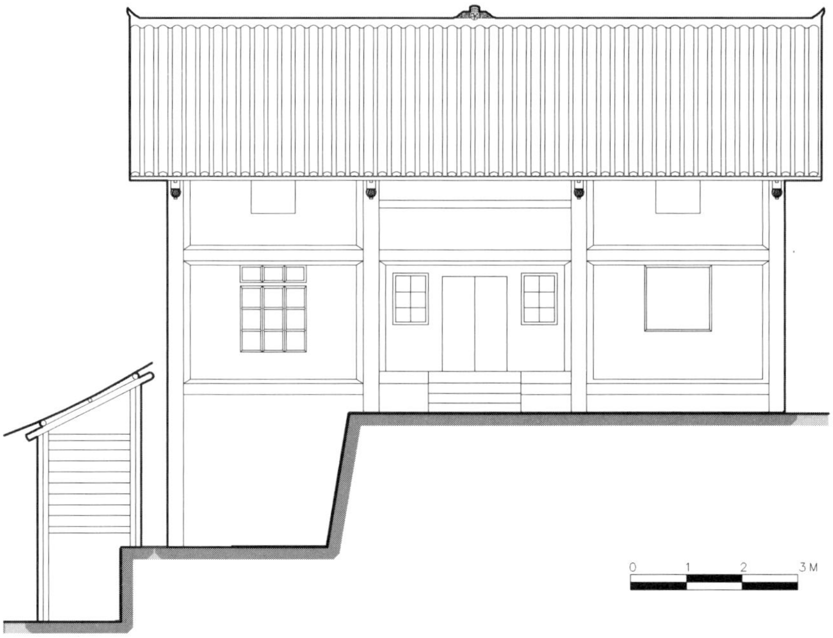

图六—21 邱锦华宅正立面图

七、人群与社会结构

（一）家族姓氏

1. 姓氏

高帮村苗族主要有两大家族：杨家和姜家，其中杨家有一房共49户，姜家有两房共66户。另外，龙家有6户，罗家有1户，谢家有4户，张家有1户。汉族邱家1户，王家5户。共计133户。2003年前，该村有3户李家，当年改姓姜，认姜家作同族。

图七—1 壁画之一

姜家是最早来到高帮的家族，大概两百年前，有一支迁徙到黎平县大稼乡邓蒙村，他们的服饰已经与高帮村村民不同，更像侗族。现在，每隔五六年，这支外迁的姜家后人还会回高帮祭奠祖坟。

据传杨家最早的祖先曾居住在现在村落西南处的山坡上，后来移居到现在的村寨里，村里爱好雕刻的杨师傅在那个山坡下面的石壁上雕刻了壁画（图七—1、2、3），内容是男女劳动的情景，借此纪念

图七—3 壁画之三

图七—2 壁画之二

祖先。

其他四家苗族在近代由于各种原因迁到高帮定居，如因为母亲改嫁迁移而来，由于土地改革自家土地划在高帮迁过来，或因贫困迁来等等。两家汉族均为解放后迁移而来。

苗族的传统名字是四个字，第一个是姓，第二个是自己的名字，第三个是父亲的名字，第四个是祖父的名字，如姜你我够、姜金党纽，但均是根据苗语发音对应的汉字。现在人们会起一个类似于汉族的名字，如姜文武、杨胜林。

2. 家族群体关系

由于除姜、杨两家之外其他家族均是近代以后迁移而来，高帮村内的家族以姜、杨两家为主导，以前德高望重的寨老、鬼师均出自姜、杨两家，现在的村长、支书也出自两家。以前过鼓藏节要杀三头牛，一定是杨家出一头，姜家两房各出一头，到分吃牛头时，其他家族依附这两大家族分吃。

高帮村的通婚圈包括高坡四寨、河边四寨（包括岑最、定向、卡寨、宰岑，其中卡寨、宰岑现合称宰牙）及周边村寨。所以村子间的亲戚众多，关系密切。若遇上婚丧、节庆等重要日子，来做客吃酒的亲戚众多。如高帮姜医生的弟弟给女儿办三朝酒，两福、高略及本村的亲戚来了四百多人，摆酒席五十多桌，这种时候往往是本村本家族里的人过来帮忙办酒席。

（二）家庭单元

高帮村一般以三代同堂为基本单元：祖父祖母、父母和子女。但一家有几个儿子的，儿子长大成家后可能会分家出去，另立炉灶。如村支书姜文武家里有6口人：他的母亲，他及妻子，两个女儿和一个儿子。

高帮苗族家庭是一夫一妻制，但是以男性为中心，家里的大事由男性做主，赚钱养家也是他们的责任，村寨的公共事务包括节庆、婚丧仪式、纠纷解决等，过去均由男性寨老决定，现在则大多由男性干部负责，妇女主任在公共事务上几乎没有任何作用，只是在节庆时起积极带头的作用，鼓励其他女性参与。女性主要负责家务、农活、砍柴、喂养牲畜等，但是在重要节庆日子里如为第一个孩子所办的三朝酒中，做饭的工作全部由男性负责，女性只是协助，所以苗族的男性往往比女性做饭更好，这时，做饭也成为了一项公共事务。高帮苗族的女性结婚后不能再跳芦笙舞，那是未婚少女的特权，结婚也使得苗族女性彻底脱离公共空间，仅仅专注于家庭。但是，随着时代的变迁，苗族女性受教育程度的提高，她们开始向往外面的世界，一些初中毕业的女孩子会外出打工，到适婚年龄会回到村里嫁人回归一种传统生活；另一些中专、高中毕业的女孩子则更愿意留在外面，事业上能够有所成就。村支书的大女儿目前在朗洞镇工作，之前也曾在凯里打工，21岁仍没有结婚的打算，而村子里与她同龄的女孩子都已经结婚生子。

（三）婚姻生育

高帮村村民的婚姻，传统都是由父母介绍结婚，甚至在结婚前都没有与对方见过面，但还是必须顺从父母亲的意思。现在是自由恋爱，只要是双方互相喜欢，家里通常都不会反对。

目前高帮苗族绝大多数实行族内通婚，不与其他民族如汉族、侗族通婚。苗族非常尊重老人，过去都是由寨子里德高望重的寨老负责寨子的管理工作，男女恋爱也避免在老人家面前有任何亲昵举动，这也是情人坡出现的一个原因。虽然现在寨老统治逐渐式微，但尊老的传统依然保存，老人从一种传统的族内通婚方面考虑，一般反对子女与其他民族通婚，子女一般也会听从。但随着与外面世界交往的增多，一些多年生活在城市、事业有所成就的苗族人也会与其他民族通婚。高帮村村内也可通婚，只要不是本家族即可。与外村通婚同姓不同族也可。

现在，出外务工是高帮村的一个潮流，多数人大概十五六岁出去务工，由于苗族传统是不能与外族通婚，这些人大概会在外面务工七八年左右回来成家立业。回来结婚的人因为考虑到未来可以在家族间相互有个照应，大概都是找附近村子或自己村子的人结婚。

过去苗族的结婚年龄都很早，女孩子十六七岁，男孩子十八九岁就结婚，即使《婚姻法》规定了结婚年龄——男22岁，女20岁——之后，苗族早婚早育的现象仍然非常严重。现在，高坡四寨仍存在大量早婚早育的现象。村支书的女儿21岁已经被村里人说“老了”。据村支书介绍，高帮村最近几年除了嫁出去的女孩子仍存在早婚之外，嫁过来的已经没有早婚现象了。

按照计划生育政策，少数民族可以生两胎，高帮苗族家庭子女数一般为两个或三个，第三胎属于计划外生育，会被罚款。村支书的小女儿出生于1998年，当时被罚款3500元。若是父母双方为不同的民族，也可以生两胎，子女的民族可从父也可从母。王永和老师是汉族，他的妻子是苗族，他儿子的民族属性随母是苗族。

（四）教育卫生

1. 文化教育

现在的高帮村小学于2000年正式落成，2002年又修建了门前的篮球场，成为村中主要的体育活动场所。该小学位于村内一座高坡的平地上，周围无民居，视野开阔，风景优美。但是目前村小学只有一、二年级共15名学生，一名小学老师；一个幼儿园班，一名幼儿园老师。1998年以前小学还有六个年级，但是一来高帮村人数较少，学生总数不多；二来计划生育的严格实行也影响了学生人数，2009年以前计划生育政策实行间隔期制度，即生育第二胎要与第一胎间隔5—6年，近年高帮村的人口增长率几乎为零，年轻人较少。2009年这项政策被取消。而且上级教育管理部门按照学生人数的一定比例配给老师，该村缺乏足够的老师同时开六个年级的课程。从1998年起到2010年逐渐减少年级数目，现在只剩下两个年级。村里的小学生三年级开始就要到山下的朗洞镇上学，需要住校。这种情况引起了村干部及其他村民的担忧，三年级的小学生年龄太小，生活上无法照顾自己，学习上也存在困难。由于在苗寨长大，通行的语言是苗语，普通话用得少，小学老师在教学时也会根据实际情况苗语、汉语同时使用，方便理解，而镇上的学校通行普通话，造成了语言上的障碍。寨里的小学生几乎没有去附近的两福或高略小学读书的，一来教学质量没有镇上好，而且寄居亲戚家四年也极不方便。

村里唯一的小学教师王永和已经从业33年，1995年由民办教师经过考试转为公办教师，现在每个月的工资扣完住房基金等剩下两千六七百元。现在的九年义务教育全部免费，小学每学期只收17元，其中8元为本子费，9元为假期作业费。课本是上级教育部门发下来的。王老师在学校教授语文、数学、美术、音乐和体育。两个年级需要同时上课，每个年级分20分钟，要安排好各自的任务，否则一二年级的小学生自制力差，会乱吵乱闹。王老师还要利用课间改作业，这样下节课才有新的作业给学生做。美术课可以一起上，但两个年级仍有程度上的差异，音乐、体育则完全可以合上。上课时间及放假时间统一按照上级规定。

据我们了解，高帮村幼儿园在附近苗寨中是独一无二的，上级并没有专门的资金用于幼儿园的建设，幼儿园的建立与村干部关注教育有关。幼儿园建于2008年，设在村小学的一间教室里，聘用原小学的一位代课老师为幼儿园老师，村里给老师每月发800元工资，孩子们上幼儿园全部免费。幼儿园目前有25个学生，3—6岁不等，一起上课，每天上、下午各两小时，教授一些简单的汉字、算数、画画、唱歌等。幼儿园老师姜权也是业余的，他有外出深造学习的打算。

高帮村村民的受教育程度较低，年长一些的妇女大多不会汉话，没有读过书，年轻女性大多初中未毕业就放弃学习，这也是出现早婚早育现象的一大原因。男性状况稍好，村里已经有几个大专生，2011年考上本村有史以来第一个本科生。村干部、老师、医生以及受过较高教育在外工作的人均认为读书很重要，有利于自身及村寨的发展。高中、大专学生也希望继续读书，向往外面现代化程度更高的生活。但近些年来，外出务工成为潮流，多数人初中毕业流向广东、福建赚钱，回来又会影响到正在读书的孩子，形成一种功利的心态，使他们提早放弃学业而选择外出务工。村里的精英们认为，打工只是短视近利的方法，只有靠读书获得更好的成就才是最佳方式。目前，政府针对读书提出多种奖励方案，而且学费也比以往便宜，村寨里有能力的人应该不用再担心经济的问题，所以经常会鼓励村内的年轻人努力读书，只可惜成效不高。虽然九年义务教育已经实现了全部免费，但高中教育的费用却很高，一个学期的学费2000元，生活费、书本费要3000元，完成整个高中至少需要3万元。对于高帮一个普通家庭来说，这是一笔极大的开支，这也导致一些学生考上高中但最终放弃深造。2011年考上大学的杨同学家境贫寒，他准备开学前去贷款读书，而他的哥哥高中只读了一年便外出务工供他读书。可以说，经济状况限制了高帮村高等教育水平的提高。

2. 医疗卫生

2011年，政府出资五万元建成村卫生室，系一栋砖造建筑，共有五个隔间，分别是诊查室、药房、病房、等候区和仓库。村内唯一的医生姜文良自1991年开始从业，他并不是医学院毕业的。由于各村均需要配备医生，他先到榕江县接受了世界卫生组织的培训，为期三个月，课本只有两本书，一本是妇科、小儿科，一本是内科、外科；2004年在县卫生局安排下又到县里学了一年的中专，2010年3月再到县卫生局举办的电子中专班学习，采用电视教学，预计上三年，每学期都要考试，教学地点在榕江县职业高中。

姜医生在编制上属于县卫生局的工作人员，从2010年下半年开始，每个月都发200元基本工资，其他收入是出售药品，有20%的利润，不过因为寨子里人少，每月最多只有七八百元，再加上诊疗费每次1.3元，没有其他收入。卫生室没有患者就医时，姜医生去干农活，有患者需要看病时给他打电话即可。卫生室里的医疗器材也相当简陋，只有听诊器和血压器，如果病情比较复杂，需要化验等，则无法应付。而且医护人员也不够，但本村的卫生室无法提供两个人的开支，就算县卫生局要配人来也没有人愿意来。

村民们最常患的疾病是感冒、腹痛等小毛病，如果患重病，卫生室也只有氧气瓶能为病人多争取一些送大医院的时间。姜医生也会给产妇接生，但姜医生是男性，开始时许多人由于传统观念而有抗惧，随着时代开放人们也慢慢接受了。对于接生的工作，并没有金钱上的谢礼，但是会在孩子出生后的第三天，取名吃“三朝酒”时送给医生一两斤肉、五六斤糯米粑和一米家织布，因为根据以前的习俗，接生是会见红的工作，一般人很不愿意做，送布有挂红的意思，代表对医生的感谢之意。政府鼓励产妇在医院生产，目前大约有50%的产妇到医院生产，2011年（截止调查期间）村里共出生了五个婴儿，只有一位产妇是在家中生产的。紧急突发性的医疗事件，有几件是因为家庭矛盾喝农药自杀，另外脑溢血，目前在农村尚无条件处置。

除了一般医疗之外，2010年朗洞镇实施了一个健康方案，由镇上的中心医院每年一次带队到村里给每个人检查身体。2011年的检查在本次调查前一周已经完成，因为网络的发展，每个人的健康资料都可以随时在全国各地查到，可惜因农忙等原因，全村只有50%的人完成了体检。

从2007年开始，村内实行"新型农村合作医疗"，2011年起每人每年交30元可享有医疗保障，例如药品费用自己支付40%，剩余60%由国家支付；门诊诊疗费每人每年补助500元，住院费补助80000元。但村民们用完补助款的情况很少。高帮村有98%的村民都参加了这个医疗政策，在周边几个寨子中是最高的。

村里的卫生条件仍然存在问题。例如，自来水于2001年建成，用水卫生已经好转，但屋前屋后的阴阳沟还没有完全建好，虽然政府已经拨款，但所拨的钱只够把主要的排水沟建好，这种情况在农村很常见；村内现有厕所几乎都建于住宅之外，全木结构，由于建一个现代的抽水马桶厕所要花一千多元，还需要挖一个化粪池和排水管道，村里根本没有经济能力去建，去年政府补助每个厕所四百元鼓励建设，但是四百元根本不够建一个厕所；村子里存在乱扔垃圾的现象，生活垃圾丢在附近的山谷里，村里也没有集中处理垃圾的设施，公共场所没有专职的清洁人员。

此外，由于鸡、鸭放养，使得村内道路都是鸡、鸭、鹅的粪便，无形之中也成为村内环境污染的因素之一，但是目前村民们对于这种情况并不在乎。村长认为，要改善村内的环境卫生，首先就要改变鸡、鸭、鹅的饲养方式，倡导圈养，但是长久以来的习惯要改变实在不容易。

（五）村寨组织与管理

过去，高帮苗族由村中德高望重的寨老进行管理，现在，寨老已经基本不管村中事务，而是由村干部管理。高帮村的村干部包括：村支书、村长、副村长各一人，小组组长三人，五大员包括调解委员会主任、妇联主任、治保主任、民兵连长、团支部书记。村里的日常事务主要由村支书和村长负责，具体的执行工作会交给各小组组长完成。遇到重大事件或节庆如春节时，所有村干部共同开会商议。村支书由村内党员选举产生，现任姜文武支书是1999年担任了代理村支书，2000年正式当选，一直连任。村长由村民三年选举一次，现任杨胜林村长只有21岁，是附近寨子里最年轻的村长，他是2010年选举产生的。村支书的工资是每月555元，村长525元（因为支书是连任，多30元），办公费每月100元。县委组织部每年年底会发绩效工资，如果该村总评得分90分以上，发1万元，由村支书和村长均分。小组组长和五大员的工资是每年480元，副村长没有工资。高帮村小组组长兼任五大员，这样可以多领一些工资。

在姜支书任期内，村里完成了一些基础设施的建设。1999年搞土变田，修了1700米沟渠，开了20多亩新田。2000年正式建成小学学校，2002年建成篮球场。2000年接电网，村民们自己投工投劳，从山下抬来电杆，11月正式通电。自来水设施是2001年建好的，2008年又进行了改造。2001年开始修公路，2008年正式通车。2006年建造了村委会的办公楼。2008年修了6个防火蓄水池。2008年村支书筹资建立了幼儿园。

2005年7月1日，高帮、两福、高略合并成立了高帮中心村，但是由于三个寨子离得远，当时还没有通公路，办公非常不方便。当时，中心村总共有三个村干部，每天都积聚在高帮村办公，接待各村村民，非常忙，等到了朗洞赶集的日子，在朗洞办公，方便村民。2006年2月底，高帮中心村被撤销，恢复为原来的三个村。

现在，每年村里最重大的两次活动一是春节，二是农历十月苗年，期间开计划生育宣传大会。计划生育是农村工作中最重要的一项。村支书每个月都要统计村内的人口变动情况，包括出生、死亡、外出务工、婚姻流出等；随时登记计划外生育及罚款情况，月底将变动情况汇总交与朗洞镇，随时更新。据姜支书介绍，开始时工作很难做，容易引起村民的不满和忌恨，常常遭到报复，但在最近五年以来，高帮村的计划外生育现象已经没有了。目前，高帮村人口增长率几乎为零。

村中的纠纷现在也由村干部进行调解。高帮村内日常生活中的纠纷主要在家庭内部就能够解决。2003年村里有一起离婚纠纷，离婚由女方提出，离婚后女方嫁去宰牙。但是苗族观念里认为再婚的女人不值钱，所以村中很少有人离婚，1999年之后只有这一起。2010年有一起宅基地纠纷，后经调解解决。林业改革时出现过几起林地纠纷，因为1983年划分的林地并没有清楚的界线，造成权利不明。村内的纠纷经过村干部的调解顺利解决。但是与色同有一百亩左右、高兴有三百多亩、两福有五六亩的林地纠纷一直没有解决，几个村子协商无果，因此保持现状，以待以后上级政府的调解，所幸当时并未出现大的冲突。总之，高帮村仍是一个相对平静、和谐的村寨。

姜支书认为，现在村干部的工资太低，不能保障自家的生活，还要另寻生计，政府应当提高村干部的工资，纳入国家开支计划，否则有头脑的人都不愿意做村干部。

八、生业与经济结构

（一）农业

农业是高帮村主要的经济来源。本村的农作物主要有水稻、玉米、红薯、土豆（马铃薯）、花椒、辣椒、西红柿、茄子、洋葱等。

大部分农作物都不出售，留作自家食用，少数种植较多的村民，才会在星期天赶集时运到朗洞镇出售。因为稻谷都是自家晒的，重量很轻，卖出去不怎么值钱。据村支书介绍，有时也有外面的人到村里来收购新米，大部分是在稻米收成的季节才来，村民会留下一年食用的数量，有剩余的才会出售。去年的价格大约是一公斤5元，以前对外公路还没通时，卖一公斤5元的稻谷还要扣除1元的运费，请人将稻谷运到镇上，因此价格比较低，如今公路一通，价格就和镇上一样了。

作为主食的稻米收成之后通常是带壳收藏在粮仓内，稻米会在需要食用时拿出来晒一天，然后再去壳。村内有打谷机出租，打100斤谷子只要4元钱。而其他农作物，例如红薯茎叶作为牲畜的饲料；红薯、马铃薯收成之后，会在自家粮仓附近或村外坡地上挖一个地洞，然后装一个门，将这种根茎类的作物收藏起来（图八—1），产量不多的家庭，则会直接放置在家里比较阴暗的地方，例如冬天烤火的房间的榻下；辣椒则可以新鲜食用，或是晒干收藏，也有做成辣椒酱的，视各家的习惯而定。

高帮村自1995年起开始使用化肥，但使用的人很少，大部分人仍然使用有机肥。因为使用化肥要花钱买，吃得也不安心。当地的农业生产还是以人工耕种为主，机械化程度低，主要是受到地形地势所限，梯田使用机器不方便。目前村寨种植的水稻是杂交品种。这种品种产量高、抗病能力强，平均每亩的年产量大约是1500斤。

由于家中的主要男性都外出务工，因此目前的农活主要由妇女承担。通常在春耕的时期，家中的男人才会回来短暂帮忙，因为耕田的工作过于粗重。

图八—1　坡地红薯地窖

（二）养殖业

高帮村养牛、猪、鸡、鸭、鹅很普遍，有少数人家养羊、马，养猪的也比较少。另有部分村民养黄牛，过去喜养水牛，但现在已基本不养。

猪都是圈养，家里的女性几乎每天都到稻田里割一些猪草回来做猪食。猪长大后除了自家吃之外，有时会到镇上出售。据支书介绍，猪肉一斤卖10元，一只猪约可卖到2000元。

图八—2　梯田旁牛棚

一般一户会养1—3头黄牛，很少有人家不养的。黄牛主要用于耕作或是食用，用作耕田的黄牛养在自家农田旁搭设的牛棚里（图八—2），方便耕作，村民每天都到农田附近去割牛草喂牛，顺道巡视农田。水牛只有一户人家养了1头，因为体积和食量都比黄牛大，在梯田之间移动不像黄牛方便，用处越来越少。支书也表示，买一头水牛的价格也比黄牛贵，但水牛肉比不上黄牛肉好吃，所以在调查期间村内唯一的水牛也被出售了，卖了5980元。村民宰杀黄牛贩卖，只在村内卖，不分部位每斤售价15元，杀一头黄牛卖肉大概可以有四五百元的利润。每个月村内大概会有两三个人自行杀黄牛卖肉，通常会在芦笙堂旁的村委会办公室前卖。

村内处都可以看到鸡、鸭、鹅，采用放养的方式，随意让它们走动，但都不会离饲养的农家太远，小鸭子有时会放到农田中吃害虫。饲养的农家每天都会喂食一次，这时候所有自家的鸡、鸭、鹅都会回家，不会走错，平时放任其自行觅食，所以村内常常可以看到成群结队的鹅，一整天都都可以听见鸡鸣鸭叫。村内的鸡、鸭、鹅也大多是留下自己食用，只有少数饲养较多的人家在星期天赶集的时候运到朗洞镇出售。

村民们还在稻田中养鱼，大多是鲫鱼和鲤鱼，这类鱼种会吃杂草，有助于水稻生长，长大后还可以食用。每年到了水稻收获之后，村民们会在自家田中选一个面积比较小的地方，将田挖深成为一个池塘，然后利用这个池塘孕育鱼苗，待来年春耕之后，再将鱼苗放进田里养殖，养大的鱼也是不外卖的，都是留下自家食用。

（三）林业

高帮村除了农业可以带来经济效益外，另外一个主要收入来源是林业。1983年实行包产到户政策之后，村内几乎所有的林地都按人口比例分给村民。这些林地中的树种以杉木为主，少数掺杂一些杂木。

据支书介绍，这些杉木大多会用于村民盖房屋，只有少数对外出售。按照榕江县的规定，县内的林木如果要出售，只能卖给县内的木材加工厂，作为本县的税收来源之一。目前的木材价格逐年上涨，一根树龄20年以上的杉木，大概可以卖到几百元，因此有时也会有村民以盖房屋的名义向村委会申请砍伐树林，实际上却对外出售图利，例如只需要用30亩林地的木材盖屋，却申请80亩，因为自行建屋砍林不需要支付税收，这里面的利润相当大。因而此时村长必须仔细的把关，以免发生林木滥砍的情况（图八—3）。

林木砍伐之后，按照国家林业管理的规定，必须立即种下新的树苗。高帮村完全落实这项政策。每个砍伐过的山林都已种下新的杉树苗。而砍伐林木后所遗留下的树根也有用途。目前有一位外来的王姓商人在寨子口设置了一座炼油厂，村民可以到山上挖掘杉树树根出售给炼油厂，每100公斤20元，认真一点的人大概每个月可以多二三百元的收入。目前炼油厂堆存的树根大约有十几万公斤（图八—4）。

村中还有不少竹林，其主要功用是提供村民食用的竹笋，也用于制作竹编器具，目前村内的竹编器具多是自己家里编织（图八—5）。

图八—3　木材集散地

图八—4　村口炼油厂

图八—5　编织竹器

（四）商业

在2008年以前，村里陆续开了几间小商店。现今高帮村共有八个小商店，主要卖零食以及一些日常用品。这些开商店的人家有些只要有中型的冰柜即可以开店做生意，并没有明显的标示。比如汉族邱家开的小商店，以前开得比较大，约两三天要到朗洞补一次货，现在比较小，大概一个星期补一次货，商店的位置就在家里右边第一间卧房。小学附近的小商店有一间独立的店面，店主杨老板并没有住在里面。买主主要是村寨内的村民。

高帮村的商业主要只有小商店经营商品的买卖，还是以农业、林业为主要经济来源。

（五）其他经济来源

1. 外出务工

从1999年开始，村内开始出现外出务工的潮流，务工是年轻人、中年人最方便的挣钱方式。村里的年轻人通常初中毕业后到外地务工，主要依靠劳动力赚钱，收入并不高，平均每年可到一两万元。外出务工的主要是男性，人数大约占全村人口的35%，所以目前村中较常见的就是妇女、小孩和超过50岁的男性，留在村中年轻点的男性大多是有专业技术的人员，例如医生、老师、村干部、鬼师、木工之类，或是暂时留下准备娶妻生子的，因为苗族的传统通常只和苗族通婚，即使出外务工，到了适婚年龄还是会回村娶妻，所以这类人一旦家庭状况稳定之后，通常还是会出外务工。

2. 公职和专业技术

村中许多是有公职的村民，每月领有固定薪资，或是专业技术人员每月会有一定金额的收入。公职人员有村支书、村长、五大员、三位组长；专业技术人员例如医生、小学老师、鬼师、木工等。这些人员每月都会有收入补贴家用，金额高低不等，在村内也会有一定的地位。公职人员的薪资按政府规定发给。

专业技术人员，例如姜医生，基本工资200元，还有其他相关收入（出售药品），每月最多只有七八百元，再加上诊疗费每次1.3元，每个月平均只有一千多元的收入。村内较知名的鬼师杨师傅，因为身份和职业特殊，本人又多才多艺，还是高坡四寨知名的石雕师傅，平均年收入还是很可观的。还有木工师傅，目前在这个区域的木工是领日薪的，每日薪资是80—100元，但是要看是否有工作可接，因此收入比较不稳定，除非是包工方式，包下一栋三格间房子的工资不含木料，大约是4—6万元不等，这种收入就会比较高。

（六）贫富差距

高帮村是一个相对贫困的村子，据村支书估算，现在寨子里的村民年均收入约1250元，每户的存款平均不超过5000元。村中贫富差距适中，20%的人口经济条件相对较好。村中除了极少数村民做些林木生意之外，大多数家庭的经济来源相似，原来依靠卖谷子、猪、土鸡、鸭、鹅等，但都是家养的，并未形成产业；现在主要靠外出务工。

（七）传统技艺

1. 木匠

以往高帮村村民盖房子是一种换工方式，村内同一家族的人会彼此帮忙，比如甲帮乙建房，以后乙建房时甲便来帮忙。因此村里的男性都会一点木工。除此之外村内还有专业的木匠师傅，这些师傅最主要是帮忙架设房屋梁柱的结构。好的木匠师傅会做柱子的装饰雕刻。通常有钱的人家会将房屋的整个建造过程交给木匠师傅完成，从结构到内部装潢；普通人家则是在木匠师傅架设好梁柱结构后，自己动手进行内部装潢，不过时间会花得比较久，大概会多一两个月。

2. 石匠

目前村内有一位专门的石匠杨师傅，同时也是一位有名气的鬼师。他的石雕技艺全凭自学而来，并没有任何正式的学习。由于他的鬼师身份，附近几个村寨如果要建碑立墓都会请杨师傅帮忙制作。

目前村内已没有银匠，银饰都要到朗洞镇订做、购买。

九、生活方式与风俗

苗族是一个具有悠久历史的族群，但由于早期苗族以游耕方式作为主要的经济形态，形成了不断迁移的民族特性，因为长期的民族迁移，造成了苗族在文化、语言、服饰、生活习俗等方面的复杂性，即使同一区域的村寨间，文化习俗也不尽相同。本次调查的高帮村在地域上属于高坡四寨之一，在苗族的区分上隶属于黑苗，以下针对生活方式与风俗习惯探究其特色。

（一）发式服饰

高帮村村民在重大节庆日会盛装打扮，平常仅下半身的裙子与发型仍维持传统习惯，故今以节庆服饰与平日服装作为调查内容，探讨其苗族服饰的元素与特点。

1. 女性礼服

苗族女性服饰从头到脚都有其鲜明的特色，在服饰上由于受到外来文化的影响，逐渐由原先的自行纺织黑色底的家织布、上面装饰大块手工绣片与多彩手工织带所组成的服装，转变为购买高亮度橘色底布，上面所装饰的手工绣片也变小，多彩织带也是购买机器生产的织带；头饰也从原来清爽的发簪，变成帽子形的凤冠，把原来特殊的盘头发型都遮住，整体已丧失原有黑苗传统服装的韵味。在调查期间，小组希望能找出一套传统式的服装，很幸运在村支书家找到当年支书爱人的嫁衣，首先从这套传统服饰开始介绍。

（1）传统礼服

头饰：传统发型是将头发抹茶油后梳成一整束，以S字形的手势，盘成8字形发髻，再将发髻盘放在头上左边，然后将发梳插在发髻上方固定发型。这把半圆形的发梳也是平日梳理头发用的。平日村中的妇女大都会盘起这样的发型，如遇到重要节庆，会将发髻盘高一点，这时会添加假发进去，年纪大一点的妇女会将前额头发上梳露出额头，而小姑娘则会把前额刘海梳出来，遮住额头（图九—1）。也因为这样盘发的方式相当具有特色，据支书介绍，高帮寨的苗族也可以叫做绞头苗，但是否真有这样一个苗族称呼，并没有明确的依据。

图九—1　挽头发的手式

早期在庆典的服饰搭配上，对于发饰仅是以发簪斜插在发髻上，再加上前额绑头的银饰带，整体可以凸显盘发的特色，而发簪也都以凤鸟搭配花朵、小穗带为主（图九—2）。

上衣：上半身会先穿一件菱形肚兜，V型领，两旁装饰多彩织带，中央部分以大绣片装饰，纹饰以回纹、方格纹为主，搭配红、黄、蓝、绿等色。两旁织带可以绕至颈后，并以一件绞绳型式的银环，利用重量造成垂坠交叉固定。肚兜的外面罩上一件对开襟立领长袖棉质上衣，后衣片会编织上方块花纹，下面装饰三条宽版织带，两旁衬以绿色花布收边，颜色以蓝紫色色系搭配绿色。穿好上衣之后，会再围上一条腰带，腰带以手工刺绣完成，图案以花纹和云纹搭配，整条腰带图案繁复，华丽中带有喜气。据支书爱人介绍，这种宽版织带的绣工，目前在寨子内已经没多少人会了（图版三、四、五）。

下裙：下半身会先穿一件百褶裙衬底，外罩前后两件围裙片，后围裙片为横幅长方形的黑布裙片，长度约到膝盖处，中间绣上树状图案与长条方块图，周围缝制条状细织带。前围裙片是整套服装的装饰重点，整体长度可达脚踝处，裙片成正方形，分成三部分设计，腰部位置以细织带拼接成宽腰带，下接尖齿状花边并装饰以垂坠丝带；裙片中央以绿色绢布为底，并搭

图九—2　传统服装的旧照片

配左右红色布条，将整体分成三区块，个别绣上云纹图案；裙片中央与下半部以黄色布条区隔，下半部以大绣片为主，以两个大方块纹组成的图案装饰，大方块纹是以一连串的回纹和四组小方块纹组合而成，外框以单一的蓝白色作为区隔，其余则以红、黄、绿作配色，整体布局简洁、利落、工整，用色协调，虽然这块大绣片是放在一件老嫁衣上，但整体感觉非常具有现代感。外框以各种彩色系织带组成，最后下摆处再装饰碎珠丝带，并用红布条收底（图版六、七、八，图九—3、4）。

图九—3　传统旧式服装的正面

图九—4　传统服装的侧面

图九—5　现代礼服的头冠

绑腿：小腿处会扎上绑腿，可惜这套衣服的绑腿已不知去向，无法描述。

（2）现代礼服

发饰：发型上仍维持传统，只是小姑娘会把前额刘海梳出来遮住额头，但是头饰已不再是简单的发簪，改用华丽的帽子型凤冠，苗银做成的凤冠比较重，戴之前要先用一条毛巾绑在额头上作为衬底，避免因凤冠太重戴着不舒服，但如此一来，原来具有特色的发型也被遮住了。凤冠上饰以花朵、凤、鸟、龙等纹样。早期曾流行上色的凤冠，近期则都以单一银色为主（图九—5）。

上衣：衣服分为春夏和秋冬两季，因为春夏的节庆较少，目前村民所准备的衣服多以秋冬季为主。上半身会穿一件左襟立领长袖棉质上衣，整件衣服以粗细不等的条状织带组合而成，整体的颜色也以荧光橘色系为主，这类颜色无法用纯天然的染料染成，所有装饰的织带也都是现代机器织成，可见外来文明对于传统文化的冲击后果。衣服上所保留的手工刺绣的绣片，也只剩下后衣片中央会装饰一片手工绣的方块花纹，不过这种图案已经非常简化；前片领口与胸线位置、手肘处也有两条手工刺绣的织带，这些织带都采十字绣法，图案与用色搭配都非常简单，图案也没有任何含义，仅仅是好看而已。穿好上衣后会再围上一条花带，这条宽花带以手工织成，有时会搭配刺绣，不过颜色还是以单一的白、橘为主。

下裙：下半身也会先穿一件黑色百褶裙衬底，外罩前后两件围裙片，后围裙片为横幅长方形的黑布裙片，长度约到膝盖处，中间留下一块黑色底布，四周缝制荧光橘条状宽织带。前围裙片依旧是整套服装的装饰重点，在此以节庆服装作为描述，整体长度可达脚踝处，裙片呈正方形，也分成三部分设计，腰部位置以细织带拼接成宽度更宽的腰带饰，中央只留一条细手工绣带，两端呈尖头状；裙片中央区分并不明显，中央会有一块中心点图案绣片，两旁搭配左右两条带状绣片或织片条；围裙片下半部以大绣片为主，由两个大方块纹组成的图案装饰，大方块纹以一连串的回纹和四组小方块纹组合而成，大方块纹的外框以单一的白色作为区隔，其余则以黄、白、橘点缀蓝色作搭配，整体布局较为简单，用色也单一，若不细看只会见到一片橘色。外框以白色系手工织带组成，最后下摆处再装饰碎珠。穿好衬裙与后裙片之后，会先围上一条装饰腰带和六个碎丝带，装饰腰带以手工编织完成，图案以简单的方块纹为主，缠绕成类似蝴蝶结一样；六个碎丝带长度大约二十厘米，垂坠在臀部后方，走起路来会随步伐摆动，颜色较多彩，以红、橘、绿、黄为主（图九—6、7）。

图九—6　现代礼服的正面

图九—7　现代礼服的背面

绑腿：小腿处会扎上绑腿，以黑布作衬底，搭配白、橘、黄织带组成，穿好之后会再缠绕一条织带。

至于其他配件，主要配件的材质以银为主。耳饰为C型银耳环，较粗大，必须等耳洞大一点才能配戴。颈饰为硕大的银制项链，项链中央以吉祥图案或对象为主，例如长命锁之类，外围再由各种小银片分别串成（图版九）。

整体来说，在服饰的变化上，因外来文化的影响，让服装色彩由天然的黑底多彩搭配转变为黄、白、橘单调的荧光色系，这种转换的时间点，在询问多位村民后，也没有办法得知一个准确的年代，都只说是在这十几年来改变的，因此也只能说随着时代的开放，村内妇女的服饰也会追随流行变化。虽然颜色的改变似乎让传统服装显得更亮丽了，这也是在时代巨轮文化演进过程中所无法抗拒，但是一旦改变太过剧烈，原有的传统文化的底蕴将不再存在。

2. 男性礼服

苗族男性的服饰较之女性服饰，没有太多的装饰与变化，也没有因时代潮流与外来影响而产生颜色的区别。节庆时的服装，上半身会穿一件右襟、立领长袖上衣，以棉为材质的黑色布底，扣子为银扣，跟衣服是分开的，只有穿衣时才拿出来用。下半身则为一般长裤，型式与颜色不拘（图九—8）。

头上会绑头带，头带是一条大约三米长、五十厘米宽的黑色家织布，尾端装饰一段花布。穿戴时会先将这段花布折叠成扇状，然后再一圈圈缠绕，最后用针固定。

较为年幼的小孩子，在衣服的变化上则是跟着女性服饰改变，目前在款式与颜色上都与女性一样（图九—9）。

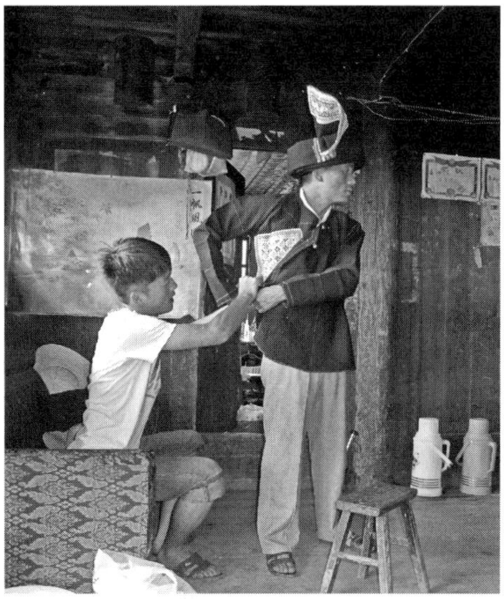

图九—8　男性服装

图九—9　幼儿服装

3. 女性常服

每天都必须劳动的妇女们，通常将头发盘成传统的发型，上衣都穿着购置的成衣，但下半身仍维持传统，穿着百褶裙和前后围裙片。这种日常生活的围裙片设计上较为简单，都以黑色布为底，利用购买的织带区分为三个方块，有时在后裙片还会加上装饰腰带和六个碎丝带，腿上依旧会扎绑腿。鞋子大多是帆布材质的布鞋或塑料拖鞋，主要的诉求是方便活动、劳动（图九—10）。

图九—10　女性日常服装

年轻女孩几乎都是到外地读书后或务工放假后返家，在穿着上比较没有少数民族的独特性，普通的上衣、外衣加上牛仔裤、帆布鞋、拖鞋，与汉族的穿着相仿。虽说没有任何未婚妇女不能盘头之类的规定，但访谈的几个年轻女孩似乎都不愿意盘头。

4. 男性常服

男性的日常服饰更为普通，一般是上衣加上裤子，脚踏一双粗麻布鞋或拖鞋，主要也是以方便活动、劳动之实用性质为重点。

年轻男孩同年轻女孩一样，都是读书放假后返乡，在穿着上便与城里人相仿，一般的上衣加上牛仔裤、短裤，脚踏拖鞋，身上全是流行服饰的元素。

总而言之，在平时，高帮的苗族服饰元素除了在年纪较长的妇女和已婚妇女（盘发髻、穿苗裙）身上能够见到之外，其他都与汉族相仿。

（二）作息及饮食

1. 生活作息

一般家庭都是早晨六七点起床，先下田工作，到了中午一点左右吃午饭（苗族称之为“早饭”），整理家务。午睡后下午上山砍材、割草喂养牲畜，晚上八点才吃晚饭，九点多串门聊天，十点多上床睡觉。村民也喜欢看电视，几乎每家每户都有一台以上的电视机，通常都是晚上看。

妇女们平时除了干活劳动之外通常都会待在家里刺绣，老人会到小学旁坐着聊天，小孩们会与同学或年龄相仿的朋友玩耍，年轻男孩主要的娱乐是打篮球。由于村内对外道路通车，摩托车成为村内对外交通最方便的交通工具，村内常看见年轻男孩骑着摩托车呼啸而过，甚至有时会看到小孩骑车甚至三位共乘。据村长介绍，最近几年的摩托车事故增加，有一些就是这些小男孩造成的，也曾经对这些家庭进行过规劝，劝阻未成年人骑摩托车，可惜成效不大，但又无法管理，现在是村内在交通上的隐忧。

除了交通问题之外，目前影响村内生活的还有卫生问题。随着生活条件的改善，外来的包装食品被引进村内，随之而来的是这些外包装所产生的垃圾，加上村民并没有环保意识，用完的垃圾随处丢弃，也没有人清理，所以村内到处可见垃圾满地，在小溪谷的坡地甚至可以见到整袋的垃圾被丢弃。据村长介绍，未来希望可以教育村民管好自家周围的环境，如果政府可以提供经费补助兴建焚化炉烧垃圾，满地垃圾的问题应该可以改善，不过如何教育村民的卫生习惯应该还是一个重要的课题。

除了垃圾还有厕所问题，这里的厕所几乎都是在屋外挖个粪坑，排泄物作为自家的农肥使用，村民也不太愿意放弃。所以目前在厕所改善方面，还得靠政府帮忙先修建全村共享的化粪池和排水暗管才能解决。

2. 饮食

高帮村民的饮食是以稻米为主，都是自家种植，有时为了因应节日，也会种植一些糯米。蔬菜通常也会在自家田里种一些，也会随着季节的变化而改种一些时令蔬菜，有时也会到山上、田边采一些野菜、香料类野草当佐料。肉类主要是食用猪肉、牛肉、鸡肉、鸭肉、鹅肉、鱼肉，几乎每家都会养殖一些，有时是为了节庆准备养殖一些。村内通电之后，有些村民也购置了电冰箱，对于肉类保存更方便。

水果类除了山里摘到的一些野生果类外，大部分都到镇上购买。

家中做饭，以前都是用灶台，以木材为燃料，现今全村大部分人家都使用桶装煤气，这些桶装煤气都由朗洞镇运上山。由于家里人口变少，食物并不需要煮太多，可以少量煮食且方便使用的煤气炉也就成为平时炊食的主要器具。通电之后也开始使用电饭锅、电饼铛等。目前灶台还是会使用，多数都用来煮猪吃的馊水与红薯叶，另一个灶则用于蒸煮食物，例如酿酒会先在灶上的大锅中发酵，发酵成熟之后直接用来烤酒蒸馏（图九—11）。有时遇到大型宴客时，一次要宴请几百人，家里的灶台煮大量的食物还是比较好用。

图九—11　土灶烤酒

（三）婚姻

1. 偷媳妇

如果男方和女方彼此相爱，双方商量选择一天晚上请女方先把行李整理好，男方晚上偷偷到女方家把女方接到男方家里，一到男方家里先放鞭炮，这时女方家里通常都还不知道。到隔一天清早，男方大伯、父亲才向女方家提亲，女方家长必须三天后派人到男方家（男方自然把女方锁好），最好的状况是男女两方不起争执，如果发生争执了，男方会找来所有家族的兄弟把家围起来，再把媳妇守卫好，不让女方抢回去；要是女方家长挺喜欢这个男方，男方也知道了，那男方就要准备一些东西或是请丈母娘吃饭，女方同意即可办婚礼。但是为了面子问题，通常女方家长到男方家里谈判至少要经历两三次，还要表现出是勉为其难才同意他们结婚的。而在谈判期间，通常女方家人是见不到女儿的。一旦双方同意后，商量一个吉日正式娶亲。首先，男方要先表示偷媳妇是对不起女方家长，出一定金额的钱，让女方先摆酒请客告知亲友有这件喜事，同时送媳妇回女方家。而在娶亲那天，男方要再次把猪、牛、现金等等送给女方请客。迎娶时，女方的表哥会摆下拦路酒，不让男方简单地把媳妇娶回家，这时男方如果要平安过关，通常会送给女方的亲表哥自己家织的花腰带（图九—12），这才能表示男方最大的诚意。经过这几个关卡，自己家的媳妇才能顺利娶回来，男方回到家里后，要再摆酒请客，酬谢自家兄弟这段期间的帮忙。

图九—12 花腰带

2. 订婚

男女双方情投意合，或是因媒妁之言相亲后决定要相处终身，也得到了双方家长的同意，便举行订婚仪式。男方先到女方家提亲，约定一个黄道吉日到女方家举行订婚仪式。男方要准备现金（现在差不多是一千元人民币）、猪头当聘礼。过去是男方家三个同辈的男性（或者三个都是兄弟，或者都是叔叔辈的）带着现金去女方家，女方家摆一个装鱼的器皿，一头大一头小，男方将钱从大头一侧送进去，女方用钳子将钱从另一侧取走，还赠男方家一套女装。一般来说订婚后约一两年内会结婚，但不是每一对订婚的男女双方都会顺利结婚，也有退婚的情况。如果结婚前解除了婚约，男女双方便将钱、衣服退还给对方。

3. 结婚

结婚的前一天晚上，新郎家派出父辈一位男性或是哥哥带着鸟枪穿着苗服去新娘家住一夜。第二天清晨，新娘家的亲戚与新郎家的人带着新娘去新郎家吃早饭。将新娘留在新郎家，新郎家的亲戚和新娘家的亲戚再一起去新娘家吃晚饭，新郎家的亲戚必须连夜回来。第三天早上新婚夫妇回娘家，要单数人数去，如三、五、七人等。带着米粑粑、腌鸭，一路上会有人（有亲戚也有路人）摆拦路的衣服、布，新婚夫妇路过时放上米粑粑和鸭肉；新娘的舅家拦路会摆上桌子，放上银器、项链，再放上三个腌鸭、一头猪肉、四五条烟还有花带子（腰带，给表哥表弟）。新郎、新娘都穿着传统服饰，新娘要带一把伞。

传统上，大部分村民都在农历十月即苗年前后结婚，现在也有在十二、一、二月结婚的。这与大多数人外出学习、务工有关。过去大部分人都是订婚、结婚，这也被认为是正当的，偷媳妇的情况很少。现在偷媳妇更多，大家觉得“热闹、有趣”，这受到了现代婚姻自由、自主观念的影响。

（四）生育

婴儿出生后的第三天，要给婴儿取名，娘家的人会带着贺礼（通常都是稻米和床架、衣橱等卧室用的器具）来看婴儿，家里也会宴请全村和周围村寨有亲戚关系的人，宴请的地点就在村内的大马路上，此时会请自己家族的亲戚帮忙做饭，这种习俗称为“吃三朝酒”。“吃三朝酒”的习俗只在家中第一个婴儿（不分男女）出生时才会举办，部分村民也会为家里出生的第一个男婴儿举办。

参加“吃三朝酒”的亲戚，会担上两担糯米并带上礼金，作为祝贺之意。由于时代进步，村内妇女会到镇里中心医院生产，婴儿出生后第三天没有办法出院回家，所以现在会另外选一个良辰吉日举办（图九—13、14）。

图九—13 吃三朝酒送礼

图九—14 吃三朝酒全村宴客

（五）丧葬

村寨里的人死亡时，家人会放三声鸟枪示意，现在改换成放三声鞭炮。然后会选择一个吉时把逝者抬到屋外，称为“除柩”。

若是男性过世，他已经出嫁的女儿应当带着一头黄牛和唢呐手（苗族称之为“八仙”）回来奔丧，而且唢呐手必须守夜；已出嫁的孙女需要带着一头猪回家奔丧。如果她们不这样做或是牛、猪不够大就会被说闲话。若是女性过世，要等她的兄弟（两个以上来一个即可）来了才可以开始治丧。娘舅在丧事上具有特权，当其姐妹非自然死亡时，可以借此闹事。姜书记一位大伯的妻子几年前去世时，她的哥哥一直推脱有事，过了好几天才来，而且开始还不同意上坡埋葬。

上坡埋葬时需看吉时，而且必须抬着逝者到芦笙堂绕一圈。送葬的队伍中儿子拿着纸、孙子拿着香走在队伍前面，起步时要放鞭炮。女儿还必须准备烟、糖果，供送葬队伍休息的时候吃。参加丧礼的人必须带礼品、现金及谷子，丧家必须准备每人一斤猪肉回送他们。

老人家过世的第十三天的晚上，需要请鬼师帮助亡灵"过阴"。高帮苗族认为，人死仍有灵魂，他（她）需要回到祖先那里去才能得到安息，但是亡灵自己找不到去祖先那里的路，需要鬼师带领过去，在阎王的大门口喊祖宗来开门，亡灵才能进去了，称之为"过阴"。过阴时会用妇女的衣服将鬼师眼睛蒙上，鬼师坐在中央，周围围坐一圈人，不能被打扰。一次过阴一般要持续十七八个小时，鬼师此刻处于一种灵魂出窍的状态，失去知觉。高帮村的鬼师杨师傅提到，有一次他被请去过阴，开始前很想去厕所，但是人太多不方便去，等蒙上眼睛之后就没有感觉了，直到过阴结束。如果有人在过阴时想同鬼师交谈，必须喝酒、吃豆，而且要把鞋脱下来将脚放在上面。过阴时，鬼师会用苗语念很长的咒语。开始的那段咒语大意是讲苗族的一个传说：在很久很久以前，有一片汪洋大海，水向整片山漫过，人只能往高处山坡走，大水将房子和粮食都冲走了，只有人和老鼠跑到了高山上。老鼠喜欢偷米吃，有一颗米被老鼠带上山坡，并落地发了芽，于是人们有了种子，重新开始生活。现在每逢收获的时候人们总会在田里留一个口，把粮食放在口里，让老鼠来吃，以报答老鼠对苗族祖先的恩惠①。过阴第二天家人会吃一餐饭，并唱苗歌，大意是对死者说：你在某处某处，现在大家都在这里，为何你死去——用这种方式怀念死者。

汉族有类似的给死者"开路"的习俗。据杨师傅介绍，有一次他被请去黎平给一位过世的县长过阴。按照苗族对死亡的想象，逝者的亡灵只可能在三个地方："宛曼荡"、"垄能惑"和"北修"（均为苗语音译），鬼师只需要在这三个地方的某一处找到死者亡灵，带他去阎王那里，将其老祖宗唤出来交给他们即可。但这一次杨师傅怎么也找不到亡灵，最后一直到了阎王那里才发现他已经到了。原来在杨师傅过阴以前，已经有汉族为他"开路"（汉族"开路"与苗族"过阴"相类似）了，所以他早就到了祖宗那里。侗族、汉族也有"过阴"。汉族有"七姑娘"给人过阴，侗族也叫"鬼师"。据杨师傅介绍，过阴时曾见过阎王，阎王有獠牙，胡子白白的，头发也是白的。穿着有点像花豹，衣袖很大，很像古代的官服。

① 调查时，杨师傅用苗语念了这段前奏，但咒语很长，他有所忌讳也不能够多说。

（六）节日

苗族对于过节并不像汉族一样每个节日都有固定的日子，通常会将月份和十二生肖排列的顺序搭配起来定日子，一般都是搭配十二生肖所属日子的第一天过节。一旦寨老决定日子后，村长便向全村广播告知村民。

目前村内由于多数的年轻人出外务工或求学，过苗族传统节日的气氛已不像以往那么热闹。例如每年十月是苗族的新年，在以往的农业时代，这个时节正好是农作物收割的季节，所以是在农闲时期全村人都不用下田干活时过节，但现在由于这个时期出外务工或是求学的人无法返家，反而是汉族的春节才会放长假，因此以往过苗年时的传统习俗，现今都改在过汉族春节的时候举办。

1. 春节

汉族的春节，按照每年国定春节的时间过节，过节时会按照以往过苗年的方式再融合汉族某些习俗举办，例如在大年初一会安排敲锣打鼓带着水牛绕村，同时家家户户会在水牛身上挂红，这代表一年的霉气都被驱赶，迎接新的喜气到来。

每年农历十二月二十五日左右，村里会集中村长、支书、副村长、五大员（包括调解委员会主任、妇联主任、治保主任、民兵连长、团支部书记），开会准备春节的详细日期及活动。以2011年为例（2011年是高帮村自己过年）：

十二月二十五、二十六日家家大扫除。

十二月二十七日杀猪。

初一大家都在自己家过年，初二、初三以后才开始扫墓、去村外亲戚家、回娘家。

正月初一到初三吹芦笙、踩堂（即跳芦笙舞）。

初八斗鸡、斗牛。2010年斗鸡共十组二十只，斗牛十二组二十四头，斗鸡赢了是五元钱，斗牛赢了是五十元钱。

初九是春节的最后一天，晚上有一场春节联欢晚会，以往是由小学老师组织大家表演，今年则是由村长组织了一些在外面读初中、高中的学生表演节目，有唱歌跳舞、杂耍说笑话等各种精彩节目，老人家当观众也看得很开心。据村长介绍，由于活动办得很成功，未来会变成村内的固定节目。

2006年，高帮村邀请岑最的村民来参加春节活动，由村里集资办，共花了12600元，其他村子也会邀请高帮村村民参加春节活动。

2. 鼓藏节

高帮村鼓藏节的传统是七年两头过，即第一年和第七年过。鼓藏节前各村寨会到高帮进行水牛打架活动。高帮村最后一次过鼓藏节是十八年前，之后再也不曾过过鼓藏节。据杨家一位寨老回忆，当年过节的鼓藏头由村内姜家最有权势的寨老担任，杨家杀了一头水牛，姜家杀了两头。水牛是专门买来过鼓藏节用的，购买的费用由村民们共同出资，买来后大约要养三四年，目前村内还有一两处养过节用的水牛的牛棚遗址。水牛并非只是圈养不动，如果遇到过节村里安排牛打架活动时，也会将牛拉出去打架，如果这头牛在打架时表现良好，该家族舍不得在过节时杀这头牛，就另外买一头牛来替代。

鼓藏节举办七天。过节的第一天，鼓藏头带牛在村内绕村踩堂踩一天，踩堂时家家都带着银饰，将银饰挂在牛身上。老人穿着袍子，年轻人穿苗服，吹芦笙，将银饰挂在牛角上。第二天的凌晨约三四点时，等鸡叫之后鼓藏头拿起铜鼓出发杀牛，传说中起鼓（铜鼓）（图九—16）的时候会把“蛊”（一种鬼）惊醒，随着杀牛的过程，蛊会把村内的秽气赶走，所以老人家一般都不太愿意去参加其他村寨的鼓藏节，怕沾染到秽气。

图九—16　古铜鼓

杀牛时每家每户都会去一个人，留在家里的人都要出门，不许待在家里。将牛牵到千年枫树旁的一棵古树下，这棵古树生长在一个小土坡上，树下有一只粗根，长成一个环洞，村民利用这个环洞套住牛头，再找一根十米左右的藤子，套着牛的脚跟。两边的人拉牛让牛倒下，然后把牛勒死。需要一个小时左右牛才会死，这跟一般苗寨用刀斧把牛砍死的方式不一样。等到把牛完全勒死之后，仪式随之结束，带秽气的蛊又再度沉睡，所以必须把鼓锁起来不再动，以免一起鼓把蛊惊醒，为全村带来秽气。

牛杀死后差不多天亮了，每家每户都要发一点草药含在口中（图九—17），象征不受到疾病困扰、保持健康，然后由鼓藏头用石头起火，大家引火（新火）回自家灶上升火，这时即可进屋，接着开始第二天的过节活动。之后每天在鼓藏芦笙堂（并非现在的芦笙堂）吹芦笙跳踩堂舞。

过鼓藏节前，村民会一起出资购买一块田送给鼓藏头，每逢过鼓藏节时，这块田作为村内的芦笙堂使用（图九—18）。过节时，村民们会去抢这块田里种植的稻禾，挂在自己家族的水牛身上，代表将未来的子孙带回家，可以子孙满堂。

鼓藏头的威望和权力很大，但所肩负的责任也大，比如种秧的时候鼓藏头要先去插秧，其他人才开始做；鼓藏头要先买牛，其他家族才会买；过鼓藏节时，大鼓藏头要冒着被秽气感染的风险敲响铜鼓，之后铜鼓便放在鼓藏头家里（图九—19）。所以姜家现在没有人愿意做鼓藏头。杨寨老很希望能再次举办鼓藏节，村长也表示会积极运作，争取在高帮村再次举办多年未

图九—17　鼓藏节时的药草

图九—18　作为鼓藏节芦笙堂用的稻田

图九—19　鼓藏头

办的鼓藏节。

3. 其他节日

正月初三，“就窝盖”（苗语），将一种野生草和糯米一起打成米粑粑吃。在门口挂带刺的树皮，以示驱走旧鬼。

二月二，“敬桥”，拜桥、拜石头。

三月三，“敬祖宗”，扫墓。

四月第一个属虎的日子（吃虎），“粽粑节”，吃粑粑，将谷子的干草（大米禾）烧成灰，用水拌好，用上面最好的一层和糯米做成粑粑，用很大的竹叶包起来吃。栽秧过后，杀鸭，以前吃的时候寨老会念祈福的咒语，现在家家户户都会念，表达希望秧田好、丰收的愿望。

五月吃兔，“吃新”，杀鸡敬祖。

六月吃龙，“吃秧”，挂秧草，吃鱼吃甜酒。

七月吃牛，敬祖，打鸟枪，现在会放鞭炮，打糯米粑后放在自家大门窗子下面祭拜，杀大公鸡吃白水煮鸡肉。

八月初二，“敬桥”，煮熟鸡蛋用红纸染红。

九月初九，这个节日是全年节庆中最忙的一天，首先要打糯米粑祭拜祖先，然后烤新的重阳酒，再晒谷、打谷、酿制新酒，之后还要煮一顿丰盛的菜并吃重阳酒过节。

十月过苗年，以往的传统是每年十月杀猪杀牛过苗年，这时要在芦笙堂吹芦笙、踩堂庆祝，祈求家家户户无灾无难。吹芦笙是向天祈求富贵平安，这时会搭配姑娘的踩堂舞，姑娘们跳舞的手势表示接富贵，然后是把财富撒给祖宗，求他们保佑村里的后代子孙富贵平安。在其他过节的日子也会安排黄牛打架、斗鸡等活动。按照以往的传统，过苗年大约会庆祝5—7天不等，现在这些传统的节庆方式都不在苗年举办，全部都改在汉族的春节时举办，过苗年大多只是祭拜祖先并吃一顿丰盛的宴席。

十一月吃牛，过“后年”，过3天或5天，吹芦笙，踩堂。

十二月，苗族无节日。

（七）文化娱乐活动

村里除了过节以外，其他娱乐活动较少，除了上面提到的春节联欢会的表演活动之外，还有以下几项：

1. 牛打架

牛打架是高帮苗族传统的娱乐活动，牛打架分为黄牛打架和水牛打架，前者是在村内部举行，后者是村寨之间举行。每年春节，高帮村在牛打坪都会举行水牛打架，而一般每三个月会举行一次黄牛打架，地点也是在牛打坪。村长说以前举行水牛打架，两福、高略、色同、岑最、卡寨基本上都会牵牛来参加，在收获季节过后就会过来。牛打架的顺序以及队伍则是提前由各村的寨老到高帮的芦笙堂来一起商议。最近一次水牛打架大约是在十五六年前，现在村里很多人都外出务工，也没有资金举办水牛打架，但是现在过年仍有黄牛打架的活动。

2. 吹芦笙、踩堂

村内吹芦笙、踩堂通常是在庆祝苗年和春节时（现在只在春节期间）举办，意思是在一年最好的一天吹芦笙，祈求家家户户无灾无难。芦笙从低音到高音共分五等，最小的是最高音，最大的、无法手持的芦笙会放在芦笙堂正中央的银柱旁配合队伍的曲调吹奏。吹最小芦笙的人走在队伍的最前面，后面的队伍基本按照芦笙的大小依次排列；后面跟随的人的曲调、动作，会模仿带头的人摆动。整个队伍在芦笙堂绕圈，人数和年龄并没有限制，只要会吹的人都可以加入，但是只限于男性。不同的吹奏动作代表着不同的寓意，比如由上向下摆动，寓意向天神祈求富贵赐予人间；由内向外摆动，寓意将天神所赐予的富贵撒给村民或祖宗。每年春节吹完芦笙后，会将芦笙全部集中收起来，村内在未来一年，不得任意吹芦笙。

姑娘踩堂的舞步是非常简单的一种，通常会配合芦笙队伍的动作和曲调进行：芦笙队伍的动作由内向外时，姑娘会将手往前伸，这种跳舞的手势表示接富贵，接着会转身并将手势往外抛，这种手势表示把财富给祖宗，求他们保佑村内平安。全部的舞步只有几个动作，跳完舞之后，村内的年轻小伙子会送上毛巾，以示慰劳姑娘的辛苦。

目前村内的芦笙曲调和踩堂所跳的舞步，以及所有的活动、祭奠、仪式等，并没有文字记载，全凭寨老或鬼师的记忆口耳相传。这种传承方式对传统技艺的保存是相当没有保障的，再加上目前村内的年轻人纷纷外出务工，而且对这些传统都是一种漠视的观念，如果不加以文字记录保存，恐怕随着老人的逝去，许多传统都会消失。

3. 唱苗歌

目前村内只有寨老及少数人会吟唱传统的苗歌，通常会在庆典的时候吟唱，这些歌的歌词是一代代传下来的，无法译成汉语，主要是表达平安喜庆的意思。

4. 篮球比赛

高帮四寨有时会举办村寨间的篮球比赛，比赛地点跟时间都不固定，通常会选在节庆日举行。

十、宗教信仰

（一）信仰崇拜

1. 祖先崇拜

高帮苗族历来崇拜祖先，重大节日都会敬祖或扫墓；但在家中并不设立专门敬祖的神龛。农历七月七日过节时，姜支书在窗户边上敬祖。将白煮鸡、糯米粑和一些饭菜放在窗户下的桌子上，将茶水撒在墙边（七月的节日用茶敬祖）。窗户上插有三炷香，每炷三根朝向窗外点燃，并放三声鞭炮。高帮的汉族则在堂屋摆放敬祖的神龛，供放写有“天地君亲师”字样的木牌，这一敬祖方式对于苗族也有影响，村内几户苗家也开始供奉这样的神龛。

2. 鬼神信仰

高帮苗族信仰鬼神，鬼师即是能够与鬼相通灵之人。家里遇灾遇难则认为可能是鬼所致，会请鬼师看鬼、用鬼、敬鬼以祈求平安。

3. 自然崇拜

苗族崇拜水牛，村内芦笙堂中央的石柱上就有水牛角的造型，附近村寨的芦笙堂均有这样的石柱。苗族最盛大的节日鼓藏节也是以水牛为中心的。

苗民也崇拜自然物石头、树木等。村内常见大石头上粘有纸钱，并有香灰痕迹。小孩出生时，家里会在村内或附近找一棵树作为孩子的“保爷树”，保佑其健康平安。另外，村内有棵上百年的老枫树，成为村民敬拜的对象，被高坡四寨的苗民共同尊称为“母亲树”。

据杨家一位寨老所说，村内一处坡地是高帮村的龙脉所在，下面埋有一个坛子，里面有水有鱼，而鱼一直是活的。坛子从高帮苗民来到这里时已经存在，如果有一天坛子里的水干了或是鱼死了，那就代表高帮村气数尽了。

在一些地方搭桥让路人方便通行、或是在一些大树下放置板凳，方便路人休息，这些都是苗族人的一些传统，大部分的原因是小孩生病或是不顺利，鬼师便请家人做一些方便众人的设施（图十—1、2、3）。

图十—1　板凳

图十—3　桥

图十—2　古树

（二）鬼师、风水先生

1. 鬼师

在高帮苗寨，具有通灵能力并与鬼神交流的人被称为鬼师。他们会在祭祀活动中念诵仪式词，在丧葬礼仪中帮助亡灵“过阴”，帮助别人驱逐鬼怪精灵等；立指路碑、架桥都需要鬼师来念咒招山神，家中小孩生病了、喜庆的节日、办喜事也都会请鬼师。高帮村最有名的鬼师是杨师傅，他平时务农种地，遇到祭祀活动或丧葬仪式时，村民们便来请他主持仪式。他爱好雕刻，村子里的村史碑刻和草寇英雄杨报年的塑像都出自他手。据杨师傅介绍，他小的时候经常跟着村子里的一位老爷爷，听他讲村里的传说故事，这些故事成为他进行雕刻的素材，如村寨东南面的山坡曾为杨家祖先居地，他在山坡下的石头上刻了男女劳作的浮雕，生动形象。

杨师傅向我们讲述了他成为鬼师的经历。鬼师需要一定的天分，但是也需要后天的培养。过去村寨里的鬼师会挑选一些年轻人进行鬼师培训。他14岁那年，村里培训一批鬼师，虽然杨师傅的父亲也曾是一位鬼师，但杨师傅并不在培训之列。某日，村子正培训鬼师，杨师傅在山坡上放羊，相隔很远，他却出现了异常反应，仿佛鬼神附体般自己跳了起来，忘记了阳间，并一直大哭不止。家里人将他送到鬼师那里，才渐渐平静下来。杨师傅显露出他做鬼师的天分。后来，他的师父帮助他开光，渐渐有了通灵的本领。

不同的鬼师能力迥异。有的只会看鬼，有的既会看鬼又懂用鬼。看鬼的通常做法是：主人家出现异常现象或是有人生病时，会拿一桶米到鬼师家里来请他看鬼。主人家将米撒在盆里，会形成一幅图像，鬼师根据图像辨认是否是因为鬼的原因造成异常或病征。如果不是鬼造成的，会告诉主人家去看医生；如果确是鬼的原因，则需要用鬼。

能够看鬼的鬼师未必能够用鬼，但能够用鬼的就能够看鬼。鬼有各种各样不同的类型。通过鬼师的辨认，确定是哪种类型，如山神鬼等。不同的鬼需要主人家祭祀的东西不同，或者要鸡、要鱼、要鸭、要狗、要蛋。不同的鬼祭祀的地点也不同，有的鬼在家祭祀，有的则在路口祭祀。杨师傅既可看鬼也能用鬼。

2. 风水先生

高帮苗族相信风水，认为房屋的朝向、周围的地势等等非常重要，会影响人的健康及命运。我们在村里姜老师家里发现他家大门的一侧凹进去，大门朝向与房屋正面整体朝向不同，问及主人才知，这是因为风水的原因，即房屋的朝向不好，通过改变门的朝向来改变房屋的风水。他家门前还立有一块很新的石头，姜老师说去年夫妻两人身体都不好，有风水先生来过他们家就对他们说，从他家门口向外望去，会有一些直的东西正对门口，像一挺枪对着大门开，立上石头可以阻挡。果然，他家门口公路对面有一堆木材，一头正对着大门。姜支书屋子外侧挂着一块“泰山石敢当”的木块，也是风水先生给的。

十一、调查者后记

通过对高帮村的初步调查，我们对于该村的地理环境、社会生活、民族服饰、节庆信仰等有了基本的了解。高帮地处山区，气候宜人，风景优美，民风淳朴。由于交通不便，经济发展较慢，村民的生活水平较低。然而这些不利的条件使得高帮村保存了较多苗族独特的文化传统和民族风俗，如吹芦笙、跳芦笙舞，穿着民族服饰，建筑木质结构的民居和公共建筑，公共场所带有传统的民间崇拜色彩如芦笙堂中央石柱上的水牛角雕刻，而且流传着大量民间故事，婚庆丧葬也保存有传统的仪式。以上都使得我们这些生活在城市中的“现代人”感受到一种异族风情。

然而，这绝不是全部，所有这些所谓民族传统的东西都已经染上了现代色彩。过去苗家最盛大的节日——鼓藏节已经近二十年没有举办过；年轻人对于苗族的历史、传说已经越来越不了解，甚至不再感兴趣；春节已经超越苗年成为最重要的节庆，虽然春节仍然拥有传统的形式：穿着传统服饰吹芦笙、跳芦笙舞，但村里的年轻人也会穿着传统服饰却跳着现代舞——他们既要满足自己对于现代的想象，也要向传统传递现代的气息，以获得理解；苗族最传统的吊脚楼也在不断地受到汉族建筑的影响，村民纷纷将过去养牲畜的一层改造成堂屋；过去偶尔有之的“偷媳妇”现在却更加流行，年轻人更向往自由恋爱。像中国大多数普通的村庄一样，人们向往城市里的生活；像中国大多数的农民一样，他们流向城市成为农民工。传统与现代，在这个苗族村寨里相遇。当一位在外读书一年的大专学生说道，自己与这个地方格格不入的时候，我们不禁为之感叹。如何缅怀这些渐行渐远的独特文化传统？或者说我们看到的所谓独特的苗族文化不过是空具形式，人们内在的精神状态已经现代化、汉化了？

西南民族村寨是中国文化遗产的重要组成部分，其价值已经引起了学术界的重视。我们通过实地调查了解村寨的现状，通过口述史、文献回望村寨的历史，那么村寨的未来呢？我们保护的究竟是什么样的遗产，吊脚楼、苗族服饰还是鼓藏节？如果仅仅是这些，那很容易，凭借行政力量或是学者的努力就可以将这些物化的东西保存起来，展览在博物馆。“遗产”带着缅怀逝去事物的伤感，可是我们面对的是活生生的苗族文化，它不断地变化、发展。我们能否有所作为，既满足村寨自身的发展，又实现苗族特有文化遗产的保护呢？村寨自身希望能够发展经济、走出大山、融入一种城市现代生活，我们作为研究者则关注着村寨文化景观的历史价值和艺术价值，意图保持它的淳朴与传统，正如让时间停止。可是我们是应当以一种置身事外的态度通过施加外力来实现我们作为研究者的保护村落文化遗产的目的；还是应当真正理解苗族人对于自身历史命运的期待和愿景，帮助他们创造新的历史与文化呢？即使我们选择了前者，我们能否做到？如何面对形式的保存与精神实质的变化？这些都是调查过程中不断困扰我们的问题。

附录：主要访问对象

1. 姜文武，男，41岁，苗族，高帮村村支书
2. 杨胜林，男，21岁，苗族，高帮村村长

3. 杨光林，男，54岁，苗族，高帮村鬼师，爱好雕刻，了解村中各种传说和历史

4. 姜你够，女，39岁，苗族，高帮村村支书的妻子，普通妇女

5. 邱美中，男，35岁，汉族，住湖南省株洲市

6. 杨再辉，男，21岁，苗族，今年考上本科，铜仁学院，是高帮史上第一个本科生

7. 王永和，男，53岁，汉族，高帮村唯一的小学老师

8. 姜文良，男，41岁，苗族，高帮村唯一的医生

9. 杨光毫，男，63岁，苗族，杨家一位寨老

10. 姜权，男，35岁，苗族，高帮村幼儿园老师

调查组成员：刘精卫（组长）、郭维智、龚琳雅、李志胜

调查日记录入：刘精卫、郭维智、龚琳雅

调查报告初稿执笔：刘精卫（第一、二、三、七、十、十一节）、龚琳雅（第四、五、六节）、郭维智（第八、九节）

建筑测绘：李志胜

第一次统稿：朱　萍、陈　筱

第二次统稿：陈　筱、韩　爽

第三次统稿：陈元桵、温筑婷

第四次统稿：冯　妍、陈　筱

后 记

本册收录的四篇报告是2011年盛夏对贵州省榕江县东北的朗洞镇辖区内四座苗族村寨的调查记录。篇目的排列顺序大致按照村落的地理位置，岑最、卡寨两个村寨就位于公路旁，另两个苗寨高略和高帮位于海拔略高的山间，直至调查期间，仍然没有开通公路。需要指出的是，这一年同时开展的还包括对临近的苗寨两福和侗寨高便的调查，由于每本报告的篇幅限制或以族属为单位的撰写体例要求，这两个村子的调查报告将分别被收录在《贵州苗族村寨调查简报（二）》和《贵州侗族村寨调查简报》两册中。在此，我们将从整体上回顾这一年对六个村寨的调查情况，为免繁琐，两福、高便村的调查报告所在的分册对本次调查的具体行程将不再赘述。

本年度的调查区域由贵州省文物保护研究中心的榕江籍工程师石斌推荐，并在同年7月24—25日携同调查组学生骨干陈筱、贵州省博物馆专员刘秀丹先期赴榕江县打前站，确定了调查组进驻的具体村寨，筹备食宿安排。同时，调查组学生骨干陈元棪在贵州省文物局干部龙佑铭的协助下，整理调查物资，迎接陆续抵达的调查师生。2011年贵州村寨调查组由来自北京大学、中央民族大学、天津大学、北京理工大学、成都理工大学和台湾台南艺术大学、云林科技大学、南华大学等近十所高校相关专业的老师和学生，以及来自贵州省文物系统的两位文物干部郭秉红、李志胜组成，共计近三十人。7月27日在贵阳集中培训，28日赴榕江，29日分成六个小组进驻六个村寨。此外，榕江县文物管理所（后简称文管所）还为每组配备了一名领队，照顾各调查小组在村寨内的生活起居。各小组在村内的调查从2011年7月29日开始至2011年8月9日结束。在此期间，榕江文管所干部梅承刚、王建文、林模英等对调查工作给予了倾力配合与支持，几乎隔日就驱车前往调查组所在的村寨配送饮用水、肉、西瓜等物资，尤其是高便、高略、高帮、两福等四座尚未铺筑公路、开通班车的村寨，更是不辞辛劳，关怀备至。8月10日调查组返抵贵阳，11日分组向贵州省文物局领导、专家汇报了调查的主要收获，随后四天在贵州省图书馆完成了调查最后阶段报告的撰写。

报告中收录的四个苗寨保留了苗寨的基本元素吊脚楼、粮仓、芦笙坪等物质文化，也保有吹芦笙、信鬼师等非物质文化。不可否认的，位于公路边的岑最与卡寨受外来影响较大，沿公路两侧逐渐形成新寨，新式建筑较多、人口组成也较复杂。未通公路的高略、高帮几乎不见新式建筑，保留了传统苗寨的原汁原味，更能体现苗寨的原始结构、布局与样貌。

参与调查的学员多为第一次亲临苗寨，为苗寨所处的山光水色所惊艳，为讲究与自然融合的空间布局而赞叹，为配合环境采用的建筑形式表示钦佩，为村民的热情淳朴所感动。调查过程中，包括提供食宿的村民，学员们受到无数村民无私的协助与配合，正是因为如此，调查才能顺利展开。调查过程中，我们看到了村民对自身文化的认同，也感受到文化传承受挫的无奈，同时，也理解村民们追求富裕、便利生活的渴望。为了追求富足的生活，青壮年人口离乡背井到外地打工者甚多，导致文化传承断层，传统节日也难以庆祝，导致非物质文化快速流失。如何在保护传统村寨的同时，不影响村民对物质进步的渴望，使村民的生活更为便利，将是下一步要致力探讨的课题。

本次调查的顺利开展离不开贵州省文物局的大力支持，特别是前述诸人的密切配合，谨此一并致以谢忱！

2013年11月陈筱、陈元棪补记于北京大学畅春新园